融合教育背景下
特殊教育教师专业化培养

孙颖 ▶ 著

RONGHE JIAOYU BEIJING XIA
TESHU JIAOYU JIAOSHI ZHUANYEHUA PEIYANG

目 录

前言 ·· 1

第 1 章 绪论 ·· 1

第 1 节 研究背景和意义 ··· 1
一、政策背景 ·· 1
二、现实背景 ·· 4
三、研究现状 ·· 6
四、研究意义 ·· 8

第 2 节 研究目标和内容 ··· 9
一、核心概念 ·· 9
二、研究目标 ··· 10
三、研究内容 ··· 11

第 3 节 研究过程和方法 ·· 14
一、研究思路 ··· 14
二、研究方法 ··· 15

第 2 章 特殊教育专业教师培养机制的理论进展 ······································ 19

第 1 节 特殊教育专业教师专业素养研究 ·· 19
一、国外特殊教育教师专业素养研究 ······································· 19
二、我国特殊教育教师专业素养研究 ······································· 24

第 2 节 特殊教育专业教师培养内容研究 ·· 29
一、特殊教育专业教师培养内容框架研究 ································ 29
二、特殊教育专业教师的态度培养研究 ··································· 31

三、特殊教育专业教师的专业知识和专业技能研究 ······ 32
　　四、面向不同类型特殊教育教师的培养内容研究 ······ 32
第 3 节　特殊教育教师专业培养方式研究 ······ 33
　　一、特殊教育教师专业发展的有效性研究 ······ 34
　　二、基于学校的特殊教育教师培养方式研究 ······ 35
　　三、大学-中小学合作的特殊教育教师培养方式研究 ······ 36
第 4 节　特殊教育教师培训标准研究 ······ 37
本章小结 ······ 37

第 3 章　特殊教育专业教师专业素养标准构建 ······ 40

第 1 节　研究设计 ······ 40
　　一、研究思路 ······ 40
　　二、研究方法与工具 ······ 40
　　三、专业素养编码理论框架 ······ 43
第 2 节　北京市巡回指导教师专业素养标准构建 ······ 44
　　一、巡回指导教师工作职责与内容 ······ 44
　　二、巡回指导教师专业素养结构 ······ 48
　　三、初拟指标的设计 ······ 54
　　四、第一轮专家咨询调查 ······ 55
　　五、第二轮专家咨询调查 ······ 61
　　六、研究结果 ······ 65
第 3 节　北京市资源教师专业素养标准构建 ······ 69
　　一、资源教师工作职责与内容 ······ 69
　　二、资源教师的专业素养结构 ······ 70
　　三、初拟指标的设计 ······ 72
　　四、第一轮专家咨询调查 ······ 72
　　五、第二轮专家咨询调查 ······ 78
　　六、研究结果 ······ 82
本章小结 ······ 85

第4章　特殊教育专业教师专业素养现状调查 ... 87
第1节　研究设计 ... 87
一、研究对象 ... 87
二、研究工具 ... 88
三、研究过程 ... 90
第2节　巡回指导教师专业素养现状 ... 90
一、巡回指导教师队伍基本情况 ... 90
二、巡回指导教师专业素养现状 ... 98
第3节　资源教师专业素养现状 ... 105
一、资源教师队伍基本情况 ... 105
二、资源教师专业素养现状 ... 112
第4节　特殊教育学校教师专业素养现状 ... 122
一、特殊教育学校教师队伍基本情况 ... 122
二、特殊教育学校教师专业素养现状 ... 127
本章小结 ... 139

第5章　特殊教育专业教师专业发展需求分析 ... 141
第1节　研究设计 ... 141
一、研究思路 ... 141
二、研究对象 ... 141
三、研究工具 ... 143
四、研究过程 ... 144
第2节　巡回指导教师专业发展需求分析 ... 144
一、专业知识需求 ... 144
二、专业能力需求 ... 146
三、专业发展方式需求 ... 150
第3节　资源教师专业发展需求分析 ... 154
一、专业知识需求 ... 154

　　　　二、专业能力需求 ··· 155
　　　　三、专业发展方式需求 ··· 157
　　第 4 节　特殊教育学校教师专业发展需求分析 ····························· 162
　　　　一、专业知识需求 ··· 162
　　　　二、专业能力需求 ··· 162
　　　　三、专业发展方式需求 ··· 164
　　本章小结 ··· 169

第 6 章　特殊教育专业教师培养内容和方式 ································ 170
　　第 1 节　特殊教育专业教师培养模式 ·· 170
　　　　一、基本依据 ·· 170
　　　　二、培养对象和培养目标 ·· 171
　　　　三、培养模式构建 ·· 172
　　第 2 节　特殊教育专业教师培养内容设计 ···································· 174
　　　　一、不同发展阶段的特殊教育专业教师培养内容 ····················· 174
　　　　二、巡回指导教师培训内容体系 ·· 192
　　　　三、特殊教育资源教师培训内容体系 ····································· 192
　　　　四、特教学校教师培训内容体系 ·· 199
　　第 3 节　特殊教育专业教师培养方式设计 ···································· 200
　　　　一、不同发展阶段的特殊教育专业教师培养方式 ····················· 200
　　　　二、特殊教育专业教师培养的组织实施 ································· 205
　　　　三、特殊教育专业教师培养保障机制 ····································· 206
　　第 4 节　特殊教育专业教师培养实施案例 ···································· 209
　　　　一、北京市巡回指导教师培育方案设计与实施 ······················· 209
　　　　二、北京市特教学校教师体验式培训设计与实施 ···················· 213
　　本章小结 ··· 225

第 7 章　特殊教育专业教师专业发展效果追踪 ······························ 226
　　第 1 节　研究设计 ··· 226

  一、研究对象 ·· 226
  二、研究工具 ·· 228
  三、研究过程 ·· 229
 第 2 节 北京市巡回指导教师专业发展追踪 ······················ 229
  一、巡回指导教师队伍建设发展变化 ···························· 229
  二、巡回指导教师工作情况发展变化 ···························· 238
 第 3 节 北京市特殊教育资源教师专业发展追踪 ·················· 249
  一、资源教师队伍建设发展变化 ································ 249
  二、资源教师工作情况发展变化 ································ 258
 第 4 节 北京市特殊教育学校教师专业发展追踪 ·················· 263
  一、特殊教育学校教师队伍建设发展变化 ························ 263
  二、特殊教育学校教师工作情况发展变化 ························ 273
 本章小结 ·· 280

第 8 章 结语和展望 ·· 282

 第 1 节 研究结论 ·· 282
  一、研究的主要发现 ·· 282
  二、本研究的重点和难点 ······································ 283
 第 2 节 研究创新之处 ·· 283
  一、研究内容的创新 ·· 283
  二、研究方法的创新 ·· 284
 第 3 节 未来展望 ·· 284
  一、政策展望 ·· 284
  二、研究展望 ·· 286

前　　言

　　融合教育是20世纪80年代国际上新兴的一种教育理念，主张特殊儿童有权利在普通教室接受高质量的、适合其特点的、平等的教育；学校应成为每一个儿童获得成功的地方，不能因为学生的残疾与差别而进行排斥与歧视。我国从20世纪末就开始进行融合教育的本土化研究，在融合教育的政策支持、物质保障、专业支持、师资队伍和教育教学等方面都做出了有益的探索和切实的实践，形成具体的操作策略，促使融合教育理论走进学校、走进课堂，使融合教育思想在中国的教育土壤中逐渐扎根。因此，推行融合教育，提升特殊教育质量，成为新时期特殊教育改革的重要方向。

　　发展融合教育，关键在于教师队伍建设。2021年12月国务院办公厅转发教育部等部门的《"十四五"特殊教育发展提升行动计划》，在推进融合教育的总目标下，该文件提出以下要求：一是再次提出"推动师范类专业开设特殊教育课程内容，提高必修课比例"。二是首次提出"注重培养适应特殊教育需要、具有职业教育能力的特殊教育师资"，以适应不同类型特殊学生职业教育的需要。同时新发布的《"十四五"学前教育发展提升行动计划》中专门要求"在高等学校学前教育专业增加特殊教育专业课程，提高师范生的融合教育能力"。三是重点提出"加强特殊教育教师队伍建设"，让特殊教育中心充分发挥相对集中，专业性、针对性强的优势，成为支持区域融合教育发展的平台。这些政策要求都同时指向新时代融合教育事业发展需要高素质、专业化的教师队伍。人力资源保障是最重要、最根本的保障，在高质量发展的总要求下，需要我们重新审视特教教师的职前培养和职后培训，制定并落实更加有效的政策，要让特教教师的职业吸引力与其承担的历史责任和付出的艰辛努力相匹配。因此，基于融合教育需求的教师专业化水平的提高亦是我国当前发展融合教育的当务之急。

　　那么，我们的教师为指向融合教育质量提升做好准备了吗？为了推动指向融合教育发展的教师专业提升与变革，我们开展了北京市教育科学规划优先关注课题——特殊教育专业教师队伍培养机制研究，希望通过此项研究找到提高特殊教育教师融合教育专业化水平的方法与路径，试图为融合教育向更深、更实的发展提供更丰富的理论与实践经验。

　　本书聚焦融合教育过程中专业支撑度最高的三类教师，即区域内巡回指导教师、学校里的特殊教育资源教师及支持普通学校的特殊教育学校教师，针对这三支支持融合教育的关键力量，课题研究致力于教师培养机制理论探索和实践改进，力求在前人研究的基础上有所作为，试图在以下几个方面有所贡献：一是完善我国特殊教育教师职后培训机制。我国《特殊教育教师专业标准（试行）》方案出台后，尚没有对以该方案为指导，从行动层面探究特殊教育教师职后培训的机制进行研究。本书结合该标准的内容，确立更加具体、有针对性的指标，探寻有效的培训方式，建立适合我国国情的特殊教育教师职后培训机制。二是建立融合导向的高素质特殊教育教师队伍。本书研究的特殊教育教师职后培训内容、比较不同培训方式的培训效果以及编写特殊教育教师培训标准，能够促进特殊教育教师的职后培训走向专业化的道路，改善特殊教育教师知识和技能不足的现状，为融合教育的推进提供既懂普教又懂特教的复合型教师队伍。三是提升特殊儿童的教育质量。对特殊教育教师培训机制的探索有效地提升了特殊教育教师的教学技能，使融合环境中的特殊儿童从中直接受益。四是推进教育公平与质量的提升。加强专业化特殊教育教师队伍建设，能够在很大程度上提升融合教育的发展水平。这将有助于推进首都地区教育公平与质量的提升。本书从总体上看，虽还不是很系统，但都关系到特殊教育教师培养的几个核心问题。

　　本书的研究成果是集体的智慧，是众多专家、同事、一线教师共同付出的结果。感谢在研究过程中得到以方中雄院长为首的北京教育科学研究院各位领导的指导与大力支持，感谢北京师范大学王雁教授、北京联合大学刘晓明教授、中华女子学院赵梅菊博士的指导，及北京市各区特教中心、特教学校的积极参与和支持，感谢北京教育科学研究院特殊教育研究指导中心杜媛博士及全体同仁对本研究的支持，在此一并感谢。

孙　颖

2022 年 1 月 29 日

　　孙颖，北京教育科学研究院特殊教育研究指导中心主任，副研究员，国家基础教育课程教材专家工作委员会特殊教育委员会委员，北京教育学会特殊教育研究分会理事长，北京市督学。主要从事特殊教育政策与管理研究，主持多项国家和省部级课题，研究的成果获得国家教学成果奖一等奖及北京市教学成果奖特等奖。着力于特殊教育学校改进、融合教育专业支持体系、数据库、工具库建设与特殊教育教师专业发展，在推进北京市特殊教育发展上发挥了重要作用。

第1章 绪 论

习近平总书记提出,加强教师队伍建设,是教育事业发展最重要的基础工作。特殊教育教师是指在特殊教育学校、普通中小学和幼儿园及其他机构中专门对残疾学生履行教育教学职责的专业人员①。特殊教育教师队伍的专业素质,直接关系着特殊教育的发展质量,关系着每一名残疾学生和有特殊教育需要的学生能否真正享有公平而有质量的教育。教师的专业化是持续发展的动态过程,职后培养是特殊教育教师专业发展的重要途径之一。开展特殊教育专业队伍培养机制研究,就是要找准特殊教育专业教师队伍建设中存在的主要问题,寻求深化教师队伍培养机制改革的突破口和着力点。探索建立特殊教育教师职后培养体制,具有重要的理论意义和实践意义。本章从研究的背景和意义、研究的目标和内容、研究的过程和方法三个方面,详细介绍了本研究的缘起、意义,主要研究内容以及具体的研究过程与方法。

第1节 研究背景和意义

一、政策背景

(一) 办好特殊教育的必然要求

习近平总书记在党的十九大报告中明确提出"办好特殊教育",提出"努力让每个孩子都能享有公平而有质量的教育",为我国特殊教育事业的发展树立了新时代的里程碑。2018年9月,习近平总书记在全国教育大会上发表重要讲话,强调要加快推进教育现代化、建设教育强国、办好人民满意的教育。推进融合教育、提高特殊教育质量,让更多的特殊需要儿童能够在普通教育中平等接受优质教育,是新的历史方位下实现我国教育现代化的重要组成部分,是保障我国广大特殊需要儿童受教育权利的现实需求,是办好人民满意的教育的必然追求,更是促进联合国2030可持续发展目标实现、构建"命运共同体"的必然要求。国务院《残疾人教育条例》、教育部两期《特殊教育提升计划》等政策文件都在特殊教育的发展方向和工作内容上提出了明确指引和具体要求。

据教育部2020年教育统计数据,我国当前共有特殊教育在校学生(含:视力残

---

① 教育部. 关于印发《特殊教育教师专业标准(试行)》的通知(教师〔2015〕7号)[EB/OL]. http://www.moe.gov.cn/srcsite/A10/s6991/201509/t20150901_204894.html. 2015-8-26 [2018-9-16].

疾、听力残疾、言语残疾、肢体残疾、智力残疾、精神残疾等）88.08 万人，其中，随班就读在校生 43.58 万人，占特殊教育在校生的 49.47%；附设特教班在校生 4211 人，占特殊教育在校生的 0.48%①，就读于普通学校的特殊教育学生的比例已近 50%。融合教育已经从特教安置形式和策略，发展为渗透着人文主义精神、促进普通儿童和有特殊需要的儿童共同发展的教育思想。这种教育思想的形成与人权意识、教育的机会平等、教育以人为本等思想是一脉相承的②。

作为发展中的国际化大都市，北京市一直重视接收特殊需要儿童少年到普通学校就读，致力于为其提供合适的教育，并将融合教育确立为推进特殊教育的重要的努力方向，相继出台了一系列有关政策。如：北京市教委于 2005 年颁布了《北京市随班就读资源教室建设与管理的基本要求》，2013 年印发《关于进一步加强随班就读工作的意见》《北京市残疾儿童少年随班就读工作管理办法》，2018 年颁发了《北京市特殊教育提升计划（2017—2020 年）》。截止到 2021 年，北京市全市特殊需要儿童少年义务教育入学率达 99% 以上，特殊需要儿童接受融合教育的比例达到 70%。要办好特殊教育，提升特殊教育质量，必须打造高素质的专业化的特殊教育教师队伍。

（二）提升特殊教育质量的关键因素

"发展特教，师资先行。"③ 2019 年中共中央、国务院印发了《中国教育现代化2035》，将"发展中国特色世界先进水平的优质教育、推动各级各类教育高水平高质量普及、建设高素质专业化创新型教师队伍"作为教育现代化十大战略任务之一。虽然越来越多有特殊需要的儿童得以进入普通学校接受教育，但不可忽略的是，当前特殊需要儿童少年接受的教育质量并不理想，甚至出现随班就读流于形式、"回流"的现象④⑤。因此，如何提升融合教育的质量，成为推动融合教育发展必须突破的瓶颈⑥。特殊教育专业教师队伍的素质和质量成为其中最关键的影响因素，特殊教育专业教师的培养已经成为一个迫切需要解决的议题和任务，对特殊教育质量的提升以及教育现代化目标的实现起到关键作用。

近年来，特殊教育专业教师培养问题得到了前所未有的关注，相关内容在教育部等颁布的《关于加强特殊教育教师队伍建设的意见》《特殊教育教师专业标准（试行）》等文件中得到了充分体现。如：

---

① 中华人民共和国教育部. 2020 年全国教育事业发展统计公报 [EB/OL]. [2021-08-27]. http://www.moe.gov.cn/jyb_ sjzl/sjzl_ fztjgb/202108/t20210827_ 555004.html.
② 方俊明. 融合教育与教师教育 [J]. 华东师范大学学报（教育科学版），2006（9）：37-49.
③ 马书采，李莉莉. 甘肃省特殊教育教师队伍现状调查研究 [J]. 中国特殊教育，2018（2）：69，70-76.
④ 李拉. 我国随班就读政策演进 30 年：历程、困境与对策 [J]. 中国特殊教育，2015（10）：16-20.
⑤ 傅王倩，肖非. 随班就读儿童回流现象的质性研究 [J]. 中国特殊教育，2016（3）：3-9.
⑥ 李拉. 我国随班就读政策演进 30 年：历程、困境与对策 [J]. 中国特殊教育，2015（10）：16-20.

2012年9月，教育部、中央编办、国家发改委、财政部、人力资源和社会保障部等部门联合颁布了《关于加强特殊教育教师队伍建设的意见》（教师〔2012〕12号），统筹规划特殊教育教师队伍建设、加大特殊教育教师培养力度、开展特殊教育教师全员培训、健全特殊教育教师管理制度、落实特殊教育教师待遇。

2014年8月，在《关于实施卓越教师培养计划的意见》（教师〔2014〕5号）中，明确提出了卓越特教教师培养的目标和内容，即"适应新时期特殊教育事业发展的需要，重点探索师范院校与医学院校联合培养机制、特殊教育知识技能与学科教育教学融合培养机制，坚持理论与实践结合，促进学科交叉，培养一批富有爱心、素质优良、具有复合型知识技能的卓越特殊教育教师"。

2015年8月，教育部颁布了《特殊教育教师专业标准（试行）》（教师〔2015〕7号），从教师专业理念与师德、专业知识、专业能力三个方面规定了特殊教育教师的基本专业要求，这一标准是特殊教育教师实施教育教学行为的基本规范，是引领特殊教育教师专业发展的基本准则，更是特殊教育教师培养、准入、培训、考核等工作的重要依据。

2017年，教育部等七部门印发了《第二期特殊教育提升计划（2017—2020年）》（教基〔2017〕6号），更是进一步加大了特教教师的培养培训力度，对特殊教育教师实行5年一周期不少于360学时的全员培训，并规定到2020年，所有从事特殊教育的专任教师均应取得相应层次的教师资格，非特殊教育专业毕业的还应参加教育行政部门组织的专业培训并考核合格。

2018年，中共中央、国务院出台了第一个针对教师队伍建设改革的政策文件《关于全面深化新时代教师队伍建设改革的意见》（中发〔2018〕4号），要求"各级党委和政府从战略和全局高度充分认识教师工作的极端重要性，把全面加强教师队伍建设作为一项重大政治任务和根本性民生工程切实抓紧抓好"，指出新时代教师工作的目的是"造就党和人民满意的高素质专业化创新型教师队伍"，教师专业素质提升则是实现这一目的的重要手段之一。

2018年9月，中共北京市委、北京市人民政府出台《关于全面深化新时代教师队伍建设改革的实施意见》（京发〔2018〕4号），明确提出"把教师队伍建设作为教育事业发展的重中之重"，需要分类指导，精准施策。坚持问题和需求导向，借鉴国内外先进经验，根据各级各类教师的不同特点和发展实际，采取有针对性的政策举措，定向发力，确保实效，经过五年左右的努力，让教师培养培训体系更加健全。10月18日，北京市在全国率先召开教育大会，以首善标准推进教育现代化，办好人民满意的教育，再次明确提出，构建开放灵活的教师培养培训体系，建设高素质专业化教育人才队伍。

特别需要关注的是，北京市人民政府办公厅印发的《北京市中小学融合教育行动计划》（京政办函〔2013〕24号）中第一次提到特殊教育教师队伍建设工程，以"进一步加强特殊教育队伍建设，全面提升特教教师的综合素质和专业化水平"为目标，加强特殊教育教师队伍建设，推进巡回指导教师队伍建设，加快资源教师队伍建设，并要不断完善随班就读教师队伍建设，促进送教上门教师队伍建设。在北京市教育委员会等八部门印发的《北京市特殊教育提升计划（2017—2020年）》（京教基发〔2018〕3号）中明确提出要建设高素质专业化特殊教育教师队伍，逐步提升特殊教育教师专业化水平，对首都特殊教育教师队伍建设提出了更高的要求。

上述诸多文件的出台为特殊教育专业教师的培养奠定了良好的政策基础，但上述文件的有效执行，还需要建立在对具体、可操作措施的充分研究的基础上。因此，有必要了解当前特殊教育专业教师面临的现实问题，分析特殊教育专业教师培养过程中可能存在的障碍和问题，从而为政策落实提供科学可行的指导和可操作的具体措施。

二、现实背景

（一）特殊教育专业教师的专业化水平亟待提高

发展特殊教育事业，提高特殊教育质量，关键在于建设一支数量充足、相对稳定、具有较高专业化水平的特殊教育师资队伍[①]。当前，我国共有2244所特殊教育学校，共有专任教师6.62万人[②]。在北京市，全市共有20所特殊教育学校，特殊教育在校学生7308人，在校教师1278人，专任教师1044人[③]。人民群众对优质特殊教育的需求不断增长与优质特殊教育教师资源不足的矛盾还很突出，非师范毕业教师与非特殊教育专业教师所占比例较高，新任教师的专业素养提升任务艰巨，特殊教育教师的专业素养与教育实践能力不足、专业水平亟待提升，教师原有的知识结构很难适应融合教育的需求，特殊教育专业教师的培养机制也面临着新的挑战，这是当前特殊教育专业教师队伍建设亟待解决的主要问题。

一方面，融合教育的推进使得特殊教育学校教师需要承担新的职责。 随着融合教育的不断发展，特殊教育学校的功能正在发生着重要的转型。除了承担特教学校内部的教育教学工作之外，特教学校也需要不断整合和优化社会资源，拓展自身职能，承担起区域内的融合教育的巡回指导与融合教育资源中心的职责，由此，特教学校教师也由单一的教育者角色转变为兼具教育者、指导者、资源人等多重角色，需要与普通学校加强联系，建立定期指导机制，派出专业教师巡回指导，对普通学校的资源教室建设及特殊需要学生学习生活方面的障碍给予专业指导和服务，为普通学校教师进行融合教育培训等，为普通学校的领导、教师和家长提供专业指导，如指导教师如何进

---

① 朴永馨. 中国特殊教育师资的培养［J］. 北京师范大学学报，1988（6）：73-78.
② 中华人民共和国教育部. 2020年全国教育事业发展统计公报［EB/OL］.［2021-08-27］. http://www. moe.gov.cn/jyb_ sjzl/sjzl_ fztjgb/202108/t20210827_ 555004.html.
③ 中华人民共和国教育部. 2020年教育统计数据（各地基本情况）_ 特殊教育学校教职工数［EB/OL］.［2021-08-25］. http://www.moe.gov.cn/jyb_ sjzl/moe_ 560/2020/gedi/202109/t20210901_ 557340.html.

行班级管理、如何开展小组合作、如何实施分层教学、如何兼顾个别化教学、如何调整教学材料展现方式、如何调整教学评价和考试方式等，为家长提供教育咨询与家庭心理疏导，帮助家长调整心态、疏导情绪以及提供家庭教育策略等，及时解决融合教育教学中的疑难问题，保障融合教育有序地推进，这也促使特殊教育教师还需具备普通教育的专业知识与技能以及巡回指导的能力。

另一方面，融合教育的推进使得普通学校中的资源教师需要兼具特殊教育及普通教育的专业知识技能。 由于目前我国中小学校普遍缺乏政策与理念的认识，融合教育工作开展经验不足，教育对象的改变使普通中小学校教师面临教育环境、工作交际对象、工作任务等方面的一系列变化，特殊教育资源教师在普通中小学校中承担了筛查与评估、学科教学、咨询与沟通、计划与协调等职责[①]。普通学校中的特殊教育资源教师所接受的专业培训比较少，时间散，质量还不能保证，使得资源教师无论在精力、能力上还是在特殊教育专业知识与技能等方面都体现出能力不足[②]。本课题负责人在前期的调研发现，北京市资源教师队伍缺乏特殊教育的相关背景，缺乏基础教育学科教学的基本技能，不能为学生、教师提供相应的服务是当前资源教室建设与发展中的最主要问题[③]。有研究者对北京、上海、江苏等六个省422名特殊教育资源教师的专业化发展现状进行调研，结果发现当前我国的资源教师以兼职的普通学科教师为主，大多数教师担任资源教师不足一年，资源教师专业素养的整体处于中等略偏上水平，得分最高的是专业态度，其次是专业知识，最低的是专业技能[④]。

（二）特殊教育专业教师的专业发展机制有待完善

在当前特殊教育专业教师职前培养中接受特殊教育专业培训数量不足的情况下，面向特殊教育教师的职后培养就变得更为紧迫和重要。在实践层面，特殊教育教师职后专业发展存在数量不足、内容重理论轻实践、专业发展可持续性不够等问题，有待进一步完善。

第一，特殊教育教师职后专业发展数量不能满足教师需求。 本课题负责人前期调查发现，尽管北京市有93.6%的特殊教育教师参加过在职培训[⑤]，但仍有一半的教师认为，无论是培训的次数还是培训的质量均不能满足教师的专业发展需求。即使是在北京的一些特殊教育学校中，仅有不足一半（47.7%）的教师接受过专业理论和技能培

[①] 王和平，肖洪莉. 随班就读资源教师工作及其专业培训的思考 [J]. 中国特殊教育，2017 (6)：33-36.
[②] 王振洲. 我国随班就读学校资源教师队伍建设的问题与解决策略 [J]. 绥化学院学报，2013 (7)：20-23，34.
[③] 孙颖. 北京市资源教室建设现状与发展对策 [J]. 中国特殊教育，2013 (1)：20-24.
[④] 冯雅静，朱楠. 随班就读资源教师专业化发展的现状与对策 [J]. 中国特殊教育，2018 (2)：45-51.
[⑤] 朱琳，孙颖. 北京市特殊教育师资培训现状调查 [J]. 中国特殊教育，2011，(8)：20-24.

训①。全国范围内更是如此，王雁（2011）②调查发现，有80.5%的特殊教育学校教师认为自己接受的特殊教育专业培训不足或非常不足。

第二，特殊教育教师职后培养重理论轻实践。在培训内容上，现有必修课程内容中对当前特殊教育改革和政策形势、特殊教育儿童身心发展规律、特殊教育教学活动的组织（管理）及评价等内容涉及不够，根据盲、聋、培智教育特点所需的盲文读写、定向行走、触摸教具制作等专业能力培训以及语言、行为、动作训练等康复训练教师所需的专业培训内容涉及较少，部分康复类教师不得不选修与工作岗位并不对口的语文、体育等学科培训内容。本课题负责人前期调查发现，北京市的融合教育经过近30年的发展，走在全国的前列，融合教育在领导与管理、班级管理、家长与教师和学校的沟通等方面实施相对较好，但在对在职教师的培养培训方面普遍缺乏，导致针对特殊需要儿童的具体教育实践则相对较差③。有研究调查发现，43.0%的特殊教育教师真正期望获得的培训内容是特定的专业技能④，但现阶段的职后培养是理论重于实践，缺少针对教育教学实际问题的案例教学，缺少诊断、评估、个别化教育方案的设计等，不能满足融合背景下教师的专业需求。

第三，特殊教育教师职后培养可持续性不够。以北京市为例，专题讲座占整个培训形式的80.1%，特教培训班占61.7%⑤，尽管参与人员数量众多，但在培训中往往采用满堂灌、整体推进的教育教学方法，导致这种后天的"补偿式"教育很难满足教师专业发展的可持续性需求，且缺乏适当的专业标准引领，针对不同类型的特殊教育专业教师的培养机制有待进一步科学化。薛海平等（2012）⑥分析指出，当前教师专业发展更多呈现的是自上而下、"任务式"的培训，不重视教师需求的调查分析已成为制约我国中小学教师职后培养质量提高的首要因素。特殊教育学校的校本研修开展情况层次不一，没有统一标准与要求。此外，当前与教师培训相关的管理文件"对教师外部动机的强化会分散教师出于自主需求进行学习的注意力，挤占教师的自发性动机"⑦。

三、研究现状

尽管实践中特殊教育教师队伍建设面临着上述种种问题，然而，在研究中对上述

---

① 孙颖，王雁，牛永红. 北京市特殊教育教师队伍现状调查研究［J］. 中国特殊教育，2012，(10)：50-55.
② 王雁. 中国特殊教育学校教师队伍现状报告［J］. 现代特殊教育，2011，(10)：4-9.
③ 孙颖，王雁，牛永红. 北京市特殊教育教师队伍现状调查研究［J］. 中国特殊教育，2012，(10)：50-55.
④ 王雁. 中国特殊教育学校教师队伍现状报告［J］. 现代特殊教育，2011，(10)：4-9.
⑤ 朱琳，孙颖. 北京市特殊教育师资培训现状调查［J］. 中国特殊教育，2011，(8)：20-24.
⑥ 薛海平，陈向明. 我国中小学教师培训质量调查研究［J］. 教育科学，2012 (6).
⑦ 马丽·安·柯林斯，特蕾莎·M. 阿玛拜尔. 动机和创造力［G］//罗伯特·J. 斯滕伯格. 创造力手册. 施建农译. 北京：北京理工大学出版社，2005：247-254.

问题的回应却存在明显不足。潘娇娇等（2016）利用 Bicomb 软件及 SPSS 软件绘制了 2006—2015 年特殊教育教师研究文献热点知识图谱，结果表明，当前特殊教育教师研究的热点问题主要有三个，一是特殊教育教师的职业困境及应对策略；二是国际（特别是美国）特殊教育教师的专业发展路径及培训模式；三是融合教育背景下特殊教育教师的社会保障系统，而对特殊教育师资培养的目标和方向、模式、课程等涉及的研究则较少[1]，特别是如何因地制宜、因时制宜地提出特殊教育专业教师的具体培养路径与机制有待进一步深入研究。国际上，唐佳益、王雁（2021）[2] 以文献计量和内容分析相结合的方法对国际上近五年 SSCI 期刊收录的特教教师相关研究进行综合分析，结果发现近年国际特殊教育教师研究主要聚焦于教师专业发展途径与教师教育效果、教师效能感、职业倦怠与心理压力等变量的影响因素与干预方法以及教师合作、专业知识等。

从教师专业化的发展历程来看，连续、动态、终生不断发展是其主要特点。特殊教育教师应不断接受新知识、增长专业能力，具备可持续发展的基本素养和终身学习的能力。以美国为例，"双证式"培养模式将普通教育教师和特殊教育教师的培养完全合并，所有想要从事教师职业的学生参加同一个培养项目，结业后同时获得普通教育教师和特殊教育教师双重从业资格[3]，直接体现了融合教育教师培养的根本要求。在这样的融合导向的职前培养体系的保障下，特殊教育专业教师在从教之初就具备了实施融合教育的知识和技能，打破了传统普通教师和特殊教师培养的界限。

我国特殊教育发展政策日益关注融合教育的发展，但是从师资培养机制方面来看，特教教师和普教教师的职前培养相互独立，没有体现融合教育对师资培养的要求，使我国融合教育环境中的各类教师缺乏应有的知识和技能。我国特殊教育教师职前培养机制不健全，促使职后培养研究成为应对当下融合教育实施困境的必然选择，且特殊需要儿童的个别需求和班级组成的多样化，使教师对特殊需要儿童的认可和接纳、多元评估能力、行为管理能力等都应当成为当前特殊教育教师职后阶段重点培养的目标。

自 2012 年以来，随着《特殊教育教师专业标准（试行）》的颁布，特殊教育专业教师的专业素质受到相应规范，其专业素质包含专业理念与师德、专业知识和专业能力三个维度，具体又涉及职业理解与认知、对学生的态度与行为、教育知识、学科知识、教学设计、教学实施、沟通与合作等细化领域。但是，特殊教育教师不仅指特殊教育学校教师，还包括巡回指导教师、资源教师等推进融合教育过程中产生的新的特

---

[1] 潘娇娇. 近十年我国特殊教育教师研究热点——基于共词矩阵的知识图谱分析 [J]. 现代特殊教育（高教），2016（11）：31-36.

[2] 唐佳益，王雁. 近五年国际特殊教育教师研究热点及内容分析 [J]. 中国特殊教育，2021（9）：73-81.

[3] 冯雅静，王雁. 美国"双证式"融合教育教师职前培养项目的概况和启示——以田纳西大学早期教育融合教师培养项目为例 [J]. 中国特殊教育，2015（3）：65-71.

殊教育教师类型，其专业素质涵盖哪些领域，专业发展内容涉及哪些方向，专业发展形势将会发生何种变化，一系列问题有待进一步深入探究与思考。因此，有必要认清当前特殊教育教师专业发展的现状，探讨特殊教育专业教师职后培养的关键问题，以便促进我国特殊教育专业教师的专业发展，提升其专业化水平，进而提高特殊教育的质量，只有这样才能适应不断演化和发展变化的复杂的教育教学情境以及特殊需要儿童的需求。

四、研究意义

发展特殊教育事业，教师队伍是关键，特殊教育教师的发展是特殊教育事业发展的前提和重要保障。教师的专业化是持续发展的动态过程，职后培养是特殊教育教师专业发展的重要途径之一。在我国特殊教育教师职前接受特殊教育专业培训不足的情况下，职后培养显得尤为重要。因此，探索建立特殊教育教师职后培养体制，具有重要的理论意义和实践意义。

（一）理论意义

一是有助于完善我国特殊教育专业教师职后培养机制。 我国《特殊教育教师专业标准（试行）》方案出台后，尚没有研究以该方案为指导，从行动层面探究特殊教育教师的职后培养机制。本研究将以《特殊教育教师专业标准》为依据，制定巡回指导教师、特殊教育资源教师等不同类型特殊教育专业教师的专业素养标准，形成有针对性的职后培养内容目标，探寻最有效的职后培养方式，从而建立起适合我国国情的特殊教育专业教师职后培养机制。

二是有助于丰富我国特殊教育教师专业发展领域的研究成果。 本课题的研究将在特殊教育教师的职后培养过程中，通过论证严密的研究设计，基于数据调查和需求分析，建构结构合理的专业发展内容和专业发展方式，从而丰富特殊教育教师专业发展领域的研究成果。

（二）实践意义

一是以研究推进建立融合导向的高素质特殊教育教师队伍。 本课题研究不同类型的特殊教育教师专业标准，调查不同类型特殊教育专业教师的专业发展现状，并探索针对不同类型特殊教育专业教师的职后培养机制，将使我国特殊教育教师的职后培养走向专业化的道路，能改善特殊教育教师知识和技能不足的现状，为特殊教育的质量提升提供高素质专业化的复合型教师队伍。

二是通过研究切实提高特殊需要儿童的实际获得感。 特殊教育是合作性实践活动，教师的特殊教育素养准备不足成为当下制约特殊教育发展的瓶颈，特殊教育实施成效很大程度上取决于教师能否具有复合型专业知识与技能，能否基于学生的多元化需求采取恰当的教学策略。本研究通过研制特殊教育教师职后培养机制，有效地提升特殊教育教师的教学技能,将使特殊需要儿童从中直接受益。

三是推进教育公平与质量的提升。通过研究,加强专业化特殊教育教师队伍建设,能够在很大程度上提升特殊教育的发展水平,这将有助于推进首都教育公平与质量的提升。

第2节 研究目标和内容

一、核心概念

(一)特殊教育专业教师培养

对特殊教育专业教师培养的理解可以有两种方式:一种是"特殊教育专业的教师培养",主要是指培养具有特殊教育专业知识与技能、将要从事特殊教育相关机构的教师工作的教师。在我国,通常是由高等院校特殊教育学院承担,属于教师的职前培养;另一种是"特殊教育专业教师的培养",主要是对已经从事特殊教育相关岗位的教师所进行的在职培养,属于教师的职后培养范畴。

由于我国高等院校对于教师的培养尚未体现融合教育的需求,特殊教育教师和普通教师的培养体系相互独立,使大部分普通教育教师职前的特殊教育专业培训处于空白状态,需要依靠职后教育进行弥补。因此,本研究的"特殊教育专业教师培养"主要指的是第二种理解,即"特殊教育专业教师的培养",主要探讨的是职后的教师培养机制。

(二)特殊教育专业教师

特殊教育专业教师有广义和狭义之分。广义的特殊教育专业教师不仅包括在基础学校从事特殊教育的教师,还包括培养从事基础特殊教育学校教师的教师。狭义的特殊教育教师主要指前者,即在各类基础学校对特殊需要儿童进行有效教学和教育康复的教师、在普通学校中承担附设的各类特殊班教学的特殊教育教师以及普通学校承担特殊需要儿童专业辅导的资源教师和区域性巡回指导的教师[1]。

教育部于2015年发行的《特殊教育教师专业标准(试行)》规定,特殊教育教师是指在特殊教育学校、普通中小学幼儿园及其他机构中专门对残疾学生履行教育教学职责的专业人员,要经过严格的培养和培训,具有良好的职业道德,掌握系统的专业知识和专业技能。根据该标准的定义,特殊教育专业教师并不特指特殊教育学校的教师。

回应我国当前以"普通学校随班就读为主体、以特殊教育学校为骨干、以送教上

---

[1] 雷江华,方俊明. 特殊教育学[M]. 北京:北京大学出版社,2011:25.

门和远程教育为补充,全面推进融合教育"的特殊教育发展格局,着力解决当前北京市推进融合教育中亟待解决的现实问题,经课题组的前期充分调研和研讨,在开题专家组的审议和建议下,在本研究中,特殊教育专业教师是指在特殊教育学校中工作的专业教师、在普通中小学及其他机构中为普通学校任课教师提供专业支持以及为特殊需要儿童提供个别化支持的专业人员,包括以下三类:

1. **特殊教育巡回指导教师**,负责区域内各学校特殊教育实践的督导、教师培训等工作,一般在需要时介入学校教育,为有特殊需要的儿童提供专业的评估与干预,为教师提供专业指导和咨询。该类教师具有更为广博的知识、技能和丰富的融合教育经验,对特殊教育理论和实践有深入研究。

2. **特殊教育资源教师**,在普通中小学校工作,能够为普通教育学校的特殊需要儿童提供特殊教育辅导,同时为其他教师提供专业咨询,承担校内融合教育事务性工作。

巡回指导教师和资源教师都是为普通教育学校的特殊需要儿童和教师提供专业支持的人员,是融合教育的重要支持者。

3. 在特殊教育学校工作的**特殊教育学校教师**,包括一般性教师和相关专业教师(物理治疗师、作业治疗师、语言治疗师等)。

(三)培养机制

教师培养活动是个系统工程,这个系统中的各个要素、各个环节的相互关系和运行环节是以一定的规则来规范的,本研究中的培养机制是指各级教育行政部门从特殊教育发展需求出发、依据国家和北京市对特殊教育专业教师队伍建设的相关政策法规、结合北京市特殊教育发展实际所建立的促进各类特殊教育专业教师发展与成长的较为完善的工作系统。

本研究所关注的正是通过科学研究的方法制定对特殊教育专业教师的培养目标、为实现一定培养目标的整个教育过程以及为实现这一过程的一整套的内容标准和管理制度的建立。

二、研究目标

本研究力图探索北京市特殊教育专业教师队伍培养机制,以深入推进有质量的特殊教育为立场,从教师专业发展的内在规律出发,以教师的专业素养提升为本位,具体回答"推进有质量的特殊教育需要什么样的特殊教育专业教师?要以哪些内容来进行培养符合特殊教育发展需要的特殊教育专业教师?如何才能培养出这样的教师?"这三个问题,系统构建不同类型的特殊教育专业教师的培养路径,为在更大范围内推广和应用提供坚实依据。具体的研究目标有四个:

一是研制面向融合教育的不同类型的特殊教育专业教师的专业素养标准,作为特殊教育专业教师职后培养的目标,保证北京市特殊教育专业教师职后培养的针对性,解决"需要什么样的特殊教育专业教师"这一问题。

二是基于现状调查和需求分析，设计面向融合教育的不同类型的特殊教育专业教师职后培养的阶梯内容框架，保证北京市特殊教育教师职后培养内容结构的差异化、合理化和科学化，解决"要以哪些内容进行培养符合特殊教育发展需要的特殊教育专业教师"的问题。

三是探寻出本土化的、有效的特殊教育专业教师职后培养模式，通过科学有效的职后培养方式提升特殊教育专业教师的专业素养，解决"如何培养"的问题。

四是采用历时追踪调查分析特殊教育专业教师培养机制的效果，以全面理解北京市特殊教育专业教师队伍发展的动态特征，检验特殊教育专业教师培养机制的实施效果，解决"效果如何"的问题。

三、研究内容

本研究以融合教育为导向，即要培养既懂特殊教育又懂普通教育的融合型、复合型专业教师。为了达成以上培养目标，本研究的主体研究内容包括以下几个方面：（一）研制不同类型特殊教育专业教师的专业素养标准；（二）调查北京市不同类型特殊教育专业教师的专业发展现状；（三）设计融合导向的，融专业理念、知识能力与实践智慧于一体的特殊教育专业教师的培养内容阶梯结构；（四）验证融合导向的特殊教育专业教师培养模式效果。研究框架如图1.1所示。

（一）研制不同类型特殊教育专业教师的专业素养标准

本研究拟对照我国《特殊教育教师专业标准（试行）》，借鉴国外不同类别的特殊教育教师专业标准以及我国台湾地区、香港地区针对资源教师、巡回指导教师的专业素养标准，结合我国特殊教育专业教师培养方面的一贯理念和发达国家特殊教育师资培养的成功经验，构建并验证不同类型特殊教育专业教师的专业素养标准，包括：1. 北京市特殊教育资源教师专业素养标准；2. 巡回指导教师专业素养标准。

这是本研究构建特殊教育专业教师培养机制的前提和基础。本研究拟以特殊教育教师专业标准中规定的专业理念与师德、专业知识以及专业能力为核心能力标准，以不同类型的教师的工作内容为基本能力要求，构建不同类型的特殊教育专业教师的"专业素质与能力结构"，其中专业理念与师德为最内核，专业知识与专业技能是教师培养中的核心内容，与工作相关的知识与能力是从事特殊教育相关工作的重要基础。

（二）调查北京市特殊教育专业教师专业素质现状及发展动态

本研究拟采用调查问卷的方式，对照《特殊教育教师专业标准》，以融合教育为导向，根据确定的不同类型的特殊教育专业教师的专业素养标准，设计特殊教育专业教师的专业素养诊断工具，编制《特殊教育专业教师专业发展调查问卷》，对北京市特殊教育学校教师、资源教师和巡回指导教师的专业素养进行抽样调查。

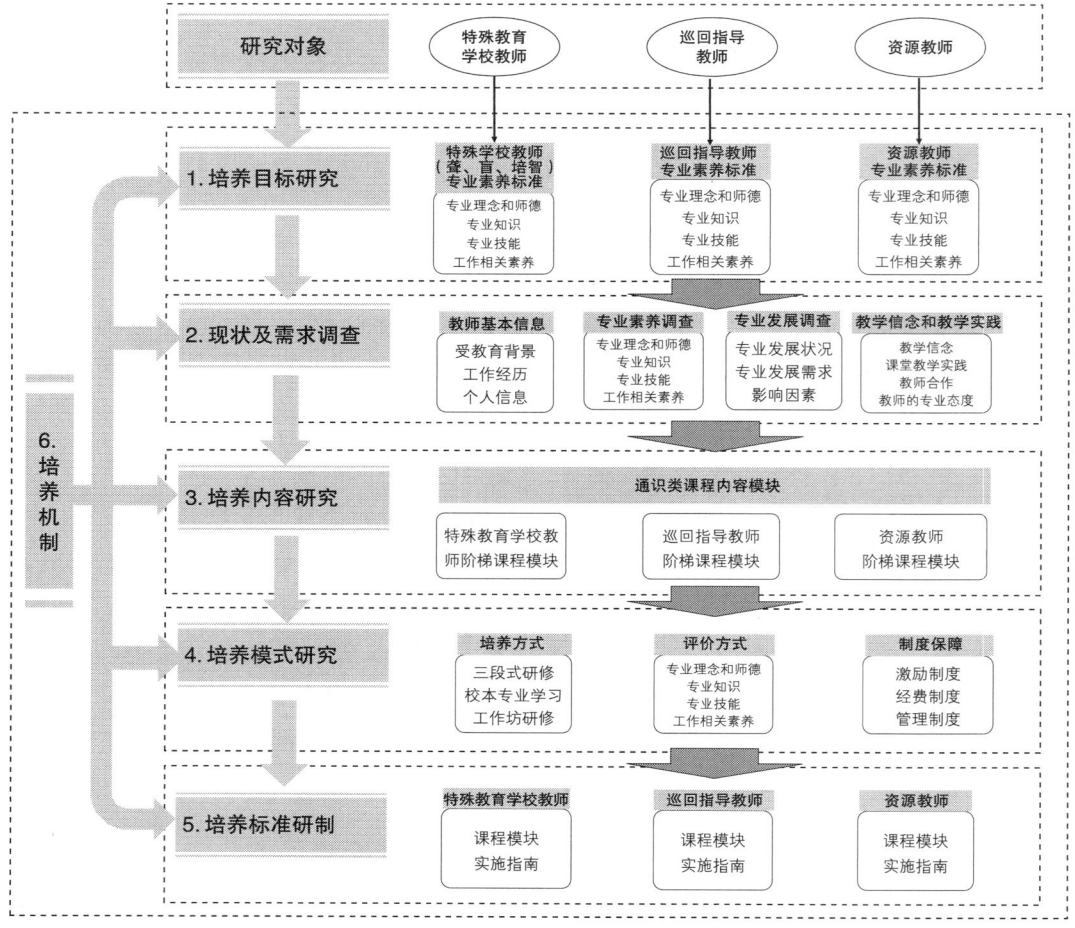

图 1.1 课题研究的框架

这一研究内容拟通过问卷项目分析和信效度检验,构建并验证前述专业素养标准的结构,诊断不同类型的特殊教育专业教师的专业素养现状及绩效差距,为后续的教师培养内容及培养方式的设计提供事实依据,并超越横断面式的研究,通过历时追踪调查的方式,全面理解北京市特殊教育专业教师专业素质发展的动态特征,既能够检验项目研发的教师培养机制的效果,也能够为特殊教育专业教师相关管理制度的制定与改进提供事实依据。

(三)设计不同类型的特殊教育专业教师的培养内容课程体系

特殊教育专业教师队伍培养内容研究主要体现在基于不同类型的特殊教育专业教师的专业素质标准,开发在职师资培养的阶梯课程内容体系结构。这既是本研究的重点,也是本研究的难点。从基本结构上看,在内容的编制上,根据职后培养目的,通过文献梳理,参考融合教育发展较为成熟的国家在职后培养方面的先进经验,按照特殊教育专业教师应具备的素质和技能及调研发现的教师专业素质现状,初步拟定内容,确定特殊教育专业教师师资培养阶梯课程内容,拟设置:"特殊教育专业理念与师德培养"、"特殊教育专业知识提升"和"特殊教育专业能力发展"三大系列的课程群,不同的课程群承载相应的人才培养功能。

在师资培养内容效度的验证方面,本研究通过对特殊教育学校、普通学校资源教室和区县特殊教育中心进行充分调研,分析与论证当前特殊教育发展对教师在理论水平、素养特征、知识结构、技能需求等方面的具体要求,依循理论学习与技能发展的基本规律和主要特点,统筹规划特殊教育专业教师成长的不同阶段的目标与内容,并邀请相关领域的专家组参与其中,对初步拟定的培养课程内容进行调整和增删,以保证内容的合理性。由于本研究涉及三类特殊教育教师,不同类型教师的教学岗位和教学职责不同,且这些教师需要支持的特殊需要儿童的障碍类型有所不同(视障、听障、智障、肢体障碍、言语语言障碍、孤独症、情绪行为障碍、学习障碍),因此,对特殊教育专业教师的职后培养内容的需求有共性,也有特性。因此,最终形成的培养课程内容将以"1(通识内容)+N(不同类型教师的特殊需求)"的阶梯式、模块化形式呈现。

(四)构建并验证融合导向的特殊教育专业教师培养模式

基于设计研究的一般过程,借鉴国内外比较有影响的研究框架,结合特殊教育专业教师培养的一般实践,初步设计出融合导向的特殊教育专业教师培养模式,如图 1.2 所示,以此形成基于证据的特殊教育专业教师培养课程体系及行之有效的培养方式。

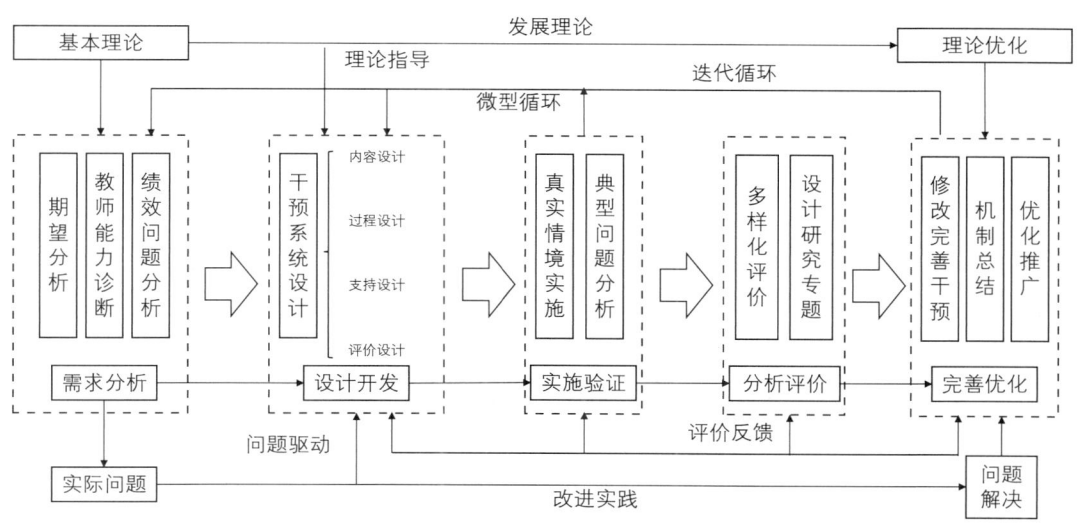

图 1.2 复合型特殊教育专业教师培养模型

(五)研制北京市不同类型的特殊教育专业教师职后培养标准

特殊教育专业教师职后培养标准的制订是本研究的落脚点,在前述的调查研究的基础上,编写北京市特殊教育专业教师职后培养标准,包括**培养课程标准和实施指南**

两部分。培养课程标准是对前述培养内容课程体系的制度化，综合考虑北京市不同类型特殊教育专业教师的工作环境和专业知识技能水平的差异，旨在满足不同类型、不同起点的教师的专业提升需求，推行"菜单式、自主性、开放式"的选学机制，确保按需施训。标准内容涵盖针对不同类型的教师、不同主题的专业发展目标和专业发展现状，不同系列课程的课程主题（主题描述、内容要点、学时建议、实践任务、案例资源、评价考核建议等），培训机构可以按照课程主题说明，选择全部或部分内容要点，参照课程示例，设计具体课程，供不同类型、不同能力起点的教师选学，这能够为北京市特殊教育专业教师的持续专业发展提供科学指引。

实施指南是对前述培养模式的制度化，涉及特殊教育学校教师职后培养实施指南、巡回指导教师职后培养实施指南和资源教师职后培养实施指南，实施指南中详细说明针对不同类型教师的培养目标任务、实施流程以及相关机构的职责分工。

第3节 研究过程和方法

一、研究思路

本研究主要解决"推进有质量的融合教育需要什么样的特殊教育专业教师？要以哪些内容来进行培养符合特殊教育发展需要的特殊教育专业教师？如何才能培养出这样的教师"这三个问题，系统构建不同类型的特殊教育专业教师的培养路径，课题的研究思路如图1.3所示。

第一，针对特殊教育教师培养目标的研究，本研究将通过文献研究以及参考我国《特殊教育教师专业标准（试行）》的内容，编制特殊教育巡回指导教师和资源教师专业素养标准，并通过关键行为事件访谈技术，以高绩效的各类特殊教育专业教师为效标样本，对其在教育教学情境中的关键行为事件进行深入分析，理解不同类型的特殊教育专业教师的专业素养特征，形成不同类型的特殊教育专业教师的专业素养标准文本，通过实证研究的方法构建并验证不同类型的特殊教育专业教师的专业素养标准内容，形成北京市特殊教育专业教师专业素养标准。

第二，本研究将运用调查研究法，编制《特殊教育专业教师专业发展调查问卷》，面向北京市不同类型的特殊教育专业教师开展抽样调查，诊断不同类型的特殊教育专业教师的专业素养现状，并在三年的时间内至少开展三次大范围调查，全面了解北京市特殊教育专业教师的动态变化特征。

第三，本研究通过文献梳理，参考融合教育发展较为成熟的国家在职后培养方面的先进经验，结合特殊教育教师专业素质标准和调研发现的专业素质现状，确定按照特殊教育教师应具备的素质和技能及调研发现的教师专业素质现状，初步确定特殊教育在职师资培养课程体系，收集专家和骨干教师的意见并进行多轮修改，确定各项课

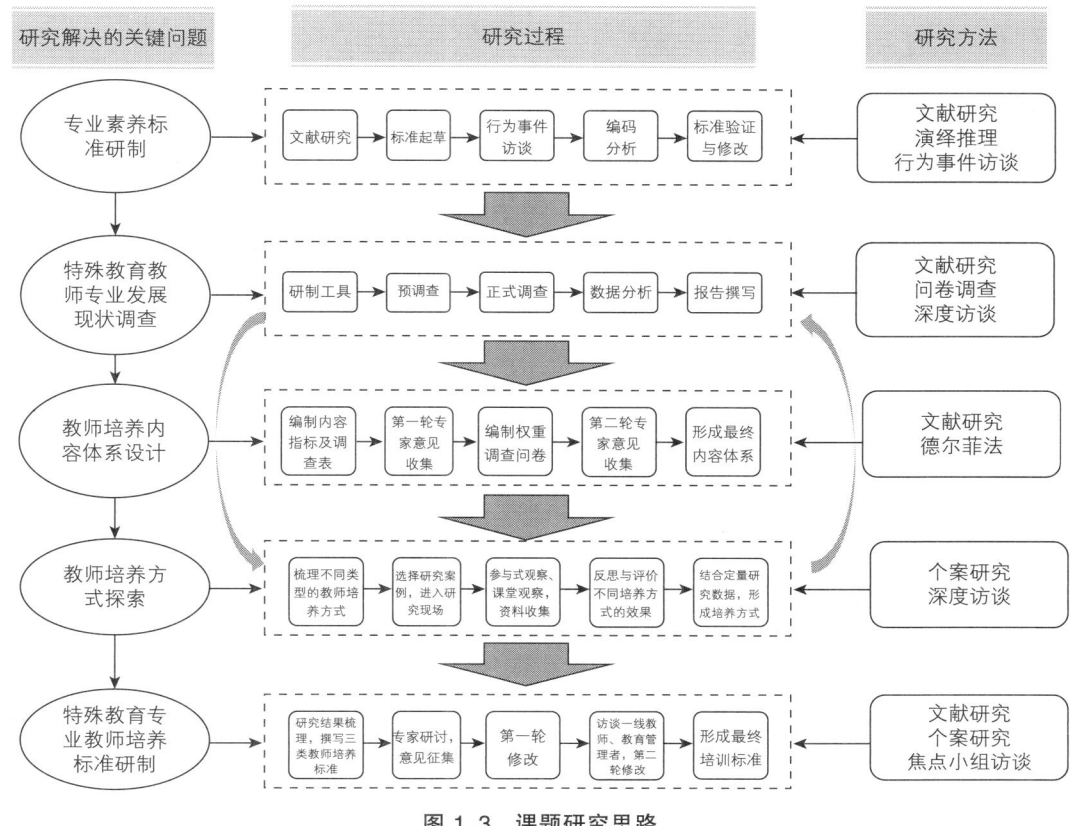

图 1.3 课题研究思路

程主题的权重指标,再进一步收集专家和骨干教师的意见,最终形成"1(通识内容)+N(不同类型教师的特殊需求)"的阶梯式、模块化培养课程体系。

第四,在确定课程内容后,本研究将通过行动研究的方法探索针对不同类型专业教师的有效的培养模式,在过程中通过课堂观察、教师反思、访谈、资料查阅和现场工作日志等多种渠道收集过程性资料,了解不同类型的培养模式为教师专业发展带来的影响。

第五,对照基于设计的研究框架,验证本研究提出的复合型特殊教育专业教师职后培养模式,归纳和总结适用于北京市的特殊教育专业教师职后培养机制,编制针对三类特殊教育专业教师的职后培养标准,初稿编制结束后,收集并分析专家和特殊教育骨干教师的意见,形成职后培养标准的最终稿,为在更大范围的推广做准备。

二、研究方法

根据研究内容和研究目的,并借鉴已有的国内外研究,本研究采用的研究方法主要有行为事件访谈方法、问卷调查法、德尔菲法、问卷调查法、个案研究法和深度访谈等方法。

(一) 行为事件访谈法

1. 访谈内容

根据《特殊教育教师专业标准》，围绕职业理解与认识、对学生的态度和行为、教育教学的态度与行为、个人修养与行为、学生发展知识、学科知识、教育教学知识、通识性知识、环境创设与利用、教育教学设计、组织与实施、激励与评价、沟通与合作、反思与发展、职业热情、团队合作、效能感等 17 项专业素养，设计行为事件访谈问题。

2. 访谈对象

根据本研究确定的研究对象，访谈对象包括三类：

一是在北京市 20 所特殊教育学校（盲、聋、培智）中共选择 9 位（盲、聋、培智三类学校各 3 人）骨干教师进行访谈，其中，预访谈 3 位优秀特殊教育学校教师，正式访谈 6 位教师（优秀绩效和普通绩效者各 3 人）。优秀绩效特殊教育教师的选择将综合考虑教师的任职年限、学校绩效考核情况、荣获各级奖励和参与科研项目等情况，具体标准将由课题组集体讨论确定。

二是在北京市区特殊教育中心中选择 15 位区级巡回指导教师进行访谈，其中，预访谈 3 位优秀巡回指导教师，正式访谈 12 位巡回指导教师（资深巡回指导教师和新手巡回指导教师各 6 人）。资深巡回指导教师的选择以担任巡回指导教师的年限为依据，原则上不少于三年。

三是在北京市 38 个学区融合教育资源中心及中小学校资源教室中选择 15 位资源教师进行访谈，其中，预访谈 3 位优秀资源教师，正式访谈 12 位资源教师（资深资源教师和新手资源教师各 6 人）。

3. 访谈过程

首先，课题组经过集体讨论，确定取样策略和标准，选择访谈对象。其次，预研究，主要包括访谈技术训练，编码练习，理解并调整访谈提纲。再次，实施行为事件访谈，在征得访谈对象同意后，对访谈进行全程录音。最后，转录访谈录音文本，运用内容分析技术，对访谈录音文稿中的关键行为事件主题进行提炼，并进行归类编码，进行数据频次统计，建立不同类型特殊教育教师的专业素养标准结构。

(二) 调查研究法

在本研究中，调查研究法将用于调查北京市特殊教育专业教师专业素质现状及发展动态。

1. 研究工具

依据教育部颁发的《特殊教育教师专业标准（试行）》，参考国内外相关的特殊教育教师专业标准，基于本研究初步构建的不同类型特殊教育专业教师的专业素养标准，编制《特殊教育专业教师专业发展调查问卷（特教学校教师版）》、《特殊教育专业教师专业发展调查问卷（巡回指导教师版）》和《特殊教育专业教师专业发展调查问卷（资源教师版）》。

问卷的主要内容包括四个部分：一是教师基本信息；二是教师专业素养调查表；三是参与专业发展的情况（类型、时间、影响、专业发展需求和阻碍因素以及专业发展所能得到的支持）；四是教师的教学信念和教学实践状况（课堂教学实践、教师合作、教师的专业态度等）。

2. 抽样方法

本研究按照整群抽样和方便取样相结合的方法，选取的样本包括三类：

一是在北京市所有特殊教育学校中，邀请全校80%以上的在职教师填写问卷《特殊教育专业教师专业发展调查问卷（特教学校教师版）》。

二是面向16个区的区级特殊教育中心的全部巡回指导教师，填写问卷《特殊教育专业教师专业发展调查问卷（巡回指导教师版）》。

三是在全市开展融合教育的普通中小学校中，每区选择至少10所中小学校（至少160所学校）的资源教师，填写《特殊教育专业教师专业发展调查问卷（资源教师版）》。

3. 调查过程

首先，参照《特殊教育教师专业标准》，对照标准中的各项能力要求，编制教师专业素养调查表。其次，成立由相关专业研究者组成的课题小组，对测验题目的表述进行评价，讨论其清晰度、准确性和归类问题，进一步修订题目。再次，预测，对预测获得的数据进行项目分析，探索模型的内部结构，并依据预测数据分析结果，修改、合并或剔除不符合条件的题目，形成最终的调查表。最后，正式施测，采取在线调查的方式，让教师通过电脑或移动终端在线填写问卷。

（三）德尔菲法

1. 调查工具

本研究将开发的专业素养标准体系转化为调查表，让专家对专业素养标准的结构和指标内容进行评价，并说明调查目的和填写方法。

2. 研究过程

首先，组成专家小组。本研究将邀请高等院校和科研机构的专家学者、特殊教育学校校长代表、区特殊教育中心的巡回指导教师和普通学校的特殊教育资源教师代表等共30名专家参与咨询。选择专家的标准为专家的权威程度，测评标准包括专家对方案做出判断的依据和专家对问题的熟悉程度。

其次，向所有专家发放调查工具，并请专家做出书面答复。

再次，汇总专家意见，进行第一次数据分析，并将数据分析结果发给各位专家，进行第二次数据分析，让专家比较自己同他人的不同意见，对自己的意见和判断做必要的修改，或者仅就评分存在差异较大的项做第二轮调查，并根据调查结果做第二轮修改。

最后，汇总两轮调查结果，向专家反馈调查结果，并确定研制的特殊教育教师专业素养标准体系。

（四）个案研究法

个案研究是对某一个体、某一群体或某一组织在较长时间内连续进行调查，从而研究其行为发展变化的全过程。在本课题中采用个案研究的目的，一方面是为了取得关于特殊教育专业教师专业素质及专业发展需求的定量研究结论，详细解释当前北京市不同类别的特殊教育专业教师的专业素质状况、专业发展状况以及可能的影响因素。另一方面，通过深入实地的访谈、观察和材料分析，追踪不同类型的特殊教育专业教师职后培养模式的过程及效果，分析遇到的典型问题及其原因。

首先，选择研究案例。本研究将采用多案例研究，结合在行为事件访谈中选定的具有典型性的不同类型的特殊教育专业教师，在组织和个体两个层面选择研究案例。在组织层面，选择培智学校、区特殊教育中心以及不同区县开展融合教育的普通学校共3—5所，作为研究案例。在个体层面，从上述的学校案例中，各分别选择1—2位不同类型的特殊教育专业教师作为研究案例。

其次，进入研究现场，收集数据。采用参与式观察、课堂观察、深度访谈和资料查阅等方式收集数据，在个体层面理解教师的职业成长、专业发展、融合教育观以及课堂教学/巡回指导工作的发展变化，在组织层面理解基于学校的教师专业学习的过程及效果。

最后，汇总收集到的资料，反思与评价。确定资料的有效性，对行动的过程和结果做出判断评价，对有关现象和原因做出分析解释，同时对观察到的、感受到的与个案研究过程有关的各种现象加以归纳整理，描述出研究的循环过程与结果，实施微型循环，通过设计、修改、再设计等不断完善初始设计。

第 2 章　特殊教育专业教师培养机制的理论进展

本章从特殊教育专业教师的专业素养以及特殊教育专业教师的培养内容、培养方式和培训标准四个方面，系统梳理国际上和国内已有的研究进展和实践经验，为本研究构建特殊教育专业教师的专业素养、调查发展现状和设计培养机制等，在理论上奠定基础，并在方法上提供重要指导和借鉴。

第 1 节　特殊教育专业教师专业素养研究

教师的专业素养主要是指教师从事教育教学活动所具备的基本条件和能力，它是教师专业化及专业地位确认的前提[1]，也是特殊教育教师专业发展的目标。

一、国外特殊教育教师专业素养研究

（一）美国特殊教育教师准备和资格标准

美国实行的是资格准入式的特殊教育教师资格制度，其中美国最大的全国性特殊教育学术性非营利组织美国特殊儿童委员会（Council for Exceptional Children，简称CEC）自1983年开始就牵头有关部门制定特殊教育人员应当接受的基本入职准备和资格标准，并于1995年正式出版了《每个特殊教育者必须知道什么——有关特殊教育教师准备和资格的国际标准》。该标准在其后的二十余年间不断进行修订，已成为当前最为系统、全面，影响力最大的特殊教育教师专业标准，被称为特殊教育教师"红皮书"。该标准明确了18类特殊教育教师（10类初级特殊教育教师，6类高级特殊教育教师，一般专业助手，为盲、聋者提供服务的专业助手等）的任职资格[2]。对于该标准的演变及特点，国内已有大量文献进行详细的推介及国际比较。

2015年，《每个特殊教育者必须知道什么——有关特殊教育教师准备和资格的国际标准》更新至第七版[3]。新一版的标准包含两部分的内容：一部分是对所有准备成为特殊教育教师的人提出的共同核心性知识和技能；另一部分是分别对从事幼儿早期特殊

---

[1] 叶澜. 新世纪教师专业素养初探 [J]. 教育研究与实验，1998（1）：41-47.
[2] 顾定倩，刘颖. 美国特殊教育教师任职资格标准的演变和特点分析 [J]. 比较教育研究，2014（1）：31-36.
[3] Council for Exceptional Children. What every special educator must know: professional ethics and standards [EB/OL]. [2018-08-14]. http://pubs.cec.sped.org/p6166/.

教育、聋或重听特殊教育、情绪和行为障碍特殊教育、学习障碍特殊教育、智力落后和发展障碍特殊教育、视障特殊教育、肢体和健康障碍特殊教育、超常或超天资特殊教育的教师提出的专门性知识。在2015年的标准中，CEC规定了特殊教育新入职教师需要具备七个方面的知识和技能，即学习者的发展和个体学习差异、学习环境、课程内容知识、评估、教学规划与教学策略、专业学习与伦理性实践、合作，各个领域的具体知识和能力要求见表2.1。

表2.1 美国特殊教育新入职教师需要具备的知识和技能①

领域	知识和能力要求
学习者的发展和个体学习差异	理解个体差异与个体发展和后天学习的关联，并运用这些知识为特殊需要儿童提供有意义的、富有挑战性的学习经验。
学习环境	能够创设安全、全纳、文化回应的学习环境，使特殊需要儿童能够成为积极、有效的学习者，健康发展，能够进行积极的社会互动以及自我决策。
课程内容知识	掌握关于特殊教育的通识知识及专门课程知识，为特殊需要儿童提供个别化教学。
评估	运用多种评估方法和数据来源以做出相关教育决策。
教学规划与教学策略	选择、调整以及运用多种基于实证依据的教学策略促进特殊需要儿童的学习。
专业学习与伦理性实践	在教学实践中运用特殊教育领域的基础知识、专业伦理准则和实践标准，实现终身学习和专业发展。
合作	运用恰当的方式与家庭、相关服务提供者、特殊需要儿童以及社区相关人员合作，以在多种学习环境中回应特殊需要儿童的需求。

在实践层面，针对不同类型的特殊教育专业教师，也有研究者提出了具体的专业素养要求。以巡回指导教师为例，美国丹尼贝尔（Dinnebeil）等人（2000）② 运用问卷调查的方式，描述了巡回指导教师的工作职责主要包括：为儿童直接提供服务、指导教师，为教师提供情感上的支持与鼓励，提供必要的信息资源。费斯·艾提希·萨德勒（Faith Haertig Sadler）依据自身九年的巡回指导的工作经历，提出在学前特殊教育阶段，巡回指导教师需要掌握关于特殊教育及家庭指导的前沿和优秀实践；理解个别化教育计划（IEP）的制订与实施；理解如何设计面向家庭、学校和学生的特殊教育实

---

① Council for Exceptional Children. What every special educator must know: professional ethics and standards [EB/OL]. 2015, Arlington, VA: CEC. [2018-08-10]. https://cec.sped.org/~/media/Files/Standards/Professional%20Preparation%20Standards/Initial%20Preparation%20Standards%20with%20Explanation.pdf.

② Dinnebeil L., McInerney W.. Supporting Inclusion in community-based settings: the role of the "Tuesday Morning Teacher" [J]. Young Exceptional Children, 2000 (1): 19-26.

施方案；理解在不同情境下依据个别化需要可以采取不同的巡回教学和指导策略[1]。卢克尼（Luckner）和阿亚托耶（Ayantoye）调查了全美 365 名面向听障和重听儿童的巡回指导教师的工作职责，结果发现这些巡回指导教师的最主要的工作职责是为学生提供直接服务，包括学业上的支持，如直接教授学科知识、与教师合作备课和准备课后教学材料；非学业上的支持主要是培养学生的自尊心、社交技能等[2]。每名巡回指导教师每周花费 14 个小时左右的时间用于指导学生[3]。

（二）欧盟特殊教育教师专业素养标准

2012 年，欧洲特殊需要发展机构（European Agency for Development in Special Needs，简称 EADSN）颁布了融合教育教师的素养标准（Profile of Inclusive Teachers）[4]，指出为了推进融合教育，融合教育教师的专业发展需要聚焦以下四个关键领域：尊重学生的多样性、支持所有学生、与他人合作、个人专业发展。表 2.2 列出了在每个关键领域下教师需要掌握的知识和技能。

表 2.2 欧洲特殊教育教师的素养标准[5]

领域	知识和能力要求
尊重学生的多样性	● 理解融合教育的概念； ● 持有学生多样性的信念和态度，并展现在道德行为中； ● 富有同理心； ● 教师能够从学生视角看待学生的多样性； ● 理解关于学生多样性的基本信息； ● 理解学生的多样性并不是一成不变的。
支持所有学生	● 促进所有学生的学术、实践、社会和情感发展； ● 理解学习是一个社会化过程； ● 知晓教师的期望是关键； ● 掌握学生发展的规律； ● 在异质课堂中采用有效的教学方法； ● 掌握差异化教学的方法； ● 积极的课堂管理。

---

[1] Faith Haertig Sadler. The Itinerant special education teacher in the early childhood classroom [J]. Teaching Exceptional Children, 2003 (3): 8-15.

[2] Luckner J., & Ayantoye C.. Itinerant teachers of students who are deaf or hard of hearing: practices and preparation [J]. Journal of Deaf Studies and Deaf Education, 2013, 18 (3), 409-423.

[3] Luckner J., & Sebald A.. Promoting self-determination of students who are deaf or hard of hearing. American Annals of the Deaf, 2013, 158 (3), 377-386.

[4] European Agency for Development in Special Needs (EADSN). Profile of inclusive teachers [EB/OL]. [2018-08-20]. https://www.european-agency.org/projects/te4i/profile-inclusive-teachers.

[5] European Agency for Development in Special Needs (EADSN). Profile of inclusive teachers [EB/OL]. [2018-08-20]. https://www.european-agency.org/projects/te4i/profile-inclusive-teachers.

续表

领域	知识和能力要求
与他人合作	• 与学生家长共同合作； • 建立重要的人际关系； • 与专业人士合作； • 使用通用语言； • 在共同体和灵活的团队中工作。
个人专业发展	• 教师需要成为反思实践者； • 能够系统规划和评估； • 持续不断地学习； • 教师培养是终身专业发展的基础。

（三）英国特殊教育教师专业素养标准

英国的特殊教育起源较早且发展迅速，为了保证特殊教育的师资质量，英国特殊教育教师的任职资格采用"普通教师资格"和"特殊教育教师资格"的双证制度，并分别针对听觉障碍、视觉障碍和多重感官障碍这三类特殊教育教师的准入资格进行了明确规定，具体提出了承担这三类学生教育教学任务的教师应掌握的专业知识和专业技能[①]。

英国学校培训与发展署对特殊教育专业教师提出了六项专业素质要求：1. 发现并满足特殊需要儿童的特殊教育需要；2. 帮助儿童在学校和社区中学习，并且使其能够完全融入其中；3. 应当接受充分的培养以获取相应的知识、技能以及信心；4. 在健康、安全、成功、社会贡献和经济能力五个方面使特殊需要儿童获得提高；5. 与学生、家长及其他专业人员进行良好的沟通和协作，以满足学生和家庭的需求；6. 能够通过职业标准和绩效管理了解自己在特殊教育方面的职业发展水平，并不断发展自己的教学技能[②]。

（四）澳大利亚特殊教育教师专业素养标准

2010年，澳大利亚正式公布了新的《国家教师专业标准》[③]，该标准规定了教育专业的三大领域（专业知识、专业实践、专业发展）、七项标准（了解学生及学生如何学习，了解所教内容并知道如何教，计划并实施有效的教学与学习，创建和维护安全而富有支持性的学习环境，对学生的学习情况进行评估、反馈和汇报，参与专业学习，与同事、家长/照顾者和社区进行专业交流）和四个阶段（新教师、熟练教师、娴熟教师、主导教师）。

---

① 李艳，昝飞. 英国特殊教育教师资格准入制度述评 [J]. 中国特殊教育，2009（7）：18-21.
② 刘嘉秋，昝飞. 英国普通教育教师职前特殊教育能力的培养与启示 [J]. 外国教育研究，2010（1）：81-84，88.
③ Australian Institute for Teaching and School Leadership. National teacher standards [EB/OL]. [2018-08-20]. https://www.aitsl.edu.au/teach/standards.

表2.3 澳大利亚教师专业素养标准内容框架①

领域	标准	指标
专业知识	标准1：了解学生及学生如何学习	1.1 了解学生生理、社会性、智力方面的发展与特点
		1.2 了解学生如何学习
		1.3 了解具有不同语言、文化、宗教和社会经济背景的学生
		1.4 教授土著学生和原住民以及托雷斯海峡学生的策略
		1.5 实施差异化教学，满足不同能力层次学生的特定学习需求
		1.6 支持残疾学生充分参与的策略
	标准2：了解所教内容并知道如何教	2.1 教学内容与教学策略
		2.2 内容选择与组织
		2.3 课程、评估与报告
		2.4 理解和尊重土著和托雷斯海峡居民，促进土著和非土著澳大利亚居民之间的和解
		2.5 读写与计算策略
		2.6 信息与通信技术（ICT）
专业实践	标准3：计划并实施有效的教学与学习	3.1 设置具有挑战性的学习目标
		3.2 对学习内容进行规划，并使其结构化和序列化
		3.3 使用教学策略
		3.4 选择和使用资源
		3.5 使用有效的课堂沟通
		3.6 评估和改善教学计划
		3.7 使父母/照顾者参与教育过程
	标准4：创建和维护安全而富有支持性的学习环境	4.1 支持学生的参与
		4.2 管理课堂活动
		4.3 管理问题行为
		4.4 保证学生安全
		4.5 安全、负责任和合乎道德地使用信息技术
	标准5：对学生的学习情况进行评估、反馈和汇报	5.1 评估学生的学习情况
		5.2 向学生提供有关其学习情况的反馈
		5.3 做出一致和可比较的判断
		5.4 解释有关学生发展水平的数据
		5.5 报告学生成绩

---

① Australian Institute for Teaching and School Leadership. National teacher standards [EB/OL]. [2018-08-20]. https://www.aitsl.edu.au/teach/standards.

续表

领域	标准	指标
专业发展	标准6：参与专业学习	6.1 确定和规划专业学习内容
		6.2 参与专业学习并将学习成果运用到实践中
		6.3 与同事交流并将收获运用到实践中
		6.4 应用专业技能，促进学生学习
	标准7：与同事、家长/照顾者和社区进行专业交流	7.1 遵守职业道德，承担职责
		7.2 符合法律、行政和组织的要求
		7.3 与父母/照顾者交往
		7.4 参与专业网络教学和更广泛的社区活动

依据这一详细的教师专业资格标准，从事各种特殊教育的教师须接受高等教育和师范教育，除获得教师合格证外，还要通过相应机构的选拔和考核。

对照特殊需要儿童的不同障碍类型，澳大利亚各州也制定了专门的特殊教育专业教师的职责说明。以昆士兰州为例，昆士兰州专门设有巡回指导教师（advisory visiting teachers）一职，以为特殊需要儿童及其教师提供支持。具体而言，巡回指导教师需要具有针对以下六类障碍类型（孤独症、听力障碍、智力障碍、肢体障碍、语言障碍、视力障碍）的专业技能，并能够宣导当地的融合教育政策，为学校教师提供培训，参与学生个别化教育计划的目标确定、实施及过程督导，提供必要的信息和资源，为特定设施的使用提供培训，辅助特殊需要儿童家庭获得相应支持等①。

二、我国特殊教育教师专业素养研究

（一）我国特殊教育教师专业标准研究

顾定倩等（2014）②在研究分析我国教师队伍专业化建设一系列政策文件的基础上，从专业理念与师德、专业知识、专业能力三个维度提出我国特殊教育教师的专业标准。

2015年，我国教育部颁布了《特殊教育教师专业标准（试行）》，该标准是我国对合格特殊教育教师的基本专业要求，是特殊教育教师实施教育教学行为的基本规范，是引领特殊教育教师专业发展的基本准则，更是特殊教育教师培养、准入、培训、考核等工作的重要依据。该标准确定了"师德为先、学生为本、能力为重、终身学习"四个基本理念，并从专业理念与师德（职业理解与认识、对学生的态度和行为、教育教学的态度与行为、个人修养与行为）、专业知识（学生发展知识、学科知识、教育教

---

① Queensland Government. Advisory visiting teachers [EB/OL]. [2018-10-02]. https://education.qld.gov.au/students/students-with-disability/specialist-staff/advisory-visiting-teachers.
② 顾定倩，杨希洁，江小英. 从政策解读我国特殊教育教师专业标准的建构 [J]. 中国特殊教育，2014（3）：70-74.

学知识、通识性知识）以及专业能力（环境创设与利用、教育教学设计、组织与实施、激励与评价、沟通与合作、反思与发展）三个维度对特殊教育教师提出了必备的基本要求，提出特殊教育专业教师应当是"师德高尚、专业基础扎实、教育教学能力和自我发展能力突出"的教师，强调对特殊教育教师"复合型"知识技能的要求，特别重视对教师的知行性和实践性素质的建构，化解了特殊教育教师专业提升的深层危机，指明了特殊教育教师专业素质发展的方向。

然而，由于我国特殊教育教师专业标准并没有细化到不同的特殊教育领域和不同类别的教师，因此，在专业标准的基础上，我国也有学者和地方实践机构进一步细化了对不同类别特殊教育专业教师的专业素养要求。例如：北京市于2010年初启动研制《北京市特殊教育教师及相关服务专业人士任职标准》，从纵向上制订了北京市特教教师的准入标准和职后标准，把好特教教师的入职关和职后专业发展的资质要求；从横向上不仅对特教教师的基本素质做出了明确规定，还提出专门的任职资格标准，即"教师资格证书+特殊教育资格证书"，并制定了针对资源教师、巡回指导教师等不同类型特教教师的专业标准[1]。

为了促进融合教育的全面深入开展，国内的学者围绕着在普通学校中面对特殊需要儿童的任课教师所需具备的专业素养展开了广泛研究。大致来看，当前关于普通学校任课教师的专业素养内涵主要有两种观点：普通教育含特殊教育观，普通教育加特殊教育观。

普通教育含特殊教育观，主要是受全纳教育思想的影响，认为"我们只需要一种教师，没有必要把教师细分为特殊教育和普通教育教师"[2]，因此，主张打通传统的普通教育与特殊教育之间的分隔，突破二者在教师专业素质"线性"排序或"面上"并列的局限，如孟万金（2008）[3]等从理论上探讨了全纳教育理念下教师专业素养结构，提出了专业理念、专业智能、专业情怀以及专业规范这四个关键系统，其中专业理念起统率作用，其余三者是基础，四个系统内部之间相辅相成，构成一个有机统一的整体。

普通教育加特殊教育观，这一观点认为特殊教育教师专业化是具有特殊性的过程，它是"特殊教育教师在整个职业生涯中，在严格的专业训练和自身不断主动学习的基础上，获得特殊教育专业知识、具备特殊教育的专业情怀以及从事特殊教育教学、教育康复实践的专业能力，逐渐实现专业自主，成长为一名专业的特殊教育工作者的专业成长和动态发展过程"[4]。对于特殊教育教师而言，由于面对的是复杂的、多样的特

---

[1] 孙颖，王雁，牛永红. 北京市特殊教育教师队伍现状调查研究 [J]. 中国特殊教育，2012，(10)：50-55.
[2] 陈小侠，申仁洪. 特殊教育教师专业化标准及发展模式的研究述评 [J]. 中国特殊教育，2008（4）：65-69.
[3] 孟万金. 全纳教育理念下教师专业素质及专业化标准研究 [J]. 中国特殊教育，2008（5）：13-17.
[4] 王雁，朱楠，唐佳益. 专业化视域下我国特殊教育教师专业发展思考 [J]. 现代特殊教育（高教版），2015（5）：3-7.

殊教育对象及复杂多变的教学情境，他们除了要具备成为一名普通教师所需的专业知识和技能，还需要满足更多独特的专业要求[①]，如崇高的专业道德和人道主义服务精神、先进教育理念和正确教育信念、复合型知识结构和综合型能力结构、健康心理和良好个性品质等特殊的专业发展内涵。

王雁等（2015）[②] 通过研究，在实证层面构建了现阶段普通学校中的任课教师四维度的专业素养结构，即专业态度、专业知识、专业能力以及获取支持能力。朱楠等人（2015）[③] 从"复合型"的角度提出特殊教育教师的专业能力需要实现以下三个方面的"复合"：一是"特殊教育知识技能与学科教育教学能力"的复合，既要了解所教学科的核心概念、结构及研究工具，能够组织知识，具备整合跨学科知识的技能，还能够使用一般学科课程和专业课程为特殊需要儿童提供个别化的教学活动，能够调整学科课程知识使之适用于特殊需要儿童。二是"教育与康复能力"的复合，既具有基本的教学能力，又具备康复训练技能。三是"特殊教育和普通教育能力"的复合，兼具普通教育和特殊教育的能力，能够满足融合教育的需要。

（二）我国特殊教育教师专业素养发展现状研究

学者们关于特殊教育教师专业素养发展现状的调查覆盖范围广，方法上多以问卷调查为主，但结果并不让人乐观。

1. 特殊教育学校教师专业素养发展现状研究

张茂林等（2015）[④] 采用问卷调查的方法，对我国东、中、西部地区共110所特殊教育学校的教师进行了广泛调查，结果发现：我国特殊教育教师队伍的职业素质总体水平不是很高，属于中等偏上水平，各个维度中表现最好的是人格素养，其次是知识素养，最后是能力素养，即大多数特教教师具有良好的心态，对特教工作能够有较强的认同感和投入感，愿意奉献于特教事业，但是很多教师对特殊教育的基本理论认识不足，对特殊需要儿童的特点及教育需求的了解有所欠缺，在实际教育教学训练中技能表现不足。刘全礼（2015）[⑤] 对北京市9所培智学校的教师专业素养进行了调查，结果发现：教师关于智力落后儿童和培智教育的知识素养不足；教师对算术应用题类型和辅助阅读类型的知晓度较低。

2. 巡回指导教师的专业素养发展现状研究

巡回指导教师又称为"特殊教育巡回指导教师（Special Education Itinerant Teacher,

---

① 王雁，肖非. 中国特殊教育教师培养研究 [M]. 北京：北京师范大学出版社，2012：273.
② 王雁，王志强，冯雅静，邓猛，梁松梅. 随班就读教师专业素养现状及影响因素研究 [J]. 教师教育研究，2015（4）：46-52+60.
③ 朱楠，王雁. "复合型"特殊教育教师的培养——基于复合型内涵的分析 [J]. 教师教育研究，2015（11）：39-44.
④ 张茂林，王辉. 国内特殊教育教师职业素质现况调查与分析 [J]. 中国特殊教育，2015（7）：70-75.
⑤ 刘全礼. 培智学校教师的专业素养研究 [J]. 中国特殊教育，2015，(5)：61-66.

SEIT)",是以巡回教学的方式,依实际需要对一个地区的若干所学校和家庭中的特殊需要儿童进行定期或专项辅导,同时也对学校教师、特殊需要儿童家长等相关人员提供咨询服务。在融合教育理念的推动下,巡回指导教师(itinerant teacher)在推动融合教育的实践中发挥着核心作用,扮演着咨询、支持、合作、协调、督导等多种重要角色,并且多为直接深入课堂巡回指导①。我国北京市海淀区巡回指导教师的具体职责包括面对学生的评估筛查、康复训练、个别化教育计划的制订与实施以及信息管理;面对教师的合作研究、专业培训和业务指导;面对学校的资源教室的指导与服务、督导与验收;面对家长的专案咨询、个案研讨、家长培训和家庭教育指导等②。在我国台湾地区,巡回指导教师的主要服务对象为教师及家长,主要是与教师、家长及相关专业人员共同工作,为特殊需求儿童制订专属的个别化教育计划。在合作咨询模式的巡回指导工作中,我国台湾地区的巡回指导教师主要扮演着五种角色:咨询者、教练、评估者、团队成员和服务协调者。巡回指导教师的工作内容以合作咨询为主,以教育、照养以及教学指导为辅③,需要具备如下专业知识和技能:(1)能清晰地沟通和解释特殊需要儿童的身心特质及较佳的学习策略;(2)为教师提供示范,并建立积极合作关系;(3)能够提供身心评估、医疗康复、社会福利、专业书籍等必要的资源;(4)有效选择运用平台合作及专家咨询的策略;(5)具备解决问题和冲突的技能;(6)了解各专业团队成员的专长,可以及时及妥善地协助其他专业人员并提供指导;(7)熟悉特殊需要儿童家长的身心负担,促进家长与教师有良好的沟通互动;(8)熟悉融合教育相关政策及发展现状、转衔机制等④。

3. 资源教师的专业素养发展现状研究

已有研究对资源教师应该扮演的角色和具备的能力进行了理论探讨和经验分析,认为资源教师的角色和职责包括:筛查与评估、学科教学、咨询与沟通、计划与协调等⑤。王振洲(2013)⑥认为,资源教师所接受的专业培训比较少,时间散,质量还不能保证,使得资源教师无论在精力、能力上还是在特殊教育专业知识与技能等方面都体现出不足。本课题负责人在前期的调研中发现,北京市资源教师队伍缺乏特殊教育的相关背景,缺乏基础教育学科教学的基本技能,不能为学生、教师提供相应的服务是当前资源教室建设与发展中的最主要问题⑦。冯雅静等(2018)⑧对北京、上海、江

---

① 李拉. 巡回指导:学前融合教育的专业支持模式 [J]. 现代中小学教育, 2013 (3): 43-46.
② 王红霞. 融合教育巡回指导模式探索——基于北京市海淀区的实践 [J]. 现代特殊教育, 2016 (17): 16-18.
③ 曾米岚. 我国台湾地区学前巡回指导教师工作的经验与启示 [J]. 现代特殊教育, 2018 (2): 78-80.
④ 曾米岚. 我国台湾地区学前巡回指导教师工作的经验与启示 [J]. 现代特殊教育, 2018 (2): 78-80.
⑤ 王和平, 肖洪莉. 随班就读资源教师工作及其专业培训的思考 [J]. 中国特殊教育, 2017 (6): 33-36.
⑥ 王振洲. 我国随班就读学校资源教师队伍建设的问题与解决策略 [J]. 绥化学院学报, 2013 (7): 20-23, 34.
⑦ 孙颖. 北京市资源教室建设现状与发展对策 [J]. 中国特殊教育, 2013 (1): 20-24.
⑧ 冯雅静, 朱楠. 随班就读资源教师专业化发展的现状与对策 [J]. 中国特殊教育, 2018 (2): 45-51.

苏等六个省422名特殊教育资源教师的专业化发展现状进行调研，结果发现当前我国的资源教师以兼职的普通学科教师为主，大多数教师担任资源教师不足一年，资源教师的专业素养整体上处于中等略偏上水平，得分最高的是专业态度，其次是专业知识，最低的是专业技能。

4. 普通学校任课教师融合教育素养发展现状研究

冯建新（2007）[①] 对陕西省197名特殊教育教师的专业发展现状进行调查后发现，特殊教育教师的专业化程度偏低、培训次数少，特殊教育教师的科研意识淡薄。丁相平（2012）[②] 对山西省的特殊教育教师进行相关调查后发现，他们存在专业化程度偏低、科研能力较弱、社会地位不高、工作满意度低和压力大等问题。王红霞等（2011）[③] 对北京市海淀区82所开展融合教育的普通小学进行调查后发现，只有41.9%的教师听说并了解融合教育理念，75.3%的教师对融合教育持中立态度，会因学生障碍、环境等多方面因素"视情况而定"，仅有33.5%的教师听说过个别化教育计划，但只有20%的教师认为自己会制订个别化教育计划。在国内其他地区也有类似发现，比如，谭和平等（2012）[④] 对上海市的普通学校任课教师进行调查后发现，69%的教师认为自己缺乏特殊教育专业知识，81.5%的教师反映自己缺乏特殊教育技能。王雁等（2015）[⑤] 对全国范围内的普通学校教师进行调查，结果发现普通学校教师的专业素养水平不平衡，专业知识得分显著低于专业技能及专业态度，获取支持能力最差，培训是影响普通学校教师专业素养的重要因素。已有研究发现，普通学校教师对全纳教育的态度最消极[⑥]，教师普遍对残疾儿童随班就读持保留意见，相对更赞成特殊教育学校的教育形式[⑦]。在特殊教育专业知识和能力方面，普通学校教师普遍缺乏对特殊教育基础常识的了解[⑧]，理论性认识不足[⑨]，特教知识结构无论在深度还是在广度上都存在明显缺失[⑩]。这些教

[①] 冯建新，冯敏. 陕西省特殊教育教师专业发展现状的调查研究［J］. 中国特殊教育，2007（6）：80-84.

[②] 丁相平，崔艳萍，魏雪寒. 山西省智障儿童教育师资队伍现状的调查研究［J］. 教育理论与实践，2012（8）：23-25.

[③] 王红霞，彭欣，王艳杰. 北京市海淀区小学融合教育现状调查研究报告［J］. 中国特殊教育，2011（4）：37-41.

[④] 谭和平，马红英. 上海市随班就读教师专业化发展需求的调查研究［J］. 基础教育，2012（2）：63-70.

[⑤] 王雁，王志强，冯雅静等. 随班就读教师专业素养现状及影响因素研究［J］. 教师教育研究，2015（4）：46-52.

[⑥] 张玉红，高宇翔. 新疆普通学校师生和家长对全纳教育接纳态度的调查研究［J］. 中国特殊教育，2014（8）：14-20.

[⑦] 张悦歆. 普小教师对残疾儿童随班就读的态度研究［J］. 教育学报，2016（12）：104-113.

[⑧] 张宁生，陈光华. 再论融合教育：普小教师眼中的"随班就读"［J］. 中国特殊教育，2002（2）：1-6.

[⑨] 曾亚茹. 普通小学教师对随班就读的态度、教学策略与所需支持的研究［J］. 中国特殊教育，2007（12）：3-7.

[⑩] 徐梅娟. 随班就读班级数学教师特教知识与技能掌握情况调查研究［J］. 南京特教学院学报，2011（4）：9-13.

师不了解特殊需要儿童的学习特点和教育需求，缺乏对特殊需要儿童开展课堂教学和课外指导的能力①。

第2节 特殊教育专业教师培养内容研究

一、特殊教育专业教师培养内容框架研究

2011年，美国"州际教师评价和支持协会"（Interstate Teacher Assessment and Support Consortium，简称 In TASC）发布了《In TASC 示范核心教学标准：州互认资源》（In TASC Model Core Teaching Standards: A Resource for State Dialogue），在此基础上，2013年该协会又颁发了《In TASC 示范核心教学标准和教师学习进程》（In TASC Model Core Teaching Standards and Learning Progressions for Teachers），对教师专业发展提出了新的标准要求，其中体现了对教师融合教育素养的要求②，如尊重和正确处理学生差异与多元化；基于学生认知、语言、社会、情感和身体特征差异选择和设计恰当的教学策略；建立典型发展差异的心理模型并以此调整教学内容；寻找和恰当使用校内外资源支持所有学生发展；共同构建对所有学生负责的教育愿景与支持文化；为所有学生设计和实施充满挑战的学习内容；发展合作教学技能以便为特殊需要学生的发展提供多元化支持；采取正式与非正式的学业评估方式并及时修正教学行为，这些素养是教师应对融合班级特殊需要儿童多元化学习需求所必备的基本技能。

在美国，融合教育教师的培训课程设置的特点表现为普通教育与特殊教育的内容相互渗透，主要设置三种类型的培训课程：一是面向所有类型特殊需要儿童教育的一般性课程，如特殊教育导论、特殊需要儿童教育教学、特殊教育政策法规等；二是融合教学课程，如小学阶段特殊需要儿童融合教育、特殊需要儿童与多样化教学，让教师能够根据儿童差异采取恰当的教学策略，包括制订个别化教育计划、实施多重干预、选择恰当评估方式等；三是综合型课程，如特殊需要儿童与教学策略、融合教学与多重干预等，侧重培养教师对特殊教育理论与技能综合运用的能力。

以美国教育科学院（Institute of Education Sciences，简称 IES）2008年对西南地区六个州（阿拉巴马、佛罗里达、佐治亚、密西西比、北卡罗来纳、南卡罗来纳）的36个小学教师职前培养项目的调查发现③，"残疾优先"是教师培养项目的明确目标。所

---

① 马红英，谭和平. 上海市随班就读教师现状调查 [J]. 中国特殊教育，2010 (1): 60-63.
② Council of Chief State School Offices. Interstate teacher assessment and support consortium In TASC model core teaching standards and learning progressions for teachers: a resource for ongoing teacher development. [2018-08-20]. http://www.ccsso.org/resource-library/intasc-model-core-teaching-standards-and-learning-progressions-teachers-10.
③ Holland, Dana, Detgen, et al.. Preparing elementary school teachers in the southeast region to work with students with disabilities [J]. Regional Educational Laboratory Southeast, 2008 (65): 1-59.

有项目都要求教师候选人必须选修一门以上特殊需要儿童教育课程，能够基于儿童障碍类型与程度、个别化需求、文化背景、能力差异等多元化学习特征，采取"适应教学""修正教学""多重干预""持续的评价与监控"等方式帮助特殊需要儿童获得学业进步。多数项目在课程设置中将特殊需要儿童教育教学内容融入一些常规的核心课程或必修课程中，如在阅读课程中涵盖了早期阅读训练、阅读障碍诊断与矫正等知识，评估与评价课程中涵盖了残疾儿童个别化教学设计与评价、学业表现非正式评估、辅助性支持等知识。

菲尔鲍特（Philpot）等人（2010）[①] 提出，面向特殊教育专业教师的培训，需要重点关注以下六个领域：特殊教育（融合教育）政策法规、对学生多样性的理解、培养对融合教育的积极态度、循证教学策略、合作教学策略、有意义的教学和持续反思。

王辉等（2015）[②] 基于生态学、特殊教育及相关学科发展以及特殊教育教师职责素质所需具备的共性特征等多维视角，从三个维度（知识、能力与人格）、两个层面（基础性、专业性）构建了我国特殊教育教师的职业素质模型，也称为"两模块——七要素"模型，七要素是指专业性模块中的职业人格（职业态度、职业认知、职业道德）、知识（学生发展知识、教育诊断与评估知识、教育教学知识、学科知识、康复知识、信息技术知识等专业基础知识、专业发展知识、综合性知识）与能力（环境创设与利用的能力，教育诊断与评估的能力，个别化教育计划制订的能力，教育教学设计与实施的能力，课堂组织与学生行为管理的能力，沟通、社交与合作能力，研究能力，学习、反思与自我发展能力），基础性模块中的隐性人格（自我认知、个体情绪、需要、动机、兴趣、气质、价值观以及对人对事的态度等）、知识（听说读写、计算、沟通、社交等知识）与能力（感知、记忆、想象、思考、判断、推理、问题解决、概念获得、语言等认知能力以及社交与沟通、动作、创造、学习、研究等能力），以及通过外显行为表现出来的职业性的综合性知识与技能。在该模型中，外显的专业性模块与内隐的基础性模块之间相互依存、互相促进与转化。这一特殊教育教师素质模型，可以为特殊教育教师培训的内容和标准提供重要的依据。

朱楠等（2015）[③] 提出，"复合型"特殊教育教师应掌握不同领域的知识和技能，其培训课程体系也需要更加突出模块化、综合性、选择性和实践性等特征。在课程设置上，突出综合性，注重课程间的联系，增强学生整合跨学科知识技能并应用于实践的能力。在课程内容上，突出实践导向，紧密结合教学实践，在课程中充分融入优秀

---

① Philpot D. F., Furey E. & Penney S. C.. Promoting leadership in the ongoing professional development of teachers: responding to globalization and inclusion [J]. Exceptionality Education International, 2010, 20 (2), 38-54.

② 王辉，李晓庆，熊琪等. 多维视野下特殊教育教师职业素质模型的构建 [J]. 中国特殊教育，2015 (11): 36-42.

③ 朱楠，王雁. "复合型"特殊教育教师的培养——基于复合型内涵的分析 [J]. 教师教育研究，2015 (11): 39-44.

的教育教学案例，将特殊教育学科前沿知识、课程改革和教育研究最新成果充实到培训内容中。在课程内容的组织上，可以使用模块制、按需设计内容、加强实践环节等措施，使教学内容更加系统化。

二、特殊教育专业教师的态度培养研究

国内外相关研究表明，教师的态度对成功开展融合教育有着至关重要的作用[①]。迪·吉那罗（Di Gennaro）等人（2014）[②]综述了关于教师对融合教育的态度的相关研究，结果发现"融合教育的成功推进和可持续发展，既需要教师获得必要的能力，也需要教师发展关于多样性和人权的价值观"，即使教师掌握了必要的知识和技能，但除非教师具有开展融合教育的信念，他们才会愿意将这些知识和技能运用到行为中，教师需要学习如何尊重差异，以及如何选择恰当的方式以回应课堂上的多样化需求。因此，特殊教育教师培训项目需要将融合教师的信念转变作为最核心的内容和任务。

戴安娜·希安伯斯（Dianna Chambers）和克里斯·弗林（Chris Forlin）（2010）[③]依据相关的态度理论，认为对融合教师培训的重中之重在于改变教师的信念和态度，以最终影响其教学行为，并在其负责的培训项目中设计了教师融入残疾人团体、残疾学生进入高效课堂等有利于促进教师信念转变的策略，要求学员每学期完成至少12个小时的与残疾学生互动的志愿服务任务，有助于他们增强理解残疾学生在学习中面临的困难，促进他们与残疾学生在课堂上的良好互动。乌迈施·沙玛（Umesh Sharma）（2010）[④]主张在特殊教育教师培训内容的设置上面，要引导教师反思和澄清自己的教育哲学和信念，例如："如何认识原先被排除在主流教育之外的学生""对他们的教育是否可行，有何价值"等。沙玛（Sharma）等人（2012）[⑤]开发了衡量教师开展融合教育效能感的测评量表（教师融合教育效能感，简称TEIP）。该量表由18个题目构成，经过在加拿大、中国香港和印度等地的验证，最终构建了三维度的教师融合教育效能感，即运用融合教学方法的效能感、开展合作的效能感、应对破坏性行为的效能感。

彭兴蓬等（2015）[⑥]提出普通学校任课教师首先要认同融合教育的思想，承认融合

[①] Sharma U.. Impact of training on pre-service teachers' attitudes and concerns about inclusive education and sentiments about persons with disabilities [J]. Disability & Society, 2008, 23 (7): 773-785.

[②] Di Gennaro D. C., Pace E. M. & Iolanda Z. & Aiello Z.. Teacher capacity building through critical reflective practice for the promotion of inclusive education [J]. Problems of Education in the 21st Century, 2014 (60): 54-65.

[③] Chambers D., Forlin C.. Initial teacher education and inclusion. In C. Forlin. Teacher Education for Inclusion: changing paradigms and innovative approaches. London: Routledge, 2010: 74-83.

[④] Sharma U.. Using reflective practices for the preparation of pre-service teachers for inclusive classrooms. In C. Forlin. Teacher Education for Inclusion: changing paradigms and innovative approaches. London: Routledge, 2010: 102-111.

[⑤] Sharma U., Loreman T. & Forlin C.. Measuring teacher efficacy to implement inclusive practices [J]. Journal of Research in Special Educational Needs, 2012, 12 (1), 12-21.

[⑥] 彭兴蓬，雷江华. 教育关怀：融合教育教师核心品质 [J]. 教师教育研究，2015，(1): 17-22.

教育背后的价值和意义，报以真诚接纳的态度，尊重每个儿童特殊的禀赋和需要，接纳学生身上存在的差异性和多样性，并具有关怀和关爱的品格，养成敏感性的关怀品质。

三、特殊教育专业教师的专业知识和专业技能研究

奥戈曼（O'Gorman）和朱迪（Drudy）（2010）调查了来自爱尔兰399所小学和416所中学的特殊教育专业教师的专业发展需求，结果发现，特殊教育专业教师的培训需求最高的一项为个别化教育计划，占19.9%，其次为通识性特殊教育技能（16.2%），排在第三位的是各具体障碍类型的专门知识，占11.6%[1]。

在专业知识和能力方面，学者们认为特殊教育专业教师应掌握的特殊教育知识包括：融合教育的发展历程与趋势，相关的法律法规，特殊需要儿童的定义、分类及身心特点，特殊需要儿童的学习特点及教学策略，特殊需要儿童的行为管理，特殊需要儿童的早期发展与早期诊断等方面的知识[2]。

在能力方面，特殊教育专业教师需要具备与特殊需要儿童沟通、交流的能力，如手语、盲文等，对特殊需要儿童评估的能力，个别化教育计划制订与实施的能力，差异教学能力，课程调整能力，与家长、同事及专业人员合作的能力，实施合作教学的能力，环境创设能力，班级管理能力，获取支持的能力等[3]。

冯雅静等（2018）[4]提出，各级各类资源教师培训项目需要逐渐将重心转向知识和技能培训，尤其是行为干预、课程调整、沟通合作、心理咨询、个别化教育计划的制订和管理等资源教师迫切需要的专业技能，且通过个案分析、集中研讨、实践体验等方式丰富资源教师的感性经验，增加其对知识理解的深度。

四、面向不同类型特殊教育教师的培养内容研究

华国栋（2006）[5]从师资课程开发的角度，针对以往师资培训自上而下，教师处于被培训、被锻炼的境况，以及存在缺少操作性的缺陷，设计了面向普通学校任课教师的教材，力图体现促进教师发展的培训模式，以教师需求为本，强调针对性；以促进随班就读发展为导向，强调实用性；以提高教师从事融合教育的能力、开发创造力为主，强调操作性。

刘全礼（2007）[6]阐述了作为资源教师如何根据特殊需要儿童（如情绪与行为障碍

---

[1] O'Gorman E. & Drudy S.. Addressing the professional development needs of teachers working in the area of special education/inclusion in mainstream schools in Ireland [J]. Journal of Research in Special Educational Needs, 2010, 10 (1), 157-167.
[2] 郝振君，兰继军. 论全纳教育与教师素质 [J]. 中国特殊教育，2004 (7)：1-4.
[3] 方俊明. 融合教育与教师教育 [J]. 华东师范大学学报（教育科学版），2006，(3)：37-42.
[4] 冯雅静，朱楠. 随班就读资源教师专业化发展的现状与对策 [J]. 中国特殊教育，2018 (2)：45-51.
[5] 华国栋. 残疾儿童随班就读师资培训用书 [M]. 北京：华夏出版社，2006.
[6] 刘全礼. 随班就读教育学——资源教师的理念与实践 [M]. 天津：天津教育出版社，2007.

儿童、智力落后儿童、视力障碍儿童）学习障碍的原因进行分析、诊断，采取专门的方法、手段和措施教育他们，给予其特殊的支持与服务。

北京市教育委员会、北京市特殊教育研究中心（2013）[①]共同对各类特殊教育学校教师的能力培养进行研究，同时又根据盲、聋、培智学校的各自特点进行分述，为培养特殊教育学校教师的专业技能提供了理论性指导。以关注特教教师实际需求和全面发展为目标，总结出"需求式"与"叠加式"相结合的培训模式。"需求式"培训是针对特教教师的需求设计课程，例如：特殊需要儿童行为管理、特殊需要儿童评估、个别化教育计划的制订与实施、教学活动设计，语言治疗、物理治疗和特殊教育循证研究等。"叠加式"培训是在普通教育师资培养的基础上，补充有关特殊教育的知识和技能。培训内容的选择主要依据北京市特教学校实际存在的问题以及教师们的实际需求，还注重对特教教师的专业情怀的培养，增强特教教师的师德修养。

广州市（2016）[②]研制了分类培训的内容体系。面向特殊教育学校和普通中小学校的校长，培训内容包括：当前特殊教育的形势与政策、融合教育背景下普通学校与特殊教育学校的管理、课程与课堂教学改革、名校长办学实践经验交流等；针对骨干教师，举办有关情绪与行为障碍儿童、孤独症儿童、语言障碍儿童教育等分类别的专项培训，以教学实践和个案研究为依托；针对全市特殊教育学校教师、特殊教育巡回指导教师、普通学校任课教师、特殊教育班教师和送教上门教师，每3—5年进行一次短期特殊教育轮训。此外，广州市编写了《特教概论》，作为全市普通幼儿园、小学、中学在职教师继续教育的必修教材，并要求其每年接受培训不少于12学时[③]。

第3节 特殊教育教师专业培养方式研究

2013年，维特勒（Waitoller）和阿蒂莱斯（Artiles）（2013）[④]在教育领域的最权威期刊《教育研究评论》发表文章，对过去十年间关于特殊教育教师专业发展的相关研究做了全面系统的回顾，结果发现，大约70%的研究关注的是如何通过某一种教学方法的改进或学校文化的改善以回应特殊需要儿童的需求。20%的研究关注的是通过全校范围的行动以促进全体学生的学习，其余10%的研究关注的是与专业发展有关的种族、阶级、性别或文化的问题。该研究同时发现，大约80%的教师专业发展研究仅侧重于

---

① 北京市教育委员会，北京市特殊教育研究中心.特殊教育学校教师的基本功培训手册［M］.北京：中国轻工业出版社，2013.
② 漆国生.广州市特殊教育教师专业发展［J］.教育与职业，2016（2）：70-72.
③ 漆国生.广州市特殊教育教师专业发展［J］.教育与职业，2016（2）：70-72.
④ Waitoller F. R. & Artiles A. J.. A decade of professional development research for inclusive education: a critical review and notes for a research program［J］. Review of Educational Research，2013，83（3），319-356.

针对某一方面障碍的教育教学。由于学校中的特殊需要儿童的差异多样，这样的研究范式可能会导致对学校实践中的复杂问题做片面化解决。该文章认为，特殊教育教师要跨部门、多途径地进行专业发展，教师要能够自主确认自身的专业发展需求，并能够满足所有学生的需要。

遵循这一思路，本部分对当前国际研究中集中关注到的几类教师专业发展机制研究进行综述，还归纳了国内相关的实践研究进展。

一、特殊教育教师专业发展的有效性研究

2014年，澳大利亚教学与学校领导学院（Australian Institute of Teaching and School Leadership）发布了《全球专业学习和绩效发展的趋势报告》[1]，其中提到当前有效的教师专业学习具有以下特征：激发参训者的积极性和自主性；与能够提供新的视角的外部合作伙伴合作；运用信息技术支持团队合作；以新的方式运用新的数据和现有数据；允许参训者重新思考如何有效运用资源。

西村（Nishimura）（2014）[2] 归纳出有效的特殊教育教师专业发展需要具有以下三个特征：1. **参与（Engagement）**，有效的培训能够为教师提供参与的机会，让教师积极参与教学、学习、示范、支持以及评估学生学习。2. **反思（Reflection）**，有效的培训能让教师为自己的学习设定有助于实践应用的明确目标，且留出教师自我评估和反思的时间。3. **授权（Empowerment）**，有效的、可持续的专业发展赋予教师权利，让教师有机会与同事合作，并能够共创实践共同体。根据这三条原则，西村设计了为期八周的培训课程，采用专题培训、分发学习材料以及一对一的课堂教学教练咨询等形式，结果表明，这样的培训显著提高了教师对融合教育的信念以及在课堂中实施融合教育的能力。

英国学者黛博拉·罗宾逊（Deborah Robinson）（2017）[3] 设计了为期22个月的由大学与中小学校合作开展的特殊教育教师入职准备行动研究，总结出有效的融合教育教师的专业发展模式需要满足以下条件：1. 团队合作；2. 研究取向：在真实的教室环境中实施，以教学技能和学习者的发展为关注焦点，采用研究取向的实践诊断和探究方式进行；3. 事先做好详细规划，提供反思性实践的机会；4. 建立教师培训机构与中小学校的合作伙伴关系，打通职前培养、入职准备与持续的专业发展。该研究采用行动研究的方法，在过程中通过课堂观察、教师的反思作业、对话、个别化的专业学习计划、对项目过程的系统回顾、现场工作记录等多种渠道收集过程性资料，了解行动研

---

[1] Australian Institute of Teaching and School Leadership（AITSL）. Global trends in professional learning and performance and development: some implications and ideas for the Australian education system [EB/OL]. https://www.aitsl.edu.au/docs/default-source/default-document-library/horizon_ scan_ report.pdf, 2018-08-20.

[2] Nishimura T.. Effective professional development of teachers: a guide to actualizing inclusive schooling [J]. International Journal of Whole Schooling, 2014, 10 (1), 214–230.

[3] Deborah Robinson. Effective inclusive teacher education for special educational needs and disabilities: some more thoughts on the way forward [J]. Teaching and Teacher Education, 2017, 61 (1), 164–178.

究给教师专业发展带来的效果。

我国学者陈向明（2018）[①]提出，教师的专业学习方式大体上经历了获得模式、参与模式和拓展模式的变迁。"**获得模式**"主要是指以教师接受为主的传统的学习模式，采取的方式是由专家用灌输的方式传递给教师。早在2007年，应国良认为"传统的教师培训方式对教师专业发展的促进效能极为有限，忽视了教师专业发展上的个性化的需求，也未能激励教师对自己实践的反思以及教师之间的交流与合作"[②]。"**参与模式**"主要是指校本培训、基于现场的培训方式。教师通过师徒制、在工作现场经由问题解决而学习。"**拓展模式**"推崇的是跨界学习，让处于不同活动系统的人们相遇，在处理矛盾和冲突中生成新的"实践性知识"。教师需要经历转化式学习（而不是累积式学习），质疑自己日用而不知的行为习惯，提高自己审辨式思维的意识和能力，才能掌握教育实践的复杂性，在冲突情境中做出公正、中庸、合情合理的决策。

二、基于学校的特殊教育教师培养方式研究

当前，美国教师教育机构更多探索建立基于"能力本位"（competency based）导向的、以中小学为基础（school-based）的开放式教师教育模式，特别是在教师培养过程中更加强调实践性教学环节。一些教师教育机构将实习教师为融合班级儿童或单独为特殊需要儿童提供教学列为实习的必修科目[③]。

詹金斯（Jenkins）和吉村（Yoshimura）（2010）[④]指出，特殊教育教师培训需要让教师既能掌握如何确定学生的需求，又能掌握有效的策略以满足学生的需求。在学校开展特殊教育教师培训的五步骤框架，即**（一）准备阶段**：开展动员宣传活动，并在培训之前合作制订培训计划。反思学校的愿景和目标，确定教师专业发展的目标。**（二）规划阶段**：将目标转化为详细的培训计划，明确需要教师掌握的知识、技能和实践转化计划，组建由教师代表构成的规划团队，规划教师学习的时间和地点，并为教师提供自我反思的时间。**（三）实施阶段**：在实际环境中开展教师专业发展活动，促进知识和技能向教学实践的转化。**（四）支持阶段**：为教师在实践中运用所学知识和技能提供必要的支持。**（五）维持阶段**：为教师专业发展活动提供持续的监测和评估。鼓励教师开展反思，并分享自己的实践反思。

[①] 陈向明. 教师需要什么样的素养[J]. 中国教育学刊，2018（8）：1.
[②] 应国良. 虚拟社区：教师专业发展的新路径[J]. 教育发展研究，2007（Z2）：34-37.
[③] Maheady L., Magiera K. & Simmons R.. Building and sustaining school-university partnerships in rural settings: one approach for improving special education service delivery [J]. Rural Special Education Quarterly, 2016, 35 (2): 33-39.
[④] Jenkins A. & Yoshimura J.. Not another in-service! Meeting the special education professional development needs of elementary general educators [J]. Teaching Exceptional Children, 2010, (5/6): 36-43.

沃尔顿（Walton）等人（2012）[①] 对一个在南非开展的面向特殊教育教师的为期两天的工作坊的效果进行评估发现，在培训结束后的调查问卷中，教师对课程内容、授课方式、材料的适用性等都做出了非常积极的反馈。研究者进一步在培训结束八个月后对参训教师进行问卷调查，这一次仅有30%的教师对培训表示满意，参训教师表示这样的培训仅是一次性的。教师表明他们并不再需要额外的培训，但期望有可以与他们一起工作、为他们提供现场支持的人员，这样他们可以在有效的小组学习中掌握适应性教学方法等课堂教学策略及评估策略。沃尔顿等人（2014）[②] 在其后进一步的研究中也得出相似结论，即相较于培训班而言，特殊教育专业教师更加需要的是基于学校的、及时的、可获得的专业支持。

三、大学-中小学合作的特殊教育教师培养方式研究

维特勒（Waitoller）和阿蒂莱斯（Artiles）（2013）[③] 研究发现，目前关于融合教育的教师专业发展主要集中在与具体的基于学校的行动研究项目相结合，并在这一过程中为教师提供持续的解决问题的机会，使其生成实践中改进的专业知识，在探究与参与中获得反思，加强同伴合作。然而，对于未来的专业发展的动力将来自学校与大学的合作，双方共同协商教师培训的内容与形式，扩大有关成果的共享（例如：关于行动研究和融合教育的理解，可共享的成果、工具包等），以检验这些成果是否有助于教师的专业发展。

施莱辛格（Schlessinger）（2014）[④] 开展了一项关于大学与学校合作的探索项目。在为期一年的时间里，10—30名参训特殊教育专业教师与高校中的指导教师每个月见一次面，在会面中导师为参训教师介绍基本的知识和概念、相关研究概况及其实践应用、如何应用新的策略解决课堂中面对的困难等。经过这样的培训，参训教师报告他们能够更加自主地推进融合教育，并做出促进学生学习的决策。

我国学者林青松（2014）[⑤] 提出应该建立"大学、地区、中小学"（简称UDS）合作教师学习与发展共同体，这一发展模式能够形成高校教学研究、师范生观摩、见习和基础教育学校教师专业成长三者共赢的局面，以地方教育行政部门为纽带，以点带面，以发展共同体示范点学校的快速发展带动整个UDS示范区基础教育的良性发展。

[①] Walton E., & Lloyd G.. From clinic to classroom: a model of teacher education for inclusion [J]. Perspectives in Education, 30 (2), 62-76.

[②] Walton E., Nel N. H., Muller H. & Lebeloane O.. You can train us until we are blue in our faces, we are still going to struggle: teacher professional learning in a full-service school [J]. Education as Change, 2014, 18 (2), 319-333.

[③] Waitoller F. R. & Artiles A. J.. A decade of professional development research for inclusive education: a critical review and notes for a research program [J]. Review of Educational Research, 2013, 83 (3), 319-356.

[④] Schlessinger C.. Inquiry and intellectualism: professional development for inclusive education [J]. Childhood Education, 2014, 90 (6), 458-461.

[⑤] 林青松. UDS合作教师发展共同体的数字化学习研究 [J]. 中国电化教育, 2014 (1): 125-128.

上海市长宁区将特殊教育教师专业能力的提升概括为三个阶段："实践与反思"，从教育实践入手，通过创建区学科带头人项目、区教师发展项目提升教师专业能力；"合作与创新"，依托巡回指导、中心组教研、网络论坛、教师叙事论文评选、主题性校本研修、普特融合的双资源教师、区特殊教育创新团队等方式，依托教师网络课程、专家高频次进校支持等机制，提升特殊教育教师的专业素养；"扩展与更新"，从特殊教育学校到随班就读学校，再到普通教育学校，全员参与在职培训和各类国际交流会、研讨会，扩展教师视野①。

第4节 特殊教育教师培训标准研究

20世纪中后期，国际教师教育改革开始趋向于标准化，即通过建立相应的教师标准来规范教师专业发展，建构教师专业标准已经成为提升师资队伍质量的重要途径②。美国CEC《每个特殊教育者必须知道什么——有关特殊教育教师准备和资格的国际标准》是当前最为系统、全面、影响力最大的特殊教育教师专业标准，被称为特殊教育教师"红皮书"。

我国教育部于2018年印发了《中小学幼儿园教师培训课程指导标准（义务教育语文、数学、化学学科教学）》，标准分为培训目标、能力诊断、课程内容、实施要求等4个主要模块。其中，培训目标是对教师专业发展的具体要求，体现的是教师工作能力的理想状态；能力诊断用于确定当前教师工作能力的实际状态，通过能力表现级差表，判断实际状态与理想状态的差距，科学诊断教师的培训需求；课程内容着眼于缩小实际状态与理想状态的差距，帮助教师解决实际问题，提升能力素质；实施要求重在为缩小差距提供有效的方式方法，推动各地创新培训模式，增强培训实效性。该标准能够进一步提高培训课程对教师专业发展个性化需求的满足度，提升培训课程内容与一线教育教学实际的关联度，加强培训课程设计、开发、实施的规范性，进一步增强教师培训的针对性和实效性，系统设计培训课程内容，为本研究研制特殊教育专业教师培训课程指导标准提供了明确的指引和参考。

本章小结

就特殊教育而言，关于教师专业发展的研究总体上还处于始发阶段，主要是宏观

---

① 夏峰. 落实《意见》精神，创新教师培养机制[J]. 现代特殊教育，2013（2）.
② 丁勇. 以专业标准引领特殊教育教师专业成长——关于《特殊教育教师专业标准（试行）》的解读[J]. 现代特殊教育（高教），2015（9）：3-11.

的论述或总体性调研，已有研究为本研究提供了重要的基础，但就各类特殊教育专业教师的专业发展目标、内容、形式和效果等方面尚需进一步深入研究。

一是研究目标须立足"融合"，整体构建特殊教育专业教师队伍的培养机制。 从现有研究来看，融合教育是当前国际和国内特殊教育发展的重要趋势，研究者也已达成普遍共识，即为推进融合教育的发展，服务于融合教育的特殊教育专业教师既需要具备特殊教育的专业素养，也需要具备普通教育的素养，但这样的区分不可避免地陷入了特教和普教分离的二元论、分离论倾向，即将融合教育的本质看作"融入教育"或"整合教育"，未能体现二者的有机融合。在今后的关于特殊教育专业教师培养机制的构建研究中，首要的是需要立足"融合"，突破普通教育教师专业发展与特殊教育教师专业发展"并列"的局面，强调"从教师的整体专业素养的视角考虑面向有特殊需要儿童的大差异课堂时应具备的专业素养"[1]，以特殊教育教师专业标准为依据，整体设计针对不同类别特殊教育专业教师的专业发展内容，而非仅是增设一门特殊教育或融合教育的课程。

二是研究内容须彰显特殊教育特色，基于行动研究构建特殊教育专业教师培养机制及成效。 国内现有的研究主要聚焦于介绍国外特殊教育教师培养的政策与实践、调查我国师资培养的现状以及对我国特殊教育教师的培养进行理论探讨，尚没有研究从行动层面探讨特殊教育教师职后培养机制及成效，同时不能有效应对融合教育课堂中的问题。我们要寻求有特殊教育特色的研究范式和方法，在研究过程中融入特殊教育的特色元素，从而提高特殊教育教师专业发展的相关研究水平。就特殊教育专业教师的培养机制上，教师自主是国际教师专业发展的重要趋势之一[2]。有关教师专业发展的政策需要建立在对教师自主发展提供支持的基础上，而非忽略教师的自主需求，主要以布置任务的方式进行动员和要求。教师的专业发展需要更多基于教师的自主需求、支持教师自主的方式进行，须是基于对一线教师的真实需求的深入调研和了解，并支持和满足教师的需求[3]。从已有研究来看，如何因地制宜、因时制宜地提出促进特殊教育专业教师自主发展的培养路径和培养机制有待进一步深入研究。

三是研究对象的精准度不高，需要分类别、分层次、分职能地细化特殊教育专业教师的培养机制。 科学、精准构建相同类型的特殊教育专业教师的专业发展目标，合理界定不同类型教师的有效培养机制，是提升特殊教育专业教师质量的关键。回顾前述关于特殊教育专业教师培养机制的研究现状，可以发现相关研究的概念边界模糊，随班就读教师、普校教师、特教教师、资源教师、巡回指导教师等概念边界不十分清楚，彼此混用、相互包含但又不完全等同。如前所述，特殊教育专业教师是一个由多

---

[1] 王雁，黄玲玲，王悦，张丽莉. 对随班就读教师融合教育素养研究的分析与展望[J]. 教师教育研究，2018,（1）：26-32.

[2] 姚计海，钱美华. 国外教师自主研究述评[J]. 外国教育研究，2004（9）.

[3] 侯龙龙，朱庆环. 教师专业发展的政策分析——自主支持的专业发展与"任务式"的专业发展[J]. 教育科学研究，2018（4）：73-76.

层次、不同专业背景的专业人员构成的一个群体的集合的概念,包括在特殊教育学校任教的特殊教育学校教师,在普通学校承担特殊需要儿童教育教学的科任教师、资源教师以及各级巡回指导教师。这些教师身份的不同,决定了其工作任务、范围等的不同,更决定了其专业发展的目标、内容和方式的差异。例如,承担特殊需要儿童教育教学的科任教师,仅掌握特殊需要儿童教育教学相关的基本理念、知识与技能即可,而巡回指导教师,则又可以根据专业背景与任务分工,具体分为学习障碍、孤独症、智力障碍等专业教师,康复训练师、心理治疗师等,他们既要为特殊需要儿童提供更高水平与层次的专业帮助与康复训练,同时承担对普通学校科任教师与资源教师进行指导与咨询服务的任务。因此,其专业发展的目标、内容和方式都与普通学校的融合教育教师有很大区别。基于这样的认识,本研究需要进一步细化特殊教育专业教师的内涵,对不同类别的特殊教育专业教师分层次、分类别地建构不同的培养目标、内容和机制。

四是研究方法的深度和科学性不够,提倡综合采用多种研究方法。国内关于特殊教育教师的专业发展已经开展了较为丰富的研究,涉猎面广,然而,在采用的研究方法方面,则多以思辨、量化为主,国内不少研究者重视理论分析、逻辑推演,以及通过比较研究借鉴国外先进的理念,缺少有深度的质性研究,更少见综合运用多种方法的研究。有的研究从经验出发进行总结,有的研究仅对问卷数据进行简单分析,整体来看研究的深度不够。以运用较多的问卷调查法为例,如何综合理论依据和实践经验、按照科学的调查问卷编制流程构建有理有据的调查问卷,仍是现有研究中存在的主要不足,也是今后开展特殊教育专业教师培养机制研究中应关注的问题。国际上相关议题的已有研究及国内关于教师专业发展的相关研究均提倡综合运用多种研究方法,如通过科学设计的实验研究了解不同培训方式的效果,通过访谈等方法收集特殊教育专业教师对培训内容、培训方式等的看法和观点,还可尝试使用扎根理论的田野调查法,深入挖掘特殊教育专业教师的专业发展需求和有效模式。

第 3 章　特殊教育专业教师专业素养标准构建

对照我国《特殊教育教师专业标准》和国外不同类别的特殊教育教师专业标准，以及我国台湾地区、香港地区特殊教育巡回指导教师和资源教师的专业素养标准，北京市巡回指导教师专业素养标准和特殊教育资源教师专业素养标准得以研制出来，并通过专家评价法验证。这两个标准的研制，是构建特殊教育专业教师培养机制的前提，同时也为调查北京市特殊教育专业教师专业素养现状以及有针对性地设计培养内容和培养方式奠定重要的基础。

第 1 节　研究设计

一、研究思路

本研究采用质性研究方法设计专业素养内容结构，并通过两轮德尔菲法（专家调查法）构建北京市巡回指导教师和特殊教育资源教师专业标准及任职资格。首先，通过专题访谈，深入调查了解北京市巡回指导教师和特殊教育资源教师的工作内容与职责以及专业发展现状，并结合文献研究，明确专业素养结构，形成初拟的标准体系。然后，根据初拟的标准体系编制《北京市巡回指导教师专业标准及任职资格咨询问卷》和《北京市特殊教育资源教师专业标准及任职资格咨询问卷》，发放给参与咨询的专家。最后，经过两轮专家意见的收集与分析，对标准体系进行修订，确立具有专家效度的巡回指导教师和特殊教育资源教师专业标准及任职资格。

研究思路如图 3.1 所示。

二、研究方法与工具

（一）访谈法

本研究采用质性研究的范式。考虑到特殊教育专业教师队伍构成的复杂性，以及北京市各区域融合教育推进模式的多样性，为了能选取最具"典型性"的研究对象，最终采用"目的抽样"和"方便抽样"的原则，在北京市各区各选取 1 名巡回指导教师作为代表参与团体焦点访谈，共计 16 名，并选取 2 名优秀巡回指导教师作为一对一访谈的对象（见表 3.1），旨在了解当前北京市特殊教育专业教师队伍的专业发展现状。

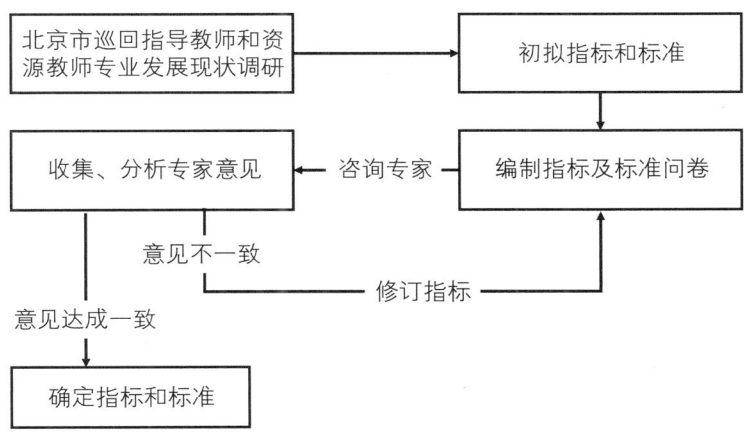

图 3.1　特殊教育专业教师专业素养标准研究思路

具体访谈内容包括分析当前北京市巡回指导教师的工作内容与职责，剖析巡回指导教师认为的专业素养结构，为特殊教育专业教师专业素养标准的制定提供来自实践者的依据。

表 3.1　受访者信息表

访谈方式	姓名	工作所在区域	职务
团体焦点访谈	WBW	门头沟	教师
	GXW	北京 43 中学	科研主任
	BJY	怀柔区	教师
	WY	密云区	副校长
	WZP	昌平区	副校长
	ZRJ	丰台区	教师
	SCX	东城区	教师
	SLW	石景山区	教师
	LJ	平谷区	教研员
	CJY	房山区	教师
	CM	大兴区	副主任
	FJR	通州区	教师
	HCX	延庆区	教师
	LC	延庆区	教师
	LH	顺义区	教师
	WHX	海淀区	教师
一对一访谈	WHX	海淀区特殊教育资源中心	主任
	SQH	东城区特殊教育资源中心	教师

(二) 德尔菲法

本研究采用德尔菲法（Delphi Method）构建北京市巡回指导教师和特殊教育资源教师专业标准及任职资格。德尔菲法，又称专家规定程序调查法。该方法主要是由调查者拟定调查内容，按照既定程序，以函件的方式分别向专家组成员进行征询；而专家组成员又以匿名的方式（函件）提交意见。经过几次反复征询和反馈，专家组成员的意见逐步趋于集中，最后获得具有很高准确率的集体判断结果。

本研究在文献研究与专题访谈的基础上，提出初拟指标及标准，以咨询问卷的形式发放给多位专家。为避免集体讨论中出现屈从权威或盲目服从的情况，研究采用独立的、匿名的问卷调查方式进行多轮专家咨询，让专家对指标及标准的适切程度和重要程度进行判断。经过问卷的意见收集、整理、分析、修改、反馈与再咨询，循环至专家意见趋于一致为止，最终形成北京市巡回指导教师和特殊教育资源教师专业标准及任职资格。

本研究通过收集专家修改意见、分析专家调查问卷数据的均值、满分率与差异系数来修正指标及标准，判断指标及标准的适切程度。指标的均值代表该指标的重要程度，满分率代表给该指标满分的专家比例，差异系数体现了专家对某一指标重要性意见的波动程度，可视作专家意见的一致性程度。

本研究分别在高等教育院校、科研院所、一线专家和一线教师中邀请了30名专家参与咨询，涵盖了巡回指导教师和资源教师领域的教科研人员、教育管理人员、一线巡回指导教师和资源教师四类人群。专家组成及选择依据如表3.2所示。

表3.2 专家组成及选择依据

来源	人数	选择依据
高等院校	9人	在巡回指导教师、特殊教育资源教师领域内具有深厚的理论研究功底； 任职于高等院校； 副高及以上职称。
科研院所	2人	熟悉巡回指导教师、特殊教育资源教师领域内的科学研究工作； 副高及以上职称。
一线专家	5人	从事过或正在从事巡回指导教师、特殊教育资源教师的教学或管理工作，具有丰富的实践经验； 在业内有良好的声誉。
一线教师	14人	从事过或正在从事巡回指导教师、特殊教育资源教师的教学或管理工作，具有丰富的实践经验； 在业内有良好的声誉。
合计	30人	

研究采用《北京市巡回指导教师专业标准及任职资格咨询问卷》《北京市特殊教育资源教师专业标准及任职资格咨询问卷》(见附录一*)作为研究工具,根据咨询进展情况编制多轮咨询问卷。第一轮问卷是以初拟指标及标准为内容编制而成的。初拟指标及标准是在文献研究与现状调查的基础上提出的,包含专业理念与师德、专业知识及专业能力三个维度。第二轮咨询问卷的内容则是根据第一轮咨询修改后的指标及标准。

咨询问卷主要分为三部分,第一部分是对指标框架的合适程度进行判断并提出修改意见,有"合适""修改后合适""不合适"三个选项,分别赋分"3""2""1"。第二部分是对指标及标准的合适程度和重要程度逐条进行判断并提出修改意见,合适性有"合适""修改后合适""不合适"三个选项,分别赋分"3""2""1",重要性有"非常重要""比较重要""一般重要""不太重要""不重要"五个选项,分别赋分"5""4""3""2""1"。本研究采用分级量表计分法,题项得分越高,表明该指标及标准越得到专家的认可。

三、专业素养编码理论框架

从教师作为一名专业人员的角度出发,众多研究者对教师的专业素养结构进行了研究,并基本达成共识,认为教师专业素养应当包含专业知识、专业能力与专业精神三个部分。以叶澜为代表的研究者,认为新世纪的教师专业素养结构应当包含专业能力、专业知识结构和教育理念三个部分[1]。其中专业能力指理解他人与和人交往的能力、管理能力与教育研究能力;专业知识结构包括当代科学和人文基础知识、学科专门性的知识与技能、教育教学活动及教育研究相关的知识与技能三个部分;教育理念应当包括教育观、学生观和教育活动观。但仅有上述三个方面的素养,仍不足以胜任作为专业人员的教师这一岗位。已有大量研究表明,教师作为一个独立的人,其自身的态度、动机及个人特质都将影响其表现。基于胜任力的洋葱模型[2],胜任特征由外及内,层层深入,最表层的是基本的知识与技巧,里层核心内容即个体潜在的特征,如图3.2所示。

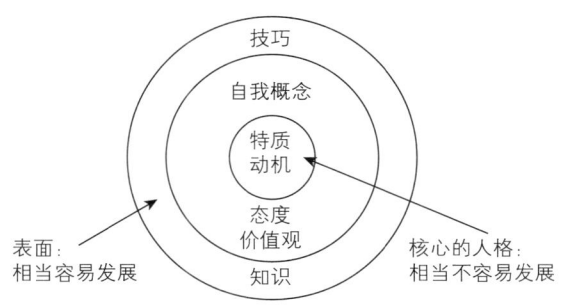

图 3.2 洋葱模型

---

* 编注:本书附录已转为在线资源,可前往"华夏特教"微信公众号浏览参考。
[1] 叶澜. 新世纪教师专业素养初探 [J]. 教育研究与实验, 1998 (01): 3-5.
[2] 徐建平. 教师胜任力模型与测评研究 [D]. 北京师范大学, 2004.

我国教育部颁布的《特殊教育教师专业标准（试行）》，是国家对合格特殊教育教师的基本专业要求。该标准从专业理念与师德、专业知识以及专业能力三个维度对特殊教育教师提出了必备的基本要求。考虑到本研究并不是要建构特殊教育专业教师的专业素养结构，而是想探讨特殊教育专业教师的各项特征。因此，本研究以叶澜等人的教师专业素养结构模型[①]和胜任力理论[②]为基础，参照国家《特殊教育教师专业标准（试行）》的主体结构，从专业理念与师德、专业知识与专业能力三个方面对巡回指导教师和特殊教育资源教师的专业素养进行探索。

第2节 北京市巡回指导教师专业素养标准构建

一、巡回指导教师工作职责与内容

巡回指导教师主要是面向学生、教师、家长三类人员开展工作，工作内容包括三大模块：一是直接为学生个人提供教育评估与筛查、个别化教育干预与教育康复训练；二是为服务区域内的普通学校教师（包括随班就读教师和资源教师）提供课堂教学指导、组织教研活动与教师培训活动、就突发问题提供咨询；三是为学生家长提供咨询与指导。

（一）面向学生

1. 教育评估

巡回指导教师对申请随班就读的学生进行教育评估与筛查时，将学生分为入学前**未进行过诊断评估**的学生和**已有诊断结果**的学生。针对没有进行过诊断评估的学生，通过观察筛查初步判断学生的问题。如："这孩子什么诊断都没有，他之前没有进行过医疗诊断，但是在学生堆里他就是和其他孩子不一样。我们去了以后要对这样的孩子进行一个筛查，筛查的目的就是初步判断一下，他到底有什么倾向，他的问题是什么。"（0910SQH*）针对入学前已有诊断证明的学生，在入学时，巡回指导教师还会对其进行筛查，以确定问题行为的功能。如："他有诊断证明了，不管是智力的，还是孤独症的，等等，之后我们在学校也要做筛查，筛查什么，他的问题，到底是什么引起的？看他的问题的功能，即他的行为功能是什么，对他的行为功能进行筛查，筛查完了以后指导学校。"（0910SQH）综合以上两种方式可看出，巡回指导教师会通过筛查对学生出现的具体问题进行进一步确认和评估。评估还要具有科

---

① 叶澜. 新世纪教师专业素养初探［J］. 教育研究与实验，1998（01）：3-5.
② 徐建平. 教师胜任力模型与测评研究［D］. 北京师范大学，2004.
* 作者注：访谈文字后面有类似 0910SQH 的编号，数字 0910 代表访谈时间（月日），字母 SQH 是被访谈人姓名拼音的开头字母，以下类同。

学性,此外,针对评估给出一些安置建议。如:"科学评估学生的能力,就是能够科学合理地去评估学生的现有能力,然后给学生安置提供一些建设性的意见和建议。"(0917AHCX)

2. 个别化教育干预

在不同环境下,巡回指导教师还需要具备个别化教育干预的能力。有老师在访谈中说道:"要有一定的针对残障学生的特殊教育技能,比如,你在资源教室的时候就要给别人提供个训,一对一的。"(0917ALC)具体来说,就是针对个体,针对每一个学生制订和实施细致的个别化教育计划并落实好"一人一案"。比如,老师在访谈中说道:"学期初要深入各个班级,配合普通学校的随班就读教师,分析每个对象的发展情况,对个别化教育计划的制订与实施、康复训练教育教学等工作进行技术指导。"(0917ACM)"有这个技能是非常必要的,通过个别化教育计划的制订与实施,落实咱们的一人一案。"(0917ACJY)

此外,针对目前特殊儿童类型多样化的特点和"一人一案"的教学要求,巡回指导教师还需要在工作中落实个别化教育计划和干预方案。老师在访谈中说道:"刚才我也说了咱们需要具备的能力,一个是针对各类特殊儿童的评估及干预,现在学校里特殊儿童有很多种类,针对这些儿童的评估及干预是我们比较急需的。一个是个别化教育计划的制订与实施,因为我们还要指导普通学校的老师去制订个别化教育计划。"(0917ALC)结合访谈文本可知,巡回指导教师进行下校指导时,主要是根据每个学生的需求,指导学校的任课教师和资源教师合作制订出适合学生的个别化教育计划。

3. 教育康复训练

对学生进行教育康复训练时,巡回指导教师需具备康复训练的理论知识和实操经验。下校指导时,结合评估和个别化教育计划有针对性地对需要康复的学生提供支持。首先,在进行康复训练前,需要有康复训练的专业知识。"我认为巡回指导老师首先应该具有特殊教育学、心理学、康复学等方面的专业知识,有相关专业背景。然后应该是一个专职的人员。"(0917ACJY)其次,在实操时,需要有康复训练的专业技能,"除了具有理论知识,还要有一些专业的技能,然后除了熟悉咱们特教这些康复理论,还要熟悉普教的教材教法,要全方位地处理特殊学生的问题"。(0917ACM)下校指导时,在学期初,针对班级中的特殊学生进行初期的评估和指导。如:"学期初要深入各个班级,配合普通学校的随班就读教师,分析特殊学生的发展情况,对个别化教育计划的制订与实施、康复训练、教育教学等工作进行技术指导。"(0917AHCX)每月针对有需求的学生进行康复训练。如:"要深入课堂与随班就读学生接触,然后对有特殊康复训练需求的随班就读学生进行康复训练。"(0917ALC)由此可见,巡回指导教师在对学生进行教育康复训练时,前期需要具备教育康复训练的相关理论,在实施时需要相关的实操经验,并且要结合学生的评估和个别化教育计划的相关内容为其提供合适的教育康复训练。

(二) 面向教师

1. 指导课堂教学

巡回指导教师在进行下校指导时,主要是指导普校教师的课堂教学,帮助其更好地把控课堂。

(1) 根据不同障碍类型的学生,提供不同的指导

具体来说,就是需要针对不同障碍类型学生的特征给予普校教师相应的支持,提供适合该学生的教学策略。老师在访谈中说道:"比如说,针对智障孩子,针对孤独症孩子,针对听障孩子,教学策略是不一样的,指导老师要用适合的教学策略在课堂上实施教学,这也是行为治疗教师要做的。所以他的指导理论知识和技能要掌握得比较全面,运用技能也要比较娴熟,能够操作,或者说能够及时地给到普通学校的任课教师"。(0910SQH)

(2) 提供融合教育中的教学方法和策略,指导教师进行融合教育教学

在特殊需要学生随班就读的过程中,指导任课教师改变传统的教学方式,帮助教师改变其教学方法和策略,使用融合教育课程调整的方法,为随班就读学生创设更好的融合教育环境。老师在访谈中表示"要提供能够让任课教师在融合的环境下开展一些教学的方法和策略。让任课教师知道使用哪些策略,或者说支持,我们的孩子才能够参与到教学活动当中,这是巡回指导教师要做的事情,也是对任课教师的一种支持"。(0917BLH)

2. 组织教研活动

为促进教师对教学工作的积极探索,巡回指导教师为此开展了多种教研活动。主要采用三种方式:一是开展评选评优等教研活动,包括随班就读实际工作中的教研活动,如"通过组织本区域的师资力量,围绕本区域学校随班就读工作中的教育教学、康复训练等,积极开展区域内的随班就读教研活动"(0917AHCX);二是优课评比和课堂教学内容评比,如"组织教师进行优课评比研讨这些工作"(0917ALC)"全区的中小学参加内容和教育课堂评优活动"(0917ACM);三是普校融合教育教研活动,如"针对普通学校的融合教育开展一些教研活动"。(0917ACJY)

3. 培养种子教师

有巡回指导教师在访谈中表示:"对学区层面的调研,就是融合教育方面的教研和学校的校本教研。以带动的方式,来带动学区融合教育教研和校本教研,再有就是下到学校去指导,指导校本教研,让融合教育的教研更贴近学校实际。同时区级教研也是一种促进。组织好区级层面的教研,其实我们组织区级层面教研最大的一个目的是,为学校培养种子教师。"(0910SHQ)

4. 就突发问题提供咨询

普校教师在进行教学时，不免要面对学生的突发特殊情况（如情绪问题、问题行为等）。在他们不知所措时，巡回指导教师要针对具体的情况为教师提供帮助，如访谈中老师所说："指导任课教师怎样在日常的教育教学活动当中对特殊需要学生进行干预。"（0917BLH）"上课时这个孩子就出现这个问题行为，他的老师问你该怎么解决，你必须马上跟他说应该怎么做吧？所以我们经常就像消火栓，提供救火式的指导。"（0910SQH）

（三）面向家长

巡回指导教师在工作时，还会为家长提供咨询与培训。一是帮助家长转变观念，提供长期的咨询。二是为家长提供培训，帮助其解决具体问题，并与家长一起为学生创设更好的学习环境。

1. 家长咨询

巡回指导教师为家长提供咨询，帮助家长正确看待随班就读，树立正确的观念。

（1）帮助家长转变观念

家长出于对孩子的保护心理，在思想观念上容易犯错。这时，巡回指导教师要帮助家长转变观念。"你要站在家长的角度去想，他有这么一个孩子，谁愿意说自己的孩子有问题，特别是智力落后的，或者精神残疾的，家长更难接受了。一旦接受的话，他又怕学校不要他的孩子，让他的孩子上特教学校去，等等，这是源于家长的不了解，所以他就把自己包裹得特别严实，尽可能地去保护自己的孩子，但是他又不明白这种保护其实对孩子是一种伤害，一种耽误。做家长的这方面工作，是比较难的，没有几个回合完成不了，但是最终都是要解决的。"（0910SQH）

（2）以长期引导的方式给家长提供咨询

即使做家长工作时有一定难度，指导教师也会慢慢地、长期坚持引导家长去转变。"刚开始做家长工作，我们也是很急切的，跟攻坚战似的，后来慢慢地，随着工作实践，我们知道，其实有些不能太着急，你越着急，却适得其反，家长越觉得你有什么目的，所以我们做工作，也是一个水到渠成的过程，时间是最好的说明。在经历一段时间之后，家长他自己能够感受到，能够悟出来，之前我们给他做的一些工作，说的事，是正确的。"（0910SQH）

2. 家长培训

（1）针对学生问题行为的指导

在家长培训方面，有的巡回指导教师会进班听课，根据学生出现的具体问题，给家长进行有针对性的培训。"先进班里进行听课，听课以后其实我做的就是教师培训、家长培训，就是根据孩子出现的具体问题，指导家长进行操作。"（0917CFJR）

(2) 针对随班就读家长的指导

还有的是针对陪读家长的培训，主要是培训这些陪读人员如何配合任课教师，使学生更好地学习。"我们学校从资源教育这块工作来说，对陪读的家长定期进行这种培训，告诉他们在陪读过程中应该怎样做，不管你是家长，还是家长聘的陪读人员、家里的保姆或亲戚，你进到学校，你就是陪读教师，你要在陪读过程中配合任课教师，让陪读对象在课堂上能够参与到教学活动当中，这是我们的目的，所以这个过程还是比较融洽的。"（0910SQH）

二、巡回指导教师专业素养结构

（一）专业理念与师德

1. 教育理念

教育理念是指教师在对教育工作本质理解的基础上形成的关于教育的观念和信念；有没有形成对自己所从事职业的理念，是专业人员与非专业人员的重要差别[①]。成为巡回指导教师，需要具备与新时代教育精神相通的、适应融合教育发展的教育理念，并以此作为自己专业发展与职业行为的基点。从质性数据分析结果看，巡回指导教师们普遍认为，融合教育的理念、支持观和顺势而为的教育理念对于巡回指导工作十分重要。

第一，融合教育的基本理念。首先，特殊教育应当由隔离走向融合，这是巡回指导教师应当秉持的不可动摇的基本信念。普通学校应当秉持"零拒绝"的基本原则，巡回指导教师应当守住此底线。"对于这个孩子，首先你必须要有一个态度，你不能把他推到中心去，人家家长选择了你，咱们把态度摆在这，孩子很特殊，但是我们作为老师不能把孩子推出去，你有了这个观点，才能去处理家长的问题，然后看他们到底需要怎么处理。"（0917A）巡回指导教师应当尽量帮助儿童从进入普通学校、大部分时间在资源教室中接受教育，逐步过渡到在普通班级中完全融合。

第二，巡回指导教师不同于特殊教育教师，不能仅是为特殊儿童服务，应当着眼于特殊儿童所在班级、学校整体环境的融合。教师在服务过程中，应当基于融合教育理念，面向班级而不是只对个别特殊儿童提供服务。巡回指导教师自己也表示："我现在认为一个孩子就是一个班。"（0907WHX）在融合教育环境下服务好个体，不仅需要考虑其康复训练的需求，更需要考虑其学业上与普通班级的对接；不能将儿童抽离出来进行个别化的干预，应当将其置于融合环境中进行整体调整。因此，面向儿童个体提供支持，其实就是面向整个班级进行整体调整。

第三，巡回指导教师应明确自己作为支持者的角色，需要始终持有支持观，即意

---

① 叶澜. 新世纪教师专业素养初探［J］. 教育研究与实验，1998（01）：41-46+72.

识到巡回指导教师应当对特殊儿童所在学校的生态尽可能地提供支持。一方面，巡回指导教师应持有课堂支持观念。教师们表示："对任课教师的支持，不仅仅是做家长工作，对学生进行个别辅导，更多的是走进课堂，对老师的课堂教学提供一定的支持。"（0910SQH）另一方面，巡回指导教师应持有学校支持观。"最终的目的是要支持学校，这是我们巡回指导工作的最终目的，支持学校开展随班就读工作，让我们的孩子能够在学校当中融得进去，原来有一句话叫'进得来，留得住，学得好'，现在'进得来'，因为这个有政策，都能进去，'留得住'是我们巡回指导教师的一项工作，'学得好'是我们的目标。"（0910SQH）巡回指导工作的直接对象虽然是儿童，但巡回指导教师应推动区域内的融合教育的发展。教师应当认识到，自身的工作绝不仅是服务于个体，还应在服务于个体的同时推动个体所在学校整体的变革。

第四，巡回指导教师应秉持顺势而为的教育理念。融合教育要发展，需要解决普通教育体系与特殊教育体系衔接的问题，而沟通两方的桥梁就是巡回指导教师制度，实际的实施者就是巡回指导教师。巡回指导教师们普遍认为，应当秉持顺势而为的教育理念，而不是单方面地变革普通教育，才能真正做好巡回指导工作。"我们现在是在普通学校，它需要特殊教育的资源和支持体系，你给它提供这么一个支架，让它这样走着，伴随着这个体系往前走，不是谁改变谁的问题，而是咱们的孩子在两边都能生存。"（0907WHX）通过顺势而为地提供支持，巡回指导教师能够顺利地进入普通学校，对教师的课堂、学校的生态进行调整，从而使所有儿童受益，促进普通教育学校走向融合。

2. 事业心与责任感

除了专业理念之外，巡回指导教师还需要具备对巡回指导教师职业工作本身的热爱以及投入。

第一，投入与热爱。访谈中WHX老师就曾表达出，如果是选当巡回指导教师的人，"没有绝对地说我就喜欢外向的，外向的或者内向的各有各的优势。只要我觉得这个人本质不坏，喜欢、热爱是最重要的"。（0907WHX）这种热爱包括关爱特殊儿童，热爱为特殊儿童提供支持的工作本身。多位教师也表示，只有发自内心地热爱自己的工作，才能产生对职业的认同感，才有可能干好巡回指导工作。巡回指导工作是一项长期、复杂的工作，需要教师在其中投入大量的心力和时间。有老师在访谈中表示："你看有的特教学校的校长兼任特教中心主任，他能用他学校的资源，但是我就不同意特教学校的校长来兼着做这个事，你（校长）是没有余力来做这个事的，特教中心它就是一个需要专注的东西。"（0907WHX）

第二，具备足够的爱心、耐心，遇事能够镇定。这与巡回指导教师的服务对象及工作内容有关。巡回指导教师最主要的服务对象是特殊儿童，特殊儿童因为其自身的障碍特征，常表现出自伤、攻击他人等问题行为，巡回指导教师首先需要具备足够的爱心和耐心，予以包容，也要能够冷静地处理突发的事件。例如，有老师表示面对特殊儿童本身就是一件极具挑战的事情，"在我们看来就像电影里面的那些外星人，他的动作是僵直的，眼神也是僵直的，打招呼的方式就是抱你，要不往你身上吐口水，或者就是咬你。他用这种方式跟你交流，特别是他喜欢谁就抱谁，这之前是我们没有遇到过的，像我还是做了很多年，还算镇静，我们有的小老师吓得简直不敢出办公室的门"。(0910SQH) 对待特殊儿童的爱心和耐心虽说是天生的，但也需要在工作中培养和保持。同时，教师还需要面对儿童家长，为家长们提供支持的前提是与他们建立良好的关系，而最重要的是能真正体谅家长们的难处，从而做到真正的接纳，"觉得这样的孩子，生长在一个普通的家庭，给普通的家庭带来了很大的困难，这种艰辛，我也感同身受，就会慢慢地接纳他们"。(0910SQH) 此外，巡回指导教师的工作不是一次性的，一个个案从接手到真正地将其支持落实，是一个长期的过程。尤其是要转变家长们的观念，教师们表示"这是一场持久战"。

热爱与投入、良好的个人修养于巡回指导教师而言是基石，也是他们能够持续保持高质量工作的动力基础，只有具备了这些，才能在工作中真正发挥自己的专业能力，并且持续进行专业发展，最终胜任巡回指导工作。

（二）专业知识

巡回指导教师工作本身具有复杂性和特殊性，面向的主要群体是特殊儿童，实际的工作场景是在普通教育学校中，因此巡回指导教师需要"复合型"的专业知识与技能结构。具体而言，教师们普遍认为应当具备学生发展知识、特殊教育知识、普通教育知识和跨学科知识这四个方面的专业知识。

1. 学生发展知识

巡回指导教师普遍表示，要胜任巡回指导工作，必须掌握与各类特殊儿童发展特征相关的知识与技能。对于特殊教育基础知识的学习不能速成，而是需要全面、系统地掌握，巡回指导教师最好具有特殊教育专业背景。此外，大多数巡回指导教师对于常见的智力障碍及各类感官障碍儿童较为熟悉，对情绪与行为障碍、注意力缺陷与多动障碍、孤独症等类别的儿童的了解有限，但这些类别的儿童数量正在持续增加，巡回指导教师需要及时更新、补充相关的特殊教育基础知识。"现在我觉得就我个人来说是针对学习困难学生的教学方法和手段，……你给我一个孤独症孩子，我知道怎么做，但你给我一个阅读障碍的孩子，怎么系统地让他去学，我还不太会，所以希望在这方面有些学习，还希望能学习些针对情绪与行为问题的孩子的评估和教育方法，现在这种孩子越来越多了，一个年级一大把，一个班有好几个。"(0917B)

2. 特殊教育知识

巡回指导教师普遍表示，要胜任巡回指导工作必须掌握特殊教育的基础知识。特殊教育基础知识主要是指与特殊教育基本理论及教育干预策略相关的知识与技能。巡回指导教师的一个重要工作内容就是为特殊儿童制订和实施个别化教育计划，因此对相关知识与技能的学习显得尤为重要。"我们要指导普通学校的老师制订个别化教育计划，这样也是落实咱们的一人一案。所以技能是非常有必要的。"（0917A）教师应当掌握制订与实施IEP的基本过程及相关策略，尤其是掌握在融合教育环境中观察、追踪与分析儿童行为表现和评估儿童基线发展水平的知识与技能。"我经常让我的老师去听课，因为在说一个孩子行为的时候，经常是家长说一套，老师说一套，没问题，我们都听着，但我一定会去你的课堂上看这个孩子真正的表现是什么，看半天，看一天，有的最长的看一个礼拜，你就会发现孩子的行为到底想表达什么。"（0907WHX）

3. 普通教育知识

巡回指导教师们达成一致，从事巡回指导工作必须具备在普通教育学校工作的经历，了解普通教育的教育生态。"我们区的巡回指导队伍在发展中面临的一些困惑，其实主要是指导教师的专业能力，可能有的学校的巡回指导教师是普校的，但是在我们区都是特教学校的老师来承担这个任务，特教学校的老师承担任务，可能他没有普教的经验，他只能说是在特教学校给这些特殊儿童上课。"（0917A）仅具备特殊教育知识与技能的教师，因为不了解普通教育教学，通常只能将儿童抽离出融合教育环境进行个别化的辅导，而无法介入普通教育的课堂，这与融合教育的基本理念背道而驰。

此外，教师们普遍强调，了解普通教育学校，重点在于了解其课程与课堂教学。"要熟悉普通学校的课程内容，随班就读的学生是要就着普通学校的课程去学习的，所以我们要了解普通学校课程的内容，这样才能更好地给普通学校老师提供一些教学建议。"（0917A）该如何了解，有的老师也给出了答案："所以说他得了解普通学校的教育教学，他得走进课堂去听课，听什么？听老师的教学，然后看他运用的那些教学策略，看哪些环节我们的孩子是可以参与的，了解任课教师使用哪些策略，或者说支持，我们的孩子才能够参与到教学活动当中，这是巡回指导教师要做的一件事，也是对任课教师的一种支持。"（0907WHX）

巡回指导教师还必须掌握融合教育环境下面向所有儿童的教育教学策略，才能帮助特殊儿童所在班级的教师调整教学环境、课堂教学策略等。这主要涉及差异教学、通用设计和合作教学相关的知识与技能，以及营造融合教育环境的策略。

4. 跨学科知识

巡回指导教师普遍认为开展工作还需要学习跨学科的知识，如一些基础的心理学知识，掌握此类知识的主要用途是：解决儿童存在的心理问题，理解家长、普校教师，以及实施某些心理评估测试。普通学校当中"有学习障碍的，有感统的，有多动的、抽动的、心理问题的，有各种情绪问题的，这样的群体，需要巡回指导教师对他们进行干预支持和帮助"。（0917B）在许多情境下，巡回指导教师必须暂时承担心理教师的职能，对儿童可能存在的心理问题进行简单分析，并根据其需求进行专业支持的转介。

(三) 专业能力

1. 咨询与指导

为普校教师、家长提供咨询与指导，是巡回指导教师的主要工作之一，因此咨询与指导能力是巡回指导教师必须具备的核心能力。

面向家长和教师的指导，其实是一种成人间的沟通过程，如何能够有效地将自己的专业知识输出给对方，并且为对方提供支持，协助对方最终实现行为上的转变，是一个难题。因此，诸多教师都在访谈过程中表示，必须学会如何指导，提升指导能力。"指导教师应该培养专业技能，这个我觉得是咱实实在在走出来的。"(0907WHX) 许多教师正是在实践过程中，逐步探索出一些指导策略，其指导能力也得到提升。有老师举例："学校不同，学科不同，面对的特殊学生的需求又不同，你不可能有一个统一的标准，关键是给到老师一些能够引起他思考的方法，然后让老师去实践，在实践过程中生成属于他自己的一些方法。"(0910SQH)

此外，除了与个案相关的，直接面向学生家长、教师的指导，巡回指导教师往往还需要承担区域内普通教育教师融合教育素养的培训工作，如何组织培训，有效地在培训过程中指导普校教师也是一个重要的能力。教师们也表示："现在我觉得最需要的就是这种培训能力和科研能力，我最急缺的就是这种。"(0917B) 一些地区的巡回指导教师还需要组织家长培训，而对家长培训的能力与对教师培训的能力还有所不同。有教师表示："巡回指导教师要组织区域内的教师、家长的一些培训活动，所以他还要有很强的组织培训的能力。"(0917A)

2. 评估与设计

当前巡回指导教师实际工作的重要内容之一是对区域内的特殊儿童进行筛查与教育评估，其中就需要用到一些专业的心理学评估工具。因此，诸多巡回指导教师也表示，在巡回指导教师队伍中必须配备一定数量的、持有专业心理资质的教师，"需要有一定的心理学测评的经验和能力"。(0907WHX) 同时，每位巡回指导教师都应当具备一些相关的基础知识，可以依据个案的心理学诊断评估需求，提供专业的咨询建议。

此外，巡回指导教师需要能对儿童进行基本的筛查和教育评估，对其基本的发展基线进行判断，了解其发展的目标。同时，巡回指导教师服务的学校，也通常需要教师帮助其对高危儿童进行初步的筛查，并给出专业的建议。"他要看得懂诊断证明和常用的评估表，有时候学校会拿出一堆东西来问，要能看得懂，像上次校长就告诉我这孩子不行，拿出来一堆东西，我一看，主要就是一个近视眼的诊断证明。对，比如说，智商在临界值的时候，他就觉得很有问题，所以你要看得懂。"(0917C) 其他教师也表示,当对方把评估结果拿到面前并要求提出建议时,必须能够提供一些专业的建议,因此迫切需要学习相关的知识与技能,以应对工作中的需求。"人家把这评估量表拿到我面前,说'老师,你看看我们这孩子是怎么回事',给我一量表,我也会看,但也不是说所有的都见过,有时候真的也是需要学校中心给我们提供一些这样的学习机会,让我们多见识见识。"(0917B)

3. 组织与协调

巡回指导工作中许多事情都需要教师自己进行调节,与多方进行协商洽谈,从而得到一个一致的方案。例如,教师要制订一个学生的安置方案,就需要跟家长、老师等进行多轮次的沟通。"首先判断出我这个孩子一共有多少个问题,在这么多问题里咱们找出三个,我一般就找三个特别需要解决的问题,然后再跟家长商量好,要解决这三个问题,家长需要怎么配合,老师也要给他一些建议,即第一步干吗,第二步干吗,第三步干吗。下个月我再去,了解一下老师这么做有效果吗,跟老师谈,没效果的是哪个,有效果的继续,然后再跟家长聊。一般都是这么做,大概半年,至少把老师、家长、学校他们安抚下来,这孩子就能安坐了。"(0917C)

巡回指导教师还要掌握各类障碍儿童个别化教育干预的策略和康复训练策略,能够在服务对象提出需求时快速给出专业的建议。例如,儿童可能存在诸多问题行为,或者需要在康复机构接受康复训练,巡回指导教师需要为这些孩子提供专业的建议,包括制定有针对性的个别化教育干预策略,实施简单的教育康复以及将其转介到专业的康复训练机构。

巡回指导教师在工作中还需具备宣导能力与获取支持的能力,向普通学校、普通教育教师、政府等宣传融合教育的理念,并通过多种渠道获得多方面的支持,共同为特殊儿童的教育质量提升服务。因为巡回指导教师本身要去协调诸多的事情,但对于其他主体而言,其工作不具有强制力,因此仅能依靠个人的宣导能力来赢得他方的理解和支持。例如,寻求领导的支持时,就需要主动采取策略与其沟通,将自己工作的意义与价值向其宣导,获得理解与支持。

此外,巡回指导教师还需要具备统筹管理能力,对区域内的人力、财力等资源进行整合。但也有些教师表示,此能力是附加项,"不一定每个人都要具备这个能力,就看你原有的管理体系是什么样的"。(0907WHX)

4. 沟通与合作

沟通与合作是巡回指导教师的重要工作。巡回指导教师需要在特殊儿童、家长、学校、康复机构、政府等各类主体之间做好协调工作,寻求各方资源,才能真正为服务对象提供支持。教师们普遍表示,沟通能力是巡回指导教师最为重要的个人能力。沟通能力中首要的是倾听能力,主要是指倾听家长、教师、学校等各方真正的需求。例如,有老师在访谈中表示:"我讲的倾听能力,主要就是指倾听家长的一些诉求。有时候家长也是特别无助的,他的负面情绪又多,那么他面对班主任也好,面对学校也好,在这个过程中就会积攒下来一些东西,这时候他需要一个倾诉的对象,那么你在巡回指导的过程当中,就需要学会倾听。"(0917A)只有真正倾听了对方的真实诉求,才能找到问题的症结,从而制订后续的解决方案。

另外,教师们普遍表示,接收个案后,最难应对的往往是家长,家长的观念及配合程度直接决定特殊儿童接受教育的质量。"孩子跟父母待的时间长,父母的观念不转变,光是一个孩子个体,他很难发展。好多家长实际上都会抗拒你,比如说,我现在做的这些孩子有一半或者1/3是随读生,另外一些家长就不接受,所以就得给他们做工作,让他们看到孩子的训练效果,你再去跟他们讲,所以做家长的工作挺重要的。"(0917C)"家长的工作更难做,因为你要站在家长的角度去想,他有这么一个孩子,谁愿意说自己的孩子有问题,特别是智力落后的,或者精神残疾的,家长更难接受了。一旦接受的话,他又怕学校不要他的孩子,让孩子上特教学校去,等等,这是源于家长的不了解,所以他就把自己包裹得特别严实,尽可能地去保护自己的孩子,但是他又不明白这种保护其实对孩子是一种伤害,一种耽误。"(0910SQH)教师们需要运用心理学的知识,尝试理解家长,并对家长的不良心理状态进行干预。

巡回指导教师在沟通中经常遇到因特殊儿童安置引起的矛盾,如普校拒绝特殊儿童的入学方案,或者特殊儿童在学校突发各种情况,都可能造成诸多不良的后果。巡回指导教师需要具备处理危机的能力,在最短的时间内,将事件产生的不良影响降到最低,并找到妥善的解决方式。例如,有老师表示:"还有一种就是救火式的指导,比如,我们这儿有这样的孩子,你赶紧过来给我瞅瞅,就是十万火急,全班都不干了,家长反映情况,这孩子影响别的孩子了。"(0917B)在此情境中,教师就需要镇定,快速找到应对策略,达到"灭火"的效果。

5. 反思与发展

巡回指导教师要发挥辐射作用,推动区域融合教育的发展,就需要具备一定的研究能力,这主要是指个案研究能力和实施调查研究的能力。巡回指导教师需要用做研究的思路来研究个案,对其问题行为出现的原因进行研究,才能找到解决问题的关键。同时,巡回指导教师还需要针对工作中遇到的一些具体问题,展开研究,探索推动区域融合教育发展的实践策略。"还有就是具备一定的科研能力,因为作为巡回指导教师,他还要带领整个区域的教师,做一些科研课题,钻研一些比较热点、难点的特殊教育问题,所以我觉得具备一定的科研能力也是非常有必要的。"(0917A)

三、初拟指标的设计

本研究根据特殊教育教师专业标准中规定的专业理念与师德、专业知识以及专业能力为核心能力标准,以巡回指导教师的工作内容为基本能力要求,构建巡回指导教师的专业素养结构,其中专业理念与师德为最内核,专业知识与专业技能是教师培养的核心内容。巡回指导教师专业素养指标由专业标准和任职资格基本要求两部分构成。专业标准包括:专业理念与师德、专业知识及专业能力三个维度,下面设有11个领域及50个三级指标。

巡回指导教师专业素养标准结构见表3.3。

表3.3 巡回指导教师专业素养标准结构

维度	领域
A1. 专业理念与师德	B1. 教育信念
	B2. 事业心与责任感
A2. 专业知识	B3. 学生发展知识
	B4. 特殊教育专业知识
	B5. 普通教学知识
	B6. 跨专业知识
A3. 专业能力	B7. 咨询与指导
	B8. 评估与干预
	B9. 组织与协调
	B10. 沟通与合作
	B11. 反思与发展

巡回指导教师任职资格基本要求有五条,分别是:(一)具有教师资格证和特殊教育、教育学、心理学相关专业背景及本科以上学历。(二)具有近三年内的市级特殊教育专业培训证明(不少于六十学时)或市级特殊教育(融合教育)兼职教研员证书。(三)具有五年及以上普通中小学校或特殊教育学校专职任职经历。若仅具有特殊教育学校任职经历,还需具有至少一个学年在普通学校交流轮岗或驻校支持或跟随区特教中心定期入校学习工作的经历。(四)具有一年及以上班主任或教育教学管理经历,熟悉班级管理和家校合作工作。(五)近五年来在现任工作岗位年度考核及师德考核均为合格及以上等次,无违反师德行为,无教学责任事故发生。

四、第一轮专家咨询调查

第一轮专家咨询通过线上发送方式将《北京市巡回指导教师专业标准及任职资格咨询问卷(第一轮)》分发给30位专家,收回有效问卷27份,有效回收率90%。根据专家对指标及标准做出判断的依据(Ca)和专家对问题的熟悉程度(Cs)两个因素进行专家权威程度（Cr）调查，结果显示，21 名专家的专家权威程度 Cr≥0.9，3 名专家的 Cr 值在 0.8—0.9 之间，1 名专家的 Cr 值在 0.7—0.8 之间，只有 2 名专家的 Cr 值在 0.5—0.7 之间。通常认为，专家权威程度 Cr 值大于 0.7，则认为该专家具有较高的权威程度。总体来看，本研究所选取的专家团队符合德尔菲法的研究要求。

（一）问卷统计分析

巡回指导教师第一轮专家咨询问卷的标准体系共包括两个部分：专业标准和任职资格要求。专业标准包括 3 个一级指标、11 个二级指标和 50 个三级指标；任职资格包括 5 条基本要求。巡回指导教师标准体系的指标框架、专业标准及任职资格的合适程度专家意见统计结果如表 3.4、表 3.5 和表 3.6 所示：

表 3.4　巡回指导教师指标框架合适程度统计结果（第一轮）

	满分率（%）	均值	差异系数
指标框架	81.5	2.81	0.138

如表 3.4 所示，指标框架合适程度的满分率 $K=81.5\%$，均值 $M=2.81$，说明该指标框架的设计较为合理。专家意见的差异系数 $CV=0.138$，表明专家对指标框架的意见较为一致。综上，第一轮设计的指标框架较为合适，还需要结合专家修改意见做进一步修订。

表 3.5　巡回指导教师专业标准合适程度统计结果（第一轮）

标准	满分率（%）	均值	差异系数	标准	满分率（%）	均值	差异系数
B1	88.9	2.89	0.109	C21	74.1	2.67	0.228
B2	77.8	2.74	0.188	C22	85.2	2.81	0.169
B3	77.8	2.78	0.150	C23	81.5	2.89	0.109
B4	81.5	2.81	0.138	C24	88.9	2.70	0.169
B5	81.5	2.81	0.138	C25	70.4	2.81	0.138
B6	74.1	2.70	0.197	C26	81.5	2.89	0.109
B7	85.2	2.81	0.169	C27	88.9	2.63	0.184
B8	81.5	2.78	0.179	C28	63.0	2.56	0.288
B9	77.8	2.70	0.221	C29	70.4	2.70	0.169
B10	81.5	2.78	0.179	C30	70.4	2.78	0.179
B11	85.2	2.81	0.169	C31	81.5	2.70	0.197

续表

标准	满分率（%）	均值	差异系数	标准	满分率（%）	均值	差异系数
C1	85.2	2.85	0.125	C32	74.1	2.89	0.109
C2	70.4	2.70	0.169	C33	88.9	2.85	0.125
C3	96.3	2.96	0.064	C34	85.2	2.81	0.138
C4	81.5	2.78	0.179	C35	81.5	2.81	0.138
C5	70.4	2.70	0.169	C36	66.7	2.63	0.211
C6	92.6	2.93	0.090	C37	70.4	2.70	0.169
C7	81.5	2.78	0.179	C38	66.7	2.63	0.211
C8	74.1	2.52	0.331	C39	63.0	2.41	0.344
C9	74.1	2.70	0.197	C40	81.5	2.78	0.179
C10	81.5	2.78	0.179	C41	85.2	2.81	0.169
C11	63.0	2.56	0.246	C42	74.1	2.67	0.228
C12	77.8	2.70	0.221	C43	70.4	2.70	0.169
C13	85.2	2.78	0.204	C44	81.5	2.78	0.179
C14	81.5	2.74	0.213	C45	92.6	2.93	0.090
C15	66.7	2.67	0.177	C46	81.5	2.78	0.179
C16	81.5	2.67	0.270	C47	81.5	2.78	0.179
C17	48.1	2.37	0.285	C48	88.9	2.89	0.109
C18	88.9	2.89	0.109	C49	81.5	2.78	0.179
C19	81.5	2.78	0.179	C50	92.6	2.89	0.144
C20	85.2	2.81	0.169				

如表 3.5 所示，专业标准合适程度评分的平均满分率 K=79.1%，只有 1 项满分率 K<50.0%；有 12 项专业标准合适程度的平均值 M<2.7（3 级量表的第 90 百分位数），其余 49 项专业标准合适程度的平均值均在 2.7 及以上，说明 80%的专业标准设计较为合理，剩余 20%的专业标准需要进一步修改完善。有 2 项专业标准合适程度评分的差异系数 CV>0.30，其余 59 项差异系数在合理范围内，表明专家对专业标准合适程度的意见较为一致。

表 3.6 巡回指导教师任职资格合适程度统计结果（第一轮）

任职资格	满分率（%）	均值	差异系数
1	85.2	2.81	0.169
2	77.8	2.74	0.188
3	96.3	2.96	0.064
4	92.6	2.93	0.090
5	88.9	2.81	0.194

如表 3.6 所示，任职资格合适程度评分的平均满分率 K=88.1%，5 项任职资格合适程度评分的均值 M 均在 2.7 以上，说明任职资格设计较为合理。任职资格合适程度评分的差异系数 CV 均在合理范围内，表明专家对任职资格合适程度的意见较为一致。

巡回指导教师标准体系的专业标准和任职资格的重要程度专家意见统计结果如表 3.7、表 3.8 所示：

表 3.7 巡回指导教师专业标准重要程度统计结果（第一轮）

标准	满分率（%）	均值	差异系数	标准	满分率（%）	均值	差异系数
B1	100	5.00	0.000	C21	88.9	4.78	0.164
B2	96.3	4.85	0.156	C22	96.3	4.85	0.156
B3	100	5.00	0.000	C23	100	5.00	0.000
B4	100	5.00	0.000	C24	85.2	4.74	0.147
B5	96.3	4.93	0.077	C25	96.3	4.96	0.038
B6	85.2	4.78	0.132	C26	88.9	4.81	0.114
B7	96.3	4.85	0.156	C27	85.2	4.70	0.181
B8	96.3	4.85	0.156	C28	88.9	4.78	0.164
B9	92.6	4.70	0.223	C29	74.1	4.63	0.178
B10	92.6	4.81	0.160	C30	96.3	4.85	0.156
B11	92.6	4.81	0.160	C31	92.6	4.85	0.122
C1	96.3	4.96	0.038	C32	96.3	4.96	0.038
C2	100	5.00	0.000	C33	96.3	4.96	0.038
C3	100	5.00	0.000	C34	96.3	4.96	0.038
C4	100	5.00	0.000	C35	100	5.00	0.000
C5	100	5.00	0.000	C36	96.3	4.85	0.156

续表

标准	满分率（%）	均值	差异系数	标准	满分率（%）	均值	差异系数
C6	100	5.00	0.000	C37	100	5.00	0.000
C7	96.3	4.85	0.156	C38	96.3	4.93	0.077
C8	92.6	4.70	0.223	C39	92.6	4.70	0.223
C9	96.3	4.85	0.156	C40	92.6	4.81	0.160
C10	92.6	4.70	0.223	C41	96.3	4.85	0.156
C11	88.9	4.56	0.276	C42	88.9	4.67	0.226
C12	88.9	4.56	0.276	C43	92.6	4.81	0.160
C13	85.2	4.52	0.278	C44	92.6	4.93	0.053
C14	96.3	4.96	0.038	C45	92.6	4.93	0.053
C15	100	5.00	0.000	C46	88.9	4.89	0.064
C16	96.3	4.85	0.156	C47	88.9	4.78	0.164
C17	92.6	4.78	0.174	C48	92.6	4.81	0.160
C18	96.3	4.96	0.038	C49	88.9	4.78	0.164
C19	88.9	4.85	0.092	C50	88.9	4.67	0.226
C20	92.6	4.81	0.160				

如表3.7所示，专业标准重要程度评分的平均满分率K=93.7%，没有满分率K<50.0%的标准项；所有专业标准重要程度评分的平均值M均在4.5及以上（5级量表的第90百分位数），说明目前专业标准中所包含的内容均较为重要，可以继续保留。所有专业标准重要程度评分的差异系数CV均在0.3以下，表明专家对专业标准重要程度的意见较为一致。

表3.8 巡回指导教师任职资格重要程度统计结果（第一轮）

任职资格	满分率（%）	均值	差异系数
1	96.3	4.96	0.038
2	96.3	4.85	0.156
3	96.3	4.96	0.038
4	85.2	4.85	0.073
5	77.3	4.59	0.207

如表 3.8 所示，任职资格重要程度评分的平均满分率 K = 90.4%，5 项任职资格重要程度评分的平均值 M 均在 4.5 及以上，说明目前任职资格中所包含的内容均较为重要，可以继续保留。任职资格合适程度评分的差异系数 CV 均在合理范围内，表明专家对任职资格重要程度的意见较为一致。为了更加精准地确定巡回指导教师专业标准体系内容，本研究规定对合适程度均值 M<2.7、重要程度均值 M<4.5、满分率 K<50.0% 以及差异系数 CV>0.30 的指标项将进行重点考量，进行修改、删除、合并等操作。

（二）意见整理与指标修订

本研究设计的德尔菲问卷不仅让专家对标准体系的合适程度和重要程度做出判断，还采用开放式问题征询专家对标准体系的修改意见。经整理，第一轮专家调查中针对巡回指导教师标准体系的修改意见集中体现在以下五个方面：

一是将"特殊学生"统一修改为"特殊需要学生"。

二是 C17 "了解特殊学生语言发展的特点，熟悉促进学生语言发展、沟通交流的策略与方法"中只提到了解特殊需要学生的"语言发展"方面，内容不全面，建议修改为"了解学生安置和不同教育阶段转衔知识与资源，熟悉支持特殊需要学生顺利过渡的方法与策略"。

三是 C27 "具有跨学科知识，如：心理学、医学康复、社会学等"中对跨学科知识的掌握程度、掌握要求和具体学科表述不清晰，建议修改为"熟悉跨学科知识，在一至两个领域有所擅长，如心理学、康复学、脑科学、认知神经科学、社会学、管理学等"。

四是 C38 "使用各种干预策略支持特殊学生的发展"这种表述不恰当。此条表述与资源教师职责重复，巡回指导教师不会直接对特殊需要学生实施干预，而是运用多种资源对特殊需要学生所在学校、资源教师进行指导，从而支持到特殊需要学生。建议修改为"整合多学科、多领域的知识与技能，设计并指导资源教师使用适宜的方法策略支持特殊需要学生的学业发展与基本康复"。

五是 C39 "指导教师选择合适的教学策略与方法，有效实施教学"与 C33 内容相近，建议删除。

综合专家修改意见，经课题组讨论后，对原标准框架进行了新一轮的修订。修订前后标准框架对比如表 3.9 所示：

表 3.9　第一轮标准框架修改对比

修订前指标框架			修订后指标框架		
A1. 专业理念与师德	B1. 教育信念	C1—6	A1. 专业理念与师德	B1. 教育信念	C1—6
	B2. 事业心与责任感	C7—13		B2. 事业心与责任感	C7—12

续表

修订前指标框架			修订后指标框架		
A2. 专业知识	B3. 学生发展知识	C14—17	A2. 专业知识	B3. 学生发展知识	C13—16
	B4. 特殊教育专业知识	C18—22		B4. 特殊教育知识	C17—21
	B5. 普通教学知识	C23—26		B5. 普通教育知识	C22—25
	B6. 跨专业知识	C27—29		B6. 跨学科知识	C26—28
A3. 专业能力	B7. 咨询与指导	C30—34	A3. 专业能力	B7. 咨询与指导	C29—33
	B8. 评估与干预	C35—38		B8. 评估与设计	C34—37
	B9. 组织与协调	C39—42		B9. 组织与协调	C38—41
	B10. 沟通与合作	C43—46		B10. 沟通与合作	C42—44
	B11. 反思与发展	C47—50		B11. 反思与发展	C45—47

修订后的标准框架包括3个一级指标、11个二级指标、47个三级指标，编制成《北京市巡回指导教师专业标准及任职资格咨询问卷（第二轮）》，以待进行第二轮专家咨询。

五、第二轮专家咨询调查

第二轮专家咨询通过线上方式将《北京市巡回指导教师专业标准及任职资格咨询问卷（第二轮）》分发给30位专家，收回有效问卷30份，有效回收率100%。根据专家对指标及标准做出判断的依据（Ca）和专家对问题的熟悉程度（Cs）两个因素进行专家权威程度（Cr）调查，结果显示，19名专家的专家权威程度Cr≥0.9，2名专家的Cr值在0.8—0.9之间，5名专家的Cr值在0.7—0.8之间，只有4名专家的Cr值在0.5—0.7之间。通常认为，专家权威程度Cr值大于0.7，则认为该专家具有较高的权威程度。总体来看，本研究所选取的专家团队符合德尔菲法的研究要求。

巡回指导教师第二轮专家咨询问卷的标准体系共包括两个部分：专业标准和任职资格要求。专业标准包括3个一级指标、11个二级指标和47个三级指标；任职资格包括5条基本要求。巡回指导教师标准体系的指标框架、专业标准及任职资格的合适程度专家意见统计结果如表3.10、表3.11和表3.12所示：

表3.10 巡回指导教师指标框架合适程度统计结果（第二轮）

	满分率（%）	均值	差异系数
指标框架	96.7	2.97	0.061

如表3.10所示，指标框架合适程度的满分率K=96.7%，均值M=2.97，说明该指标框架的设计合理。专家意见的差异系数CV=0.061，表明专家对指标框架的意见一致。综上，第一轮设计的指标框架较为合适，可以保留使用。

表 3.11 巡回指导教师专业标准合适程度统计结果（第二轮）

标准	满分率（%）	均值	差异系数	标准	满分率（%）	均值	差异系数
B1	96.7	2.97	0.061	C19	96.7	2.97	0.061
B2	93.3	2.93	0.085	C20	100	3.00	0.000
B3	100	3.00	0.000	C21	96.7	2.97	0.061
B4	100	3.00	0.000	C22	100	3.00	0.000
B5	100	3.00	0.000	C23	83.3	2.83	0.132
B6	96.7	2.97	0.061	C24	96.7	2.97	0.061
B7	100	3.00	0.000	C25	96.7	2.97	0.061
B8	100	3.00	0.000	C26	96.7	2.97	0.061
B9	100	3.00	0.000	C27	96.7	2.97	0.061
B10	100	3.00	0.000	C28	90	2.90	0.103
B11	100	3.00	0.000	C29	96.7	2.97	0.061
C1	100	3.00	0.000	C30	96.7	2.97	0.061
C2	100	3.00	0.000	C31	100	3.00	0.000
C3	100	3.00	0.000	C32	100	3.00	0.000
C4	96.7	2.97	0.061	C33	100	3.00	0.000
C5	100	3.00	0.000	C34	100	3.00	0.000
C6	100	3.00	0.000	C35	93.3	2.93	0.085
C7	93.3	2.93	0.085	C36	90	2.90	0.103
C8	96.7	2.97	0.061	C37	93.3	2.93	0.085
C9	93.3	2.93	0.085	C38	100	3.00	0.000
C10	100	3.00	0.000	C39	100	3.00	0.000
C11	100	3.00	0.000	C40	96.7	2.97	0.061
C12	93.3	2.93	0.085	C41	96.7	2.97	0.061
C13	100	3.00	0.000	C42	100	3.00	0.000
C14	96.7	2.97	0.061	C43	100	3.00	0.000
C15	100	3.00	0.000	C44	100	3.00	0.000

续表

标准	满分率（%）	均值	差异系数	标准	满分率（%）	均值	差异系数
C16	100	3.00	0.000	C45	100	3.00	0.000
C17	100	3.00	0.000	C46	100	3.00	0.000
C18	96.7	2.93	0.122	C47	100	3.00	0.000

如表 3.11 所示，专业标准合适程度评分的平均满分率 $K = 99.5\%$，所有标准的满分率 K 均大于 80.0%；所有专业标准合适程度的平均值均在 2.7 以上，说明专业标准设计合理，可以保留使用。所有专业标准合适程度评分的差异系数 CV 均小于 0.3，表明专家对专业标准合适程度的意见一致。

表 3.12　巡回指导教师任职资格合适程度统计结果（第二轮）

任职资格	满分率（%）	均值	差异系数
1	100	3.00	0.000
2	100	3.00	0.000
3	96.7	2.97	0.061
4	100	3.00	0.000
5	100	3.00	0.000

如表 3.12 所示，任职资格合适程度评分的平均满分率 $K = 99.3\%$，5 项任职资格合适程度评分的均值 M 均在 2.7 以上，说明任职资格设计合理，可以保留使用。任职资格合适程度评分的差异系数 CV 均在合理范围内，表明专家对任职资格合适程度的意见一致。

巡回指导教师标准体系的专业标准和任职资格的重要程度专家意见统计结果如表 3.13 和表 3.14 所示：

表 3.13　巡回指导教师专业标准重要程度统计结果（第二轮）

标准	满分率（%）	均值	差异系数	标准	满分率（%）	均值	差异系数
B1	96.7	4.97	0.036	C19	93.3	4.87	0.115
B2	100	5.00	0.000	C20	90	4.90	0.061
B3	96.7	4.97	0.036	C21	96.7	4.97	0.036
B4	96.7	4.97	0.036	C22	96.7	4.97	0.036
B5	96.7	4.97	0.036	C23	86.7	4.83	0.094

续表

标准	满分率（%）	均值	差异系数	标准	满分率（%）	均值	差异系数
B6	90	4.87	0.088	C24	83.3	4.83	0.077
B7	96.7	4.97	0.036	C25	76.7	4.77	0.089
B8	100	5.00	0.000	C26	86.7	4.87	0.070
B9	96.7	4.97	0.036	C27	90	4.87	0.088
B10	100	5.00	0.000	C28	83.3	4.73	0.133
B11	100	5.00	0.000	C29	96.7	4.97	0.036
C1	100	5.00	0.000	C30	100	5.00	0.000
C2	96.7	4.97	0.036	C31	100	5.00	0.000
C3	100	5.00	0.000	C32	100	5.00	0.000
C4	93.3	4.93	0.051	C33	93.3	4.93	0.051
C5	93.3	4.93	0.051	C34	96.7	4.97	0.036
C6	93.3	4.93	0.051	C35	96.7	4.97	0.036
C7	93.3	4.93	0.051	C36	96.7	4.97	0.036
C8	96.7	4.97	0.036	C37	96.7	4.97	0.036
C9	93.3	4.93	0.051	C38	93.3	4.93	0.051
C10	93.3	4.93	0.051	C39	93.3	4.93	0.051
C11	90	4.90	0.061	C40	86.7	4.87	0.070
C12	90	4.90	0.061	C41	83.3	4.83	0.077
C13	93.3	4.93	0.051	C42	96.7	4.97	0.036
C14	96.7	4.97	0.036	C43	93.3	4.93	0.051
C15	96.7	4.97	0.036	C44	90	4.90	0.061
C16	93.3	4.93	0.051	C45	100	5.00	0.000
C17	96.7	4.97	0.036	C46	96.7	4.97	0.036
C18	90	4.80	0.156	C47	96.7	4.97	0.036

如表3.13所示，专业标准重要程度评分的平均满分率 $K=94.1\%$，没有满分率 $K<50.0\%$ 的标准项；所有专业标准重要程度评分的平均值 M 均在4.5以上（5级量表的第90百分位数），说明目前专业标准中所包含的内容均较为重要，可以保留使用。所

有专业标准重要程度评分的差异系数 CV 均在 0.3 以下，表明专家对专业标准重要程度的意见一致。

表 3.14　巡回指导教师任职资格重要程度统计结果（第二轮）

任职资格	满分率（%）	均值	差异系数
1	100	5.00	0.000
2	100	4.97	0.036
3	100	5.00	0.000
4	90	4.90	0.061
5	100	5.00	0.000

如表 3.14 所示，任职资格重要程度评分的平均满分率 K=98%，5 项任职资格重要程度评分的平均值 M 均在 4.5 以上，说明目前任职资格中所包含的内容均较为重要，可以保留。任职资格合适程度评分的差异系数 CV 均在合理范围内，表明专家对任职资格重要程度的意见较为一致。

为了更加精准地确定巡回指导教师专业标准体系内容，本研究规定对合适程度均值 M<2.7、重要程度均值 M<4.5、满分率 K<50.0% 以及差异系数 CV>0.30 的指标项将进行重点考量，进行修改、删除、合并等操作。

因第二轮巡回指导教师专业标准体系的专家调查结果已达到理想状态，故保留《北京市巡回指导教师专业标准及任职资格咨询问卷（第二轮）》中的标准体系作为最终结果。

六、研究结果

本研究共经历了两轮专家调查，问卷发放时间近一个月，给予专家充分的时间独立思考判断。经过两轮问卷咨询后，最终形成了完整的《北京市巡回指导教师专业标准》，包括基本定位、专业标准和任职资格。巡回指导教师专业素养标准是北京市对合格巡回指导教师的基本专业要求，是巡回指导教师实施教育教学行为的基本规范，是引领巡回指导教师专业发展的基本准则，是巡回指导教师准入、培训、考核等工作的重要依据。

《北京市巡回指导教师专业标准》中共包括 3 个一级指标、11 个二级指标和 47 个三级指标，一级指标由专业理念与师德、专业知识和专业能力三个维度构成，二级指标涵盖了教育信念、学生发展知识、特殊教育知识、普通教育知识、咨询与指导、评估与设计等十一个维度，三级指标则由 47 项具体标准组成。《北京市巡回指导教师专业标准》中任职资格包括 5 条基本要求。

通过专家咨询，《北京市巡回指导教师专业标准》中专业标准合适程度评分的平均满分率 K=99.5%，所有专业标准合适程度的平均值均在 2.7 及以上，所有专业标准合适程度的差异系数均在 0.3 以下；专业标准重要程度评分的平均满分率 K=98%，所有专业标准重要程度的平均值均在 4.5 以上，所有专业标准重要程度的差异系数均在 0.3 以下。综上，专家对第二轮指标框架合适程度和重要程度的认可度及意见一致性均较高，相关指标值较第一轮也有明显提高，因此，本研究保留《北京市巡回指导教师专业标准及任职资格咨询问卷（第二轮)》中的标准体系作为最终结果。巡回指导教师专业标准见表 3.15。

表 3.15　北京市巡回指导教师专业标准

维度	领域	基本要求
A1.专业理念与师德	B1.教育信念	1. 贯彻党和国家教育方针政策、北京市和所在区的教育政策及特殊教育相关要求，遵守教育法律法规。
		2. 坚持教育公平，尊重特殊需要学生的受教育权利，遵循特殊教育规律和学生身心发展特点，为每一位学生提供合适的教育。
		3. 落实立德树人，对特殊需要学生始终抱有积极的期望，坚信每一位学生都能取得进步，愿意积极创造条件，促进学生健康快乐成长。
		4. 理解并认同融合教育的意义和理念，勇于担当，积极推动区域融合教育发展。
		5. 认同巡回指导工作的价值与重要性，认同巡回指导教师对学生及区域融合教育的积极影响。
		6. 认同巡回指导教师岗位的专业性、独特性和复合性，注重自身专业发展。
	B2.事业心与责任感	1. 热爱巡回指导教师工作，树立服务意识，不畏困难，不断完善支持方法。
		2. 具有良好的团队合作精神，乐于开展协作交流。
		3. 平等对待每一位学生，有爱心、有耐心，尊重特殊需要学生的人格尊严和个体差异，尊重特殊需要学生的隐私权和肖像权，严格保护特殊需要学生信息，引导特殊需要学生自尊自信、自强自立。
		4. 理解并尊重普通学校的管理者和教师，为学校、班级提供适宜的指导。
		5. 理解并尊重特殊需要学生的家长，为家长提供专业咨询和指导。
		6. 善于发现融合教育问题，乐于改善融合教育现状，以多种形式积极引导并推动区域内融合教育实施与发展。

续表

维度	领域	基本要求
A2.专业知识	B3.学生发展知识	1. 了解关于学生生存、发展和保护的有关法律法规及政策。
		2. 熟悉儿童青少年发展普遍性规律和特殊需要学生身心发展的特殊性规律，掌握学生障碍类型、原因、程度、发展水平、发展速度等方面的个体差异及教育的策略和方法。
		3. 掌握针对特殊需要学生可能出现的各种侵犯与伤害行为、意外事故和危险情况下的危机干预、安全防护与救助的基本知识与方法。
		4. 了解学生安置和不同教育阶段的转衔知识与资源，熟悉支持特殊需要学生顺利过渡的方法与策略。
	B4.特殊教育知识	1. 熟悉特殊教育教学基本理论，掌握差异化教学、通用学习设计、环境支持等相关知识。
		2. 熟悉义务教育阶段特殊教育国家课程标准的主要思想、基本内容和方法。
		3. 熟悉特殊教育筛查与评估的知识与方法。
		4. 掌握学生心理、教师心理和家长心理的基本原理。
		5. 掌握特殊需要学生个别化教育与康复训练的基本知识与方法。
	B5.普通教育知识	1. 熟悉义务教育阶段普通教育课程改革的基本方向、内容、思想和方法。
		2. 熟悉至少两门义务教育阶段普通教育学科知识体系的基本思想、基本内容和方法。
		3. 熟悉普通教育学校教育管理和课程教学的基本内容和方法。
		4. 熟悉学前教育五大领域的基本内容和教学方法。
	B6.跨学科知识	1. 熟悉跨学科知识，在一至两个领域有所擅长，如心理学、康复学、脑科学、认知神经科学、社会学、管理学等。
		2. 掌握运用跨学科知识评估、指导和干预特殊需要学生或指导教师设计教育支持方案的方法。
		3. 掌握运用信息技术、人工智能等新技术支持融合教育的知识。

续表

维度	领域	基本要求
A3. 专业能力	B7. 咨询与指导	1. 指导学区融合教育资源中心和孤独症儿童教育康复训练基地发挥服务职能，提高服务质量。
		2. 指导普通教育学校创设有利于特殊需要学生身心发展的物理环境、心理环境和文化环境，有效使用资源教室，合理利用资源，支持学生有效学习。
		3. 指导并协助融合教育教师、资源教师进行适合学生需要的课程与教学的设计与调整。
		4. 指导普通教师、资源教师运用适当策略方法，妥善预防、干预学生的问题行为。
		5. 向家长提供入学安置、在校学习、毕业升学、生涯发展以及家庭教育等方面的专业咨询与指导。
	B8. 评估与设计	1. 运用合适的评估工具和评估方法，综合评估学生的能力、问题与特殊教育需要。
		2. 通过课上、课下观察，分析特殊需要学生的学习特点、教育需要和改进策略。
		3. 根据教育综合评估结果，设计并指导资源教师与学科教师制订学生教育支持方案。
		4. 整合多学科、多领域的知识与技能，设计并指导资源教师使用适宜的方法策略支持特殊需要学生的学业发展与基本康复。
	B9. 组织与协调	1. 协调区域内融合教育资源，为特殊需要学生提供专业资源适配。
		2. 协调区域内相关专业人员，对特殊需要学生进行必要的教学辅导与康复训练。
		3. 整合多方资源，妥善应对区域内或学校中与融合教育相关的突发事件。
		4. 组织融合教育教师培训、教研与专业交流活动。
	B10. 沟通与合作	1. 掌握沟通合作技能与方法，能够在咨询与指导实践中与普通学校管理者、教师、家长及专家等进行有效沟通交流。
		2. 理解特殊教育跨学科性质和学习共同体的作用，掌握团队协作的基本策略、类型和方法，具有合作学习及解决问题的能力。
		3. 宣导融合教育政策和理念，扩大社会对融合教育的接纳与支持。
	B11. 反思与发展	1. 主动收集分析特殊教育相关信息，不断反思，改进巡回指导工作。
		2. 针对巡回指导工作中的现实需要与问题，进行科学研究，指导开展教学改革。
		3. 结合特殊教育事业发展需要，制订专业发展规划，积极参加专业培训，不断提高自身的专业素质。

担任巡回指导教师职务，须具备下列条件：（一）具有教师资格证和特殊教育、教育学、心理学相关专业背景及本科以上学历。（二）具有近三年内的市级特殊教育专业培训证明（不少于六十学时）或市级特殊教育（融合教育）兼职教研员证书。（三）具有五年及以上普通中小学校或特殊教育学校专职任职经历。若仅具有特殊教育学校任职经历，还需具有至少一个学年在普通学校交流轮岗或驻校支持或跟随区特教中心定期入校学习工作的经历。（四）具有一年及以上班主任或教育教学管理经历，熟悉班级管理和家校合作工作。（五）近五年来在现任工作岗位年度考核及师德考核均为合格及以上等次，无违反师德行为，无教学责任事故发生。

第3节　北京市资源教师专业素养标准构建

一、资源教师工作职责与内容

资源教师是指在开展融合教育的普通中小学校中规划、建设、运用和管理资源教室，为特殊教育需要学生、家长、教师提供特殊教育专业服务的专业人员，属于特殊教育教师。对于普通学校来说，"资源教师"还是一个比较陌生的称谓，但对于建设了资源教室的融合教育学校来说，资源教师是"资源教室的核心和灵魂"，"其专业素养和专业能力决定资源教室的功能和质量"①。

简略来讲，资源教师"就是在资源教室工作的教师"②。具体来说，"资源教室是指在目前条件下，承担有特殊教育需要儿童的测量、咨询、教育、教学等任务的特殊教育教师，是教学方案的主要实施者，是学校推行资源教室方案的主导者，是特殊教育和普通教育的沟通者"③。

从这个界定可以看出，作为一名"在资源教室工作的教师"，不是那么简单的——多"才"多"能"，身兼多任，是一个立身普通教育提供特殊教育专业支持和服务的"特殊"人才。

（一）规划和管理资源教室

作为资源教室的主要教育和服务对象，包括残疾学生在内的有特殊教育需要的学生的教育需求是多样的，差异性比较大。制订和实施个别化教育计划是为这些学生提供有效教育的重要方式。个别化教育计划，需要整合教育行政人员、教师、特殊教育工作者、心理教师、家长等多个方面的人员，通过多次研讨的方式共同制订。这项工作的组织者和协调推进人，便是资源教师。

另外，鉴于学生特殊教育需要的多样化，单靠资源教师一人全部达成也是不现实

---

① 许家成，周月霞. 资源教室的建设与运作［M］. 北京：华夏出版社，2006.
②③ 魏萍瑶. 论资源教师职责能力结构的构建与提升［J］. 安顺学院学报，2011（10）：132.

的，一般来说，围绕这项工作会形成一个团队，来推进资源教室教育方案的实施。资源教师应该成为这个团队的核心和引领者。

（二）指导和宣导学校融合教育

目前特殊教育和普通教育在很多时候还是在两条路上跑着的车，之间的交集还不太多。社会的文明程度也有待进一步提升。在普通学校为残疾学生提供教育教学，绝不仅仅是限于知识学习这样一个狭窄的领域，还应涉及学校教育教学的方方面面——从教育教学到教育管理，从学校无障碍建设到学校融合教育氛围，等等。资源教师作为特殊教育专业人员，应该成为面向全校开展特殊教育宣传和引导的宣导者。

另外，作为普通学校中最懂特殊教育的专业人员，资源教师还应是学校中特殊教育相关事宜的"顾问"，为教师、学校管理者及学生家长提供咨询服务。一般来说，顾问的咨询服务内容包括但不限于政策法规、学生心理、教育教学策略、转衔流程及办理等。

（三）协调和整合资源

毫无疑问，资源教师本身便是最为重要和宝贵的资源，但是还不够，面对残疾学生及有特殊教育需要的学生的特殊教育需要，资源教师还需要整合一切可以整合到的资源，包括校内教育教学资源、社区资源、相关职能部门及专业机构的资源乃至家长资源等，其种类包括物质资源、信息资源、专业指导及服务资源，等等。一位优秀的资源教师应是一名优秀的整合者，通过自身与各种资源的链接和整合，来满足学生多样化的特殊教育需要。

资源教师的角色是多元的、多重的，以上描述的资源教师的多种主要角色很多但还不是全部。资源教师需要根据学生实际教育需要和学校实际情形在具体工作中不断转换和衍变，主动、积极，并且灵活。

二、资源教师的专业素养结构

对应资源教师的多重角色，对其专业素养的要求也就比较全面，需要较强的专业性和较好的综合素养。

（一）专业理念与师德

一名合格的资源教师，首先应该是一名优秀的教师。作为一名教师——尽管有些"特殊"——首先应该具备教师的基本素养，包含教育之爱、先进的教育理念、扎实的学科教学的知识与技能、良好的人文素养和丰富的教育教学经验等，其中要特别富有教育之爱。资源教师需要对所有的学生给予人性化的关怀，能够接纳具有各种个性特征的儿童；具有敏锐的教育洞察力，教育方式机智灵活，善于应对和处理各种教育情景，能够驾驭复杂局面；有因材施教的能力。

（二）专业知识

资源教师应该有扎实的心理学、教学学科的基础知识和技能，还应该具备发展心理学、教育心理学、心理辅导咨询方面的扎实基础，教育学、课程和教学论的理论修养，课程评价、选择和发展的能力，具有根据课程、学生和环境确定最佳教学模式的能力，具有利用现代教学理念、高科技教学资源，依据学生能力特点来设计教学活动的能力。

此外，资源教师对残疾的理解和认识、对特殊教育的热忱和认识、对融合教育的认识和思考，在很大程度上都深刻影响着学校融合教育的推进力度和工作格局的构建；资源教师特殊教育知识和技能的掌握程度在很大程度上决定着学校融合教育的品质和学生特殊教育需要的满足程度。

（三）专业能力

资源教师应该具备丰富的教育教学经验，善于处理各种教育现状的挑战，善于与学生沟通，善于在复杂的教育情景中把握学生的心理需求，处理心理情绪问题，处置危机状态等。

资源教师应有良好的沟通能力、协同工作的品质和团队建设能力。作为资源教师，其工作内容的复杂性和角色的多样性，决定了其具有良好沟通能力和协调工作品质的重要性。和其他的学科老师相比，资源教师有更大比重的工作不是发生于教师与学生之间，而是发生于资源教师与学校行政人员、资源教师与科任教师、资源教师与家长或者资源教师与特殊教育专业人员之间，是成人之间的工作沟通与协作。特别是作为普通学校中的特殊教育专业人员，其所承担的宣导责任，更是对沟通能力提出要求。所以，作为资源教师，和相关人员的沟通要积极，要有策略性，要有效果，能够为资源教室的工作争取空间和支持。

另外，资源教师最好还能有团队建设的能力和资源整合的能力。资源教室的工作，往往需要一个团队来共同参与实施。资源教师是核心，围绕相关工作，团队的建设、相关资源的整合，都依赖于资源教师。

虽然身在普通学校，但是资源教师所提供的主要是特殊教育专业支持和服务。所以，在具备一般教师的基本素养的基础上，资源教师还应该具备特殊教育教师的专业素养。2016年2月，教育部办公厅印发《普通学校特殊教育资源教室建设指南》（教基二厅〔2016〕1号），其中对资源教师的要求是"原则上须具备特殊教育、康复或其他相关专业背景，符合《中华人民共和国教师法》规定的学历要求，具备相应的教师资格，符合《特殊教育教师专业标准》的规定，经过岗前培训，具备特殊教育和康复训练的基本理论、专业知识和操作技能"。文件要求，资源教师作为特殊教育教师纳入特殊教育教师管理范畴。

三、初拟指标的设计

资源教师专业素养指标由专业标准和任职资格基本要求两部分构成。专业标准包括：专业理念与师德、专业知识及专业能力三个维度，下面设有 13 个领域及 53 个三级指标。资源教师专业标准结构见表 3.16。

表 3.16 资源教师专业标准内容结构

维度	领域
A1. 专业理念与师德	B1. 职业理解与认识
	B2. 对学生的态度与行为
	B3. 教育教学的态度与行为
	B4. 个人修养与行为
A2. 专业知识	B5. 学生发展知识
	B6. 学科知识
	B7. 特殊教育知识
	B8. 通识性知识
A3. 专业能力	B9. 环境创设与利用
	B10. 评估与干预
	B11. 组织与协调
	B12. 沟通与合作
	B13. 反思与发展

特殊教育资源教师任职资格基本要求有五条，分别是：（一）具有教师资格证和特殊教育、教育康复学、心理学、教育学等专业本科及以上学历。（二）具有近三年内的区级及以上特殊教育资源教师专业培训证明（不少于六十学时）或区级及以上融合教育相关学科兼职教研员证书。（三）具有三年及以上普通中小学校专职任职经历，或具有两年及以上特殊需要学生教育教学、指导的工作经历。（四）近五年来在现任工作岗位年度考核及师德考核均为合格及以上等次，无违反师德行为，无教学责任事故发生。

四、第一轮专家咨询调查

第一轮专家咨询通过线上发送方式将《北京市特殊教育资源教师专业标准及任职资格咨询问卷（第一轮）》与其相关材料分发给 30 位专家，收回有效问卷 27 份，有效回收率 90%。根据专家对指标及标准做出判断的依据（Ca）和专家对问题的熟悉程度（Cs）两个因素进行专家权威程度（Cr）调查，结果显示，22 名专家的专家权威程度 Cr≥0.9，2 名专家的 Cr 值在 0.8—0.9 之间，2 名专家的 Cr 值在 0.6—0.7 之间，1 名专家的 Cr 值在 0.5—0.6 之间。通常认为，专家权威程度 Cr 值大于 0.7，则认为该专家具有较高的权威程度。总体来看，本研究所选取的专家团队符合德尔菲法的研究要求。

（一）问卷统计分析

资源教师第一轮专家咨询问卷的标准体系共包括两个部分：专业标准和任职资格要求。专业标准包括 3 个一级指标、13 个二级指标和 53 个三级指标；任职资格包括 5 条基本要求。资源教师标准体系的指标框架、专业标准及任职资格的合适程度专家意见统计结果如表 3.17、表 3.18 和表 3.19 所示：

表 3.17　资源教师指标框架合适程度统计结果（第一轮）

	满分率（%）	均值	差异系数
指标框架	85.2	2.85	0.125

如表 3.17 所示，指标框架合适程度的满分率 $K=85.2\%$，均值 $M=2.85$，说明该指标框架的设计较为合理。专家意见的差异系数 $CV=0.125$，表明专家对指标框架意见较为一致。综上，第一轮设计的指标框架较为合适，还需结合专家修改意见做进一步修订。

表 3.18　资源教师专业标准合适程度统计结果（第一轮）

标准	满分率（%）	均值	差异系数	标准	满分率（%）	均值	差异系数
B1	92.6	2.93	0.090	C21	92.6	2.89	0.144
B2	85.2	2.85	0.125	C22	77.8	2.78	0.150
B3	81.5	2.81	0.138	C23	77.8	2.74	0.188
B4	40.7	2.70	0.243	C24	77.8	2.78	0.150
B5	88.9	2.85	0.157	C25	92.6	2.93	0.090
B6	85.2	2.85	0.125	C26	92.6	2.93	0.090
B7	92.6	2.93	0.090	C27	85.2	2.85	0.125
B8	85.2	2.78	0.204	C28	70.4	2.67	0.204
B9	85.2	2.81	0.169	C29	85.2	2.81	0.169
B10	92.6	2.93	0.090	C30	77.8	2.63	0.277
B11	85.2	2.81	0.169	C31	77.8	2.70	0.221
B12	92.6	2.93	0.090	C32	81.5	2.67	0.270
B13	96.3	2.96	0.064	C33	81.5	2.78	0.179
C1	85.2	2.81	0.169	C34	81.5	2.74	0.188

续表

标准	满分率（%）	均值	差异系数	标准	满分率（%）	均值	差异系数
C2	96.3	2.96	0.064	C35	63.0	2.48	0.298
C3	96.3	2.96	0.064	C36	77.8	2.74	0.188
C4	77.8	2.63	0.277	C37	81.5	2.78	0.179
C5	88.9	2.89	0.109	C38	74.1	2.74	0.160
C6	81.5	2.78	0.179	C39	66.7	2.67	0.177
C7	85.2	2.85	0.125	C40	66.7	2.59	0.241
C8	81.5	2.81	0.138	C41	81.5	2.78	0.179
C9	81.5	2.74	0.213	C42	85.2	2.81	0.169
C10	85.2	2.85	0.125	C43	81.5	2.81	0.138
C11	81.5	2.81	0.138	C44	88.9	2.89	0.109
C12	77.8	2.78	0.150	C45	77.8	2.78	0.150
C13	74.1	2.63	0.257	C46	74.1	2.63	0.257
C14	77.8	2.63	0.313	C47	96.3	2.96	0.064
C15	77.8	2.70	0.221	C48	96.3	2.89	0.109
C16	77.8	2.63	0.277	C49	88.9	2.89	0.109
C17	85.2	2.81	0.169	C50	81.5	2.74	0.213
C18	70.4	2.70	0.169	C51	88.9	2.89	0.109
C19	81.5	2.78	0.179	C52	92.6	2.93	0.090
C20	59.3	2.52	0.250	C53	88.9	2.89	0.109

如表 3.18 所示，专业标准合适程度评分的平均满分率 K＝82.3%，只有 1 项满分率 K<50.0%；有 12 项专业标准合适程度的平均值 M<2.7（3 级量表的第 90 百分位数），其余 54 项专业标准合适程度的平均值均在 2.7 及以上，说明 80% 以上的专业标准设计较为合理，剩余不到 20% 的专业标准需要进一步修改完善。有 1 项专业标准合适程度评分的差异系数 CV>0.30，其余 65 项差异系数在合理范围内，表明专家对专业标准合适程度的意见比较一致。

表 3.19　资源教师任职资格合适程度统计结果（第一轮）

任职资格	满分率（%）	均值	差异系数
1	81.5	2.78	0.179

续表

任职资格	满分率（%）	均值	差异系数
2	77.8	2.78	0.150
3	92.6	2.93	0.090
4	96.3	2.96	0.064
5	96.3	2.93	0.129

如表 3.19 所示，任职资格合适程度评分的平均满分率 K=88.9%，5 项任职资格合适程度评分的均值 M 均在 2.7 及以上，说明任职资格设计较为合理。任职资格合适程度评分的差异系数 CV 均在合理范围内，表明专家对任职资格合适程度的意见较为一致。

资源教师标准体系的专业标准和任职资格的重要程度专家意见统计结果如表 3.20 和表 3.21 所示：

表 3.20　资源教师专业标准重要程度统计结果（第一轮）

标准	满分率（%）	均值	差异系数	标准	满分率（%）	均值	差异系数
B1	96.3	5.00	0.000	C21	92.6	4.70	0.223
B2	100	5.00	0.000	C22	92.6	4.81	0.160
B3	96.3	4.89	0.116	C23	77.8	4.44	0.283
B4	77.8	4.26	0.336	C24	88.9	4.67	0.226
B5	100	5.00	0.000	C25	96.3	4.85	0.156
B6	96.3	4.96	0.038	C26	96.3	4.93	0.077
B7	100	5.00	0.000	C27	100	5.00	0.000
B8	88.9	4.78	0.164	C28	92.6	4.93	0.053
B9	92.6	4.81	0.160	C29	92.6	4.67	0.254
B10	100	5.00	0.000	C30	74.1	4.30	0.316
B11	92.6	4.85	0.122	C31	88.9	4.85	0.092
B12	100	5.00	0.000	C32	66.7	4.26	0.297
B13	100	5.00	0.000	C33	88.9	4.74	0.178
C1	96.3	4.96	0.038	C34	88.9	4.81	0.127
C2	100	5.00	0.000	C35	74.1	4.41	0.271
C3	100	5.00	0.000	C36	92.6	4.81	0.160

续表

标准	满分率（%）	均值	差异系数	标准	满分率（%）	均值	差异系数
C4	96.3	4.85	0.156	C37	96.3	4.85	0.156
C5	100	5.00	0.000	C38	100	5.00	0.000
C6	100	5.00	0.000	C39	100	5.00	0.000
C7	100	5.00	0.000	C40	92.6	4.70	0.223
C8	96.3	4.96	0.038	C41	96.3	4.85	0.156
C9	92.6	4.81	0.160	C42	96.3	4.96	0.038
C10	100	5.00	0.000	C43	96.3	4.96	0.038
C11	96.3	4.96	0.038	C44	96.3	4.96	0.038
C12	100	5.00	0.000	C45	85.2	4.85	0.073
C13	74.1	4.30	0.322	C46	96.3	4.85	0.156
C14	77.8	4.37	0.312	C47	96.3	4.96	0.038
C15	81.5	4.52	0.265	C48	96.3	4.96	0.038
C16	66.7	4.11	0.365	C49	100	5.00	0.000
C17	96.3	4.96	0.038	C50	81.5	4.59	0.231
C18	100	5.00	0.000	C51	100	5.00	0.000
C19	100	5.00	0.000	C52	100	5.00	0.000
C20	88.9	4.67	0.226	C53	100	5.00	0.000

如表 3.20 所示，专业标准重要程度评分的平均满分率 K=93%，没有满分率 K<50.0% 的标准项；有 8 项专业标准重要程度评分的平均值 M<4.5（5 级量表的第 90 百分位数），其余 58 项专业标准重要程度的平均值均在 4.5 及以上，说明 87.9% 的专业标准中所包含的内容较为重要，剩余 12.1% 的专业标准内容需要进一步修改完善。有 5 项专业标准重要程度评分的差异系数 CV>0.30，其余 61 项差异系数均在合理范围内，表明专家对专业标准重要程度的意见较为一致。

表 3.21 资源教师任职资格重要程度统计结果（第一轮）

任职资格	满分率（%）	均值	差异系数
1	96.3	4.96	0.038
2	100	5.00	0.000
3	100	5.00	0.000

续表

任职资格	满分率（%）	均值	差异系数
4	88.9	4.89	0.064
5	85.2	4.78	0.132

如表 3.21 所示，任职资格重要程度评分的平均满分率 K=94.1%，5 项任职资格重要程度评分的平均值 M 均在 4.5 以上，说明目前任职资格中所包含的内容均较为重要，可以继续保留。任职资格合适程度评分的差异系数 CV 均在合理范围内，表明专家对任职资格重要程度的意见较为一致。为了更加精准地确定资源教师专业标准体系内容，本研究对合适程度、重要程度均值 M<4.5、满分率 K<50.0% 以及差异系数 CV>0.30 的指标项将进行重点考量，进行修改、删除、合并等操作。

（二）意见整理与指标修订

本研究设计的德尔菲问卷不仅让专家对标准体系的合适程度和重要程度做出判断，还采用开放式问题征询专家对标准体系的修改意见。经整理，第一轮专家调查中针对资源教师标准体系的修改意见集中体现在以下六个方面：

一是 A1"专业理念与师德"中所包含的 4 个二级指标属于"能力"范畴，放在"理念"范畴中不妥当，建议资源教师的标准框架与巡回指导教师的保持一致，在具体三级指标上可以体现出差异。

二是 B4"个人修养与行为"中所包含的标准是对所有教师的基本要求，特色不明显，指向性不足，不是"资源教师"必备，建议删除。

三是 C20"了解特殊学生语言发展的特点，熟悉促进学生语言发展、沟通交流的策略与方法"中只提到了解特殊需要学生的"语言发展"方面，内容不全面，建议修改为"了解学生安置和不同教育阶段转衔知识与资源，熟悉支持特殊需要学生顺利过渡的方法与策略"。

四是 C28"掌握学生品德心理和教学心理的基本原理和方法"这种表述不清晰，有语病，且放在 B7"特殊教育知识"维度下不妥，建议删除。

五是 C31"了解教育事业和残疾人事业发展的基本情况，熟悉国家和北京市融合教育相关政策"不属于通识性知识，C32"具有相应的艺术欣赏与表现知识"与资源教师的角色配合度不高，建议删掉。

六是 C35"有效运用班级和课堂教学管理策略，建立班级秩序与规则，创设良好的班级氛围"对资源教师的角色定位有偏差，应该加上"协助班主任"。

综合专家修改意见，经课题组讨论后，对原标准框架进行了新一轮的修订。修订前后标准框架对比如表 3.22 所示：

表 3.22 第一轮标准框架修改对比

修订前指标框架			修订后指标框架		
A1. 专业理念与师德	B1. 职业理解与认识	C1—4	A1. 专业理念与师德	B1. 教育信念	C1—6
	B2. 对学生的态度与行为	C5—8			
	B3. 教育教学的态度与行为	C9—12		B2. 事业心与责任感	C7—12
	B4. 个人修养与行为	C13—16			
A2. 专业知识	B5. 学生发展知识	C17—20	A2. 专业知识	B3. 学生发展知识	C13—16
	B6. 学科知识	C21—24		B4. 普通教育知识	C17—20
	B7. 特殊教育知识	C25—29		B5. 特殊教育知识	C21—24
	B8. 通识性知识	C30—33		B6. 跨学科知识	C25—27
A3. 专业能力	B9. 环境创设与利用	C34—37	A3. 专业能力	B7. 环境创设与利用	C28—30
	B10. 评估与干预	C38—41		B8. 评估与设计	C31—34
	B11. 组织与协调	C42—45		B9. 组织与实施	C35—38
	B12. 沟通与合作	C46—49		B10. 沟通与合作	C39—42
	B13. 反思与发展	C50—53		B11. 反思与发展	C43—45

修订后的标准框架包括 3 个一级指标、11 个二级指标、45 个三级指标，编制成《北京市特殊教育资源教师专业标准及任职资格咨询问卷（第二轮）》，以待进行第二轮专家咨询。

五、第二轮专家咨询调查

第二轮专家咨询自 2022 年 1 月 22 日至 2022 年 1 月 24 日，历时 3 天。通过线上方式将《北京市特殊教育资源教师专业标准及任职资格咨询问卷（第二轮）》分发给 30 位专家，收回有效问卷 30 份，有效回收率 100%。根据专家对指标及标准做出判断的依据（Ca）和专家对问题的熟悉程度（Cs）两个因素进行专家权威程度（Cr）调查，结果显示，18 名专家的专家权威程度 Cr≥0.9，3 名专家的 Cr 值在 0.8—0.9 之间，5 名专家的 Cr 值在 0.7—0.8 之间，只有 4 名专家的 Cr 值在 0.5—0.7 之间。通常认为，专家权威程度 Cr 值大于 0.7，则认为该专家具有较高的权威程度。总体来看，本研究所选取的专家团队符合德尔菲法的研究要求。

资源教师第二轮专家咨询问卷的标准体系共包括两个部分：专业标准和任职资格要求。专业标准包括 3 个一级指标、11 个二级指标和 45 个三级指标；任职资格包括 4 条基本要求。资源教师标准体系的指标框架、专业标准及任职资格的合适程度专家意见统计结果如表 3.23、表 3.24 和表 3.25 所示：

表 3.23　资源教师指标框架合适程度统计结果（第二轮）

	满分率（%）	均值	差异系数
指标框架	96.7	2.97	0.061

如表 3.23 所示，指标框架合适程度的满分率 K=96.7%，均值 M=2.97，说明该指标框架的设计合理。专家意见的差异系数 CV=0.061，表明专家对指标框架意见一致。综上，第一轮设计的指标框架较为合适，可以保留使用。

表 3.24　资源教师专业标准合适程度统计结果（第二轮）

标准	满分率（%）	均值	差异系数	标准	满分率（%）	均值	差异系数
B1	96.7	2.97	0.061	C18	96.7	2.97	0.061
B2	93.3	2.93	0.085	C19	96.7	2.97	0.061
B3	96.7	2.97	0.061	C20	96.7	2.97	0.061
B4	96.7	2.97	0.061	C21	96.7	2.97	0.061
B5	100	3.00	0.000	C22	100	3.00	0.000
B6	96.7	2.97	0.061	C23	100	3.00	0.000
B7	96.7	2.97	0.061	C24	96.7	2.97	0.061
B8	90	2.90	0.103	C25	93.3	2.93	0.085
B9	100	3.00	0.000	C26	96.7	2.97	0.061
B10	100	3.00	0.000	C27	100	3.00	0.000
B11	100	3.00	0.000	C28	90	2.90	0.103
C1	96.7	2.97	0.061	C29	100	3.00	0.000
C2	100	3.00	0.000	C30	93.3	2.93	0.085
C3	100	3.00	0.000	C31	96.7	2.97	0.061
C4	100	3.00	0.000	C32	96.7	2.93	0.085
C5	100	3.00	0.000	C33	96.7	2.97	0.061
C6	100	3.00	0.000	C34	100	3.00	0.000
C7	96.7	2.97	0.061	C35	93.3	2.93	0.085
C8	100	3.00	0.000	C36	96.7	2.97	0.061
C9	93.3	2.93	0.085	C37	100	3.00	0.000
C10	96.7	2.97	0.061	C38	100	3.00	0.000

续表

标准	满分率（%）	均值	差异系数	标准	满分率（%）	均值	差异系数
C11	100	3.00	0.000	C39	100	3.00	0.000
C12	96.7	2.97	0.061	C40	96.7	2.97	0.061
C13	100	3.00	0.000	C41	96.7	2.97	0.061
C14	93.3	2.93	0.085	C42	100	3.00	0.000
C15	100	3.00	0.000	C43	100	3.00	0.000
C16	96.7	2.97	0.061	C44	100	3.00	0.000
C17	96.7	2.97	0.061	C45	96.7	2.97	0.061

如表 3.24 所示，专业标准合适程度评分的平均满分率 K＝97.5%，所有标准的满分率 K 均大于 80.0%；所有专业标准合适程度的平均值均在 2.7 以上，说明专业标准设计合理，可以保留使用。所有专业标准合适程度评分的差异系数 CV 均小于 0.3，表明专家对专业标准合适程度的意见一致。

表 3.25 资源教师任职资格合适程度统计结果（第二轮）

任职资格	满分率（%）	均值	差异系数
1	96.7	2.97	0.061
2	100	3.00	0.000
3	100	3.00	0.000
4	100	3.00	0.000

如表 3.25 所示，任职资格合适程度评分的平均满分率 K＝99.2%，4 项任职资格合适程度评分的均值 M 均在 2.7 以上，说明任职资格设计合理，可以保留使用。任职资格合适程度评分的差异系数 CV 均小于 0.3，表明专家对任职资格合适程度的意见一致。

资源教师标准体系的专业标准和任职资格的重要程度专家意见统计结果如表 3.26 和表 3.27 所示：

表 3.26 资源教师专业标准重要程度统计结果（第二轮）

标准	满分率（%）	均值	差异系数	标准	满分率（%）	均值	差异系数
B1	96.7	4.97	0.036	C18	100	5.00	0.000
B2	100	5.00	0.000	C19	93.3	4.93	0.051

续表

标准	满分率（%）	均值	差异系数	标准	满分率（%）	均值	差异系数
B3	96.7	4.97	0.036	C20	93.3	4.93	0.051
B4	93.3	4.93	0.051	C21	96.7	4.93	0.051
B5	96.7	4.97	0.036	C22	93.3	4.83	0.152
B6	93.3	4.90	0.081	C23	93.3	4.93	0.051
B7	93.3	4.93	0.051	C24	96.7	4.97	0.036
B8	100	5.00	0.000	C25	90	4.87	0.088
B9	96.7	4.97	0.036	C26	90	4.90	0.061
B10	96.7	4.97	0.036	C27	86.7	4.80	0.125
B11	100	5.00	0.000	C28	93.3	4.93	0.051
C1	100	5.00	0.000	C29	90	4.90	0.061
C2	96.7	4.97	0.036	C30	93.3	4.93	0.051
C3	96.7	4.97	0.036	C31	96.7	4.97	0.036
C4	96.7	4.97	0.036	C32	96.7	4.97	0.036
C5	96.7	4.97	0.036	C33	96.7	4.97	0.036
C6	96.7	4.97	0.036	C34	96.7	4.97	0.036
C7	96.7	4.97	0.036	C35	100	5.00	0.000
C8	96.7	4.97	0.036	C36	96.7	4.97	0.036
C9	96.7	4.97	0.036	C37	96.7	4.97	0.036
C10	93.3	4.93	0.051	C38	90	4.90	0.061
C11	96.7	4.97	0.036	C39	96.7	4.97	0.036
C12	93.3	4.93	0.051	C40	96.7	4.97	0.036
C13	86.7	4.87	0.070	C41	100	5.00	0.000
C14	93.3	4.93	0.051	C42	90	4.90	0.061
C15	90	4.90	0.061	C43	96.7	4.97	0.036
C16	96.7	4.97	0.036	C44	96.7	4.97	0.036
C17	96.7	4.97	0.036	C45	100	5.00	0.000

如表 3.26 所示，专业标准重要程度评分的平均满分率 K=95.4%，所有标准的满分率 K 均大于 80.0%；所有专业标准重要程度评分的平均值 M 均在 4.5 以上（5 级量

表的第 90 百分位数），说明目前专业标准中所包含的内容均较为重要，可以保留使用。所有专业标准重要程度评分的差异系数 CV 均在 0.3 以下，表明专家对专业标准重要程度的意见一致。

表 3.27　资源教师任职资格重要程度统计结果（第二轮）

任职资格	满分率（%）	均值	差异系数
1	96.7	4.97	0.036
2	93.3	4.93	0.051
3	96.7	4.97	0.036
4	100	5.00	0.000

如表 3.27 所示，任职资格重要程度评分的平均满分率 K=96.7%，4 项任职资格重要程度评分的平均值 M 均在 4.5 以上，说明目前任职资格中所包含的内容均较为重要，可以保留。任职资格合适程度评分的差异系数 CV 均小于 0.3，表明专家对任职资格重要程度的意见一致。

为了更加精准地确定资源教师专业标准体系内容，本研究规定对合适程度均值 M<2.7、重要程度均值 M<4.5、满分率 K<50.0% 以及差异系数 CV>0.30 的指标项将进行重点考量，进行修改、删除、合并等操作。因第二轮资源教师专业标准体系的专家调查结果已达到理想状态，故保留《北京市特殊教育资源教师专业标准及任职资格咨询问卷（第二轮）》中的标准体系作为最终结果。

六、研究结果

本研究共经历了两轮专家调查，问卷发放时间近一个月，给予专家充分的时间独立思考判断。经过两轮问卷咨询后，最终形成了完整的《北京市特殊教育资源教师专业标准》。其中，专业标准合适程度评分的平均满分率 K=97.5%，所有专业标准合适程度的平均值均在 2.7 以上，所有专业标准合适程度的差异系数均在 0.3 以下；专业标准重要程度评分的平均满分率 K=95.4%，所有专业标准重要程度的平均值均在 4.5 以上，所有专业标准重要程度的差异系数均在 0.3 以下。

综上，专家对第二轮指标框架合适程度和重要程度的认可度及意见一致性均较高，相关指标值较第一轮也有明显提高，因此，本研究保留《北京市特殊教育资源教师专业标准及任职资格咨询问卷（第二轮）》中的标准体系作为最终结果。

《北京市特殊教育资源教师专业标准》是北京市对合格资源教师的基本专业要求，是资源教师实施教育教学行为的基本规范，是引领资源教师专业发展的基本准则，是资源教师准入、培训、考核等工作的重要依据。标准中共包括 3 个一级指标、11 个二级指标和 45 个三级指标，一级指标由专业理念与师德、专业知识和专业能力三个维度构成，二级指标涵盖了教育信念、学生发展知识、普通教育知识、特殊教育知识、环境创设与利用、评估与设计、组织与实施等十一个维度，三级指标则由 45 项具体标准组成，对应 11 个二级指标。任职资格包括 4 条基本要求。特殊教育资源教师专业标准见表 3.28。

表 3.28　北京市特殊教育资源教师专业标准

维度	领域	基本要求
A1. 专业 理念与 师德	B1. 教育 信念	1. 贯彻党和国家教育方针政策、北京市和所在区的教育政策及特殊教育相关要求，遵守教育法律法规。
		2. 坚持教育公平，尊重特殊需要学生受教育的权利，遵循特殊教育规律和学生身心发展特点，为每一位学生提供合适的教育。
		3. 落实立德树人，对特殊需要学生始终抱有积极的期望，坚信每一位学生都能取得进步，愿意积极创造条件，提高特殊需要学生的综合素质，促进特殊需要学生的全面发展。
		4. 理解并认同融合教育的意义和理念，勇于担当，积极推动学校融合教育发展。
		5. 认同资源教师的价值与重要性，认同资源教师对学生及学校融合教育的积极影响。
		6. 认同资源教师岗位的专业性、独特性和复合性，注重自身专业发展。
	B2. 事业 心与责 任感	1. 热爱资源教师工作，树立服务意识，不畏困难，不断完善支持方法。
		2. 具有良好的团队合作精神，乐于开展协作交流。
		3. 平等对待每一位学生，有爱心、有耐心，尊重特殊需要学生的人格尊严和个体差异，尊重特殊需要学生的隐私权和肖像权，严格保护特殊需要学生信息，引导特殊需要学生自尊自信、自强自立。
		4. 理解并尊重学校内直接教授特殊需要学生的班主任与学科教师，为其提供特殊教育专业咨询和指导。
		5. 理解并尊重特殊需要学生的家长，为家长提供特殊教育专业咨询和指导。
		6. 善于发现学校中融合教育的问题，乐于改善融合教育现状，以多种形式积极推动学校融合教育实施与发展。
A2. 专业 知识	B3. 学生 发展 知识	1. 了解关于学生生存、发展和保护的有关法律法规及政策。
		2. 了解儿童青少年发展普遍性规律和特殊需要学生身心发展的特殊性规律，掌握学生障碍类型、原因、程度、发展水平、发展速度等方面的个体差异及教育的策略和方法。
		3. 掌握针对特殊需要学生可能出现的各种侵犯与伤害行为、意外事故和危险情况下的危机干预、安全防护与救助的基本知识与方法。
		4. 了解学生安置和不同教育阶段的转衔知识与资源，熟悉支持特殊需要学生顺利过渡的方法与策略。

续表

维度	领域	基本要求
	B4. 普通教育知识	1. 熟悉义务教育阶段普通教育（或学前教育）课程改革的基本方向、内容、思想和方法。
		2. 熟悉至少一门义务教育阶段普通教育主要学科知识体系的基本思想、基本内容和方法（或学前教育五大领域的基本内容和教学方法）。
		3. 熟悉普通教育教学方法与策略。
		4. 掌握至少一门学科的课程标准、基于标准的教材教法和教学调整策略与方法。
	B5. 特殊教育知识	1. 了解特殊教育教学基本理论，掌握差异化教学、通用学习设计、个别化教育计划等相关知识。
		2. 了解义务教育阶段特殊教育国家课程标准的主要思想、基本内容和基本方法。
		3. 了解特殊教育筛查与评估的基本知识，熟悉至少两种特殊需要类型的筛查评估方法。
		4. 掌握特殊需要学生个别化教育与康复训练的基本知识与方法。
	B6. 跨学科知识	1. 了解心理学、康复学、脑科学、认知神经科学、社会学等至少一至两个学科知识。
		2. 了解运用跨学科知识指导特殊需要学生学习的方法。
		3. 了解运用信息技术、人工智能等新技术支持融合教育的知识与方法。
A3. 专业能力	B7. 环境创设与利用	1. 协助班主任与学科教师创设安全、平等、适宜、全纳的学习环境，支持和促进所有学生的学习和发展。
		2. 协助班主任有效运用班级和课堂教学管理策略，建立班级秩序与规则，创设良好的班级氛围。
		3. 整合多方资源，为特殊需要学生提供和制作适合的教具、辅具和学习材料。
	B8. 评估与设计	1. 运用合适的评估工具和评估方法，综合评估分析学生的能力、问题与特殊教育需要。
		2. 根据教育综合评估结果，与班主任、各科教师、学生家长及其他专业人员合作制订学生教育支持方案。
		3. 根据普通教育学科课程要求和学生身心特点，指导并协助班主任、各科教师编写个别化教育计划与教学活动方案。
		4. 针对学生需求，设计资源教室支持方案和策略，支持特殊需要学生的学业发展与基本康复。
	B9. 组织与实施	1. 合理安排资源教室的教育教学活动，促进特殊需要学生将学科知识学习、专业训练与生活实践紧密结合。
		2. 在学校融合教育推进过程中发挥适当的组织与协调作用，整合、协调校内外相关专业资源，对特殊需要学生进行必要的教学辅导与康复训练。

续表

维度	领域	基本要求
		3. 运用适当策略妥善预防和干预学生的问题行为，妥善应对学校中与融合教育相关的突发事件。
		4. 积极为特殊需要学生提供必要的生涯规划和职业指导教育，培养学生的职业技能和就业能力。（中学阶段适用）
	B10. 沟通与合作	1. 运用恰当的沟通策略和辅助技术与学生有效沟通，促进学生参与、互动与合作。
		2. 掌握沟通合作技能与方法，能与学校管理者、班主任、学科教师、家长及专家等进行有效沟通交流。
		3. 与班主任及学科教师合作，通过共同制订方案、开展协同教学及配合组织融合活动，解决实际问题，促进特殊需要学生的被接纳与有效学习。
		4. 在学校内外宣导融合教育政策和理念，加强学校和社会对融合教育的接纳与支持。
	B11. 反思与发展	1. 主动收集分析特殊教育相关信息，不断反思，改进教育教学工作。
		2. 针对资源教师工作中的现实需要与问题，进行教育教学研究，积极开展教学改革。
		3. 结合特殊教育事业发展需要，制订专业发展规划，积极参加专业培训，不断提高自身专业素质。

担任资源教师职务，须具备下列条件：（一）具有教师资格证和特殊教育、教育康复学、心理学、教育学等专业本科及以上学历。（二）具有近三年内的区级及以上特殊教育资源教师专业培训证明（不少于六十学时）或区级及以上融合教育相关学科兼职教研员证书。（三）具有三年及以上普通中小学校专职任职经历，或具有两年及以上特殊需要学生教育教学、指导的工作经历。（四）近五年来在现任工作岗位年度考核及师德考核均为合格及以上等次，无违反师德行为，无教学责任事故发生。

本 章 小 结

从研究结果来看，无论是巡回指导教师，还是特殊教育资源教师，需要的是"复合型的专业素养"。具体是指特殊教育专业教师需要全面掌握特殊教育知识与技能，并具备一定的普通教育教学基本知识与技能、特殊教育基本知识与技能、学生发展知识以及跨学科专业知识，以及具备较强的评估与设计、组织与协调、沟通与指导、反思与发展等方面的专业能力。

特殊教育专业教师的专业素养结构呈现出以下特征：

第一，强调坚持渐进式的融合教育理念。教师们普遍认为巡回指导工作和学校中资源教师工作均以提供支持为目的，只能顺势而为，而不是要改变普通教育体系。

第二，特殊教育素养与普通教育素养这二者缺一不可。同时，教师们普遍表示具备较为全面的特殊教育素养是成为特殊教育专业教师的基础，尤其是个别化教育、康复干预、教育评估的能力。

第三，与特殊教育学校教师和随班就读教师相比较，尤其强调巡回指导教师和资源教师均应具备较强的沟通与合作能力。巡回指导教师和资源教师在实际工作中承担了协调员的角色，需要与学生、家长、教师、领导等多类人群进行沟通，他们必须具备较强的沟通能力。同时，指导教师课堂教学是巡回指导工作和资源教师的重要工作内容，沟通与合作能力是特殊教育专业教师必不可缺的能力。

第4章 特殊教育专业教师专业素养现状调查

本章依据研究制定的不同类型的特殊教育专业教师的专业素养标准，采用问卷调查的方式，设计不同类型的特殊教育专业教师的专业素养诊断工具，编制调查问卷，对北京市巡回指导教师、资源教师和特殊教育学校教师的专业素养现状进行抽样调查，以全面理解北京市特殊教育专业教师队伍建设基本情况和专业素质发展状况，既能够为项目研发的教师培养机制提供实证基础，也能够为特殊教育专业教师相关管理制度的制定与改进提供事实依据。

第1节 研究设计

一、研究对象

本研究采用方便取样的方式，在全市16个区通过网络发放、平台采集等方式对三类特殊教育专业教师进行调研。各类研究对象基本情况介绍如下。

（一）巡回指导教师

在本研究中，巡回指导教师是指以巡回指导的方式，对一定区域内开展融合教育的普通中小学校、幼儿园就读的特殊需要学生及其教师、家长等相关人员进行定期或专项指导的专业人员，属于特殊教育教师。本研究共收集了118名巡回指导教师的有效问卷，覆盖全市16个区。

（二）资源教师

在本研究中，资源教师是指在开展融合教育的普通中小学校中规划、建设、运用和管理资源教室，为特殊教育需要学生、家长、教师提供特殊教育专业服务的专业人员，属于特殊教育教师。本研究共收集了388名资源教师的有效问卷，覆盖全市16个区。

（三）特殊教育学校教师

在本研究中，特殊教育学校教师是指在特殊教育学校中为有身心发展障碍的儿童提供特殊教育的教师。本研究共收集了596名特殊教育学校教师的有效问卷，覆盖全市16个区。

二、研究工具

本研究采用自编的《北京市特殊教育教师专业发展问卷》进行调研。问卷编制过程中充分借鉴了大量已有文献中关于教师专业发展、特殊教育教师角色、应具备的专业素养等问题的讨论①②，教育部及北京市出台的特殊教育相关文件中对于特殊教育教师的职责规定（如《特殊教育教师专业标准》《资源教室建设指南》等）以及笔者本人的实际工作经验，并充分征求了相关专业人员的修订意见。

问卷包括三类：巡回指导教师调查问卷、普通学校资源教师调查问卷和特殊教育学校教师调查问卷（见附录二*）。各类问卷的主要内容介绍如下。

（一）巡回指导教师调查问卷

对巡回指导教师的调查内容分为两个部分：

第一部分是被试的基本信息和工作情况，包括性别、年龄、教龄、学历、职称、专业背景、接受特殊教育培训的情况、专兼职情况、担任巡回指导教师的年限、工作单位情况、巡回指导教师工作时间、工作内容、服务学校数量以及服务学生的数量和类别等，均为单选题。

第二部分为巡回指导的专业素养，包括专业态度、专业知识、专业技能三个维度。专业态度主要是指巡回指导教师应具备的精神和理念，包括对融合教育的看法、对特殊需要学生及其身心发展的看法等；专业知识包括胜任巡回指导教师工作所必须具备的相关专业知识，包括特殊教育基本知识以及特殊需要学生身心特征等相关知识；专业技能包括胜任巡回指导教师所必须具备的相关专业技能，包括开展教育评估与设计、组织与协调、咨询与指导、与相关人员沟通与合作，以及个人专业反思和开展相关研究等各项能力。这一部分采用五级评分的方法，"1"为"未掌握"，"5"为"完全掌握"。得分越高，表明巡回指导教师的专业素养水平越高。问卷总体及各维度的内部一致性系数（Cronbach's alpha）在 0.91—0.94 之间，说明问卷具有良好的信度。

（二）资源教师调查问卷

对资源教师的调查内容分为两个部分：

第一部分是被试的基本信息和工作情况，包括性别、年龄、教龄、学历、职称、专业背景、接受特殊教育培训的情况、专兼职情况、担任资源教师的年限、工作单位情况、资源教师工作时间、工作内容以及服务学生的数量和类别等，均为单选题。

---

① 刘全礼. 随班就读教育学——资源教师的理念与实践 [M]. 天津：天津教育出版社，2007.
② 冯雅静，朱楠. 随班就读资源教师专业化发展的现状与对策 [J]. 中国特殊教育，2018（2）：45-51.
* 编注：本书附录已转为在线资源，可前往"华夏特教"微信公众号浏览参考。

第二部分为资源教师的专业素养,包括专业态度、专业知识、专业技能三个维度。专业态度主要是指资源教师应具备的精神和理念,包括对融合教育的看法、特殊需要学生及其身心发展的看法等以及教学效能感;专业知识包括胜任资源教师工作所必须具备的相关专业知识、特殊教育基本知识、普通教育基本知识、特殊需要学生身心特征等相关知识;专业技能包括胜任资源教师所必须具备的相关专业技能,包括开展教育评估与设计、开展个别化教育、为教师和家长提供专业支持、个人专业反思及开展相关研究等各项能力。这一部分采用五级评分的方法,"1"为"未掌握","5"为"完全掌握"。得分越高,表明资源教师的专业素养水平越高。问卷总体及各维度的内部一致性系数在 0.90—0.95 之间,说明问卷具有良好的信度。

(三) 特殊教育学校教师调查问卷

对特殊教育学校教师的调查内容分为两个部分:

第一部分是被试的基本信息和工作情况,包括性别、年龄、教龄、学历、职称、专业背景、接受特殊教育培训的情况、专兼职情况、工作单位情况、在校从事工作、任教学科数量、周课时等,均为单选题。

第二部分为特殊教育学校教师的专业素养,包括专业态度、专业知识、专业技能三个维度。专业态度主要是指特殊教育学校教师应具备的精神和理念,包括对工作的效能感和满意度等;专业知识包括胜任特殊教育学校教师工作所必须具备的相关专业知识,如特殊教育基本知识、特殊需要学生身心特征等相关知识;专业技能包括胜任特殊教育学校教师所必须具备的相关专业技能,包括开展教育评估与设计、开展个别化教育、为教师和家长提供专业支持、个人专业反思及开展相关研究等各项能力。这一部分采用五级评分的方法,"1"为"未掌握","5"为"完全掌握"。得分越高,表明特殊教育学校教师的专业素养水平越高。

教师教学效能感问卷采用察阿嫩·莫兰(Tschannen-Moran)等人编制的《教学效能感量表》[①]。这一量表充分考虑了教师教学效能感的情境性,涵盖了教师教学活动中的三类情境,包括教学策略、课堂管理和学生参与。OECD 在开展国际教学与学习调查(TALIS)中也使用了该量表。量表共 12 个题目,包括三个维度,分别是教学策略效能感(4 个题目)、课堂管理效能感(4 个题目)和学生参与效能感(4 个题目)。在本研究样本中,问卷总体一致性系数为 0.976,教学策略、课堂管理和学生参与维度的内部一致性系数分别为 0.949、0.966 和 0.950,说明问卷具有良好的信度。如表 4.1 所示。

---

① Tschannen-Moran M., Mcmaster P.. Sources of self-efficacy: four professional development formats and their relationship to self-efficacy and implementation of a new teaching strategy [J]. The Elementary School Journal, 2009, 110 (2): 228-245.

表 4.1 教学效能感问卷信度分析

维度	一致性系数
教学策略	0.949
课堂管理	0.966
学生参与	0.950
教学效能感	0.976

三、研究过程

问卷调查通过"问卷星"网络平台进行。课题组通过网络平台向全市各区特教中心及所有特殊教育学校发起问卷调查邀请，各区、各校组织特殊教育学校教师、巡回指导教师和相关普通学校的资源教师参与作答，各区教师可自由安排时间通过电脑或手机作答问卷，并通过网络提交问卷。

课题组运用 SPSS 22 对三类特殊教育教师问卷数据进行详细分析与研究。

第 2 节 巡回指导教师专业素养现状

一、巡回指导教师队伍基本情况

此次调查研究共收集了 118 名巡回指导教师的有效问卷，覆盖全市 16 个区。

（一）队伍基本状况

1. 性别结构

参与调查的巡回指导教师中，有男教师 10 人，占 8.47%；女教师 108 人，占 91.53%。男性巡回指导教师人数和比例显著低于女性巡回指导教师的人数和比例。如表 4.2 所示。

表 4.2 巡回指导教师性别分布情况

性别	小计	比例
男	10	8.47%
女	108	91.53%

2. 年龄结构

参与调查的巡回指导教师中，30 岁及以下教师 21 人，占 17.8%；31—35 岁教师 26 人，占 22.03%；36—40 岁教师 22 人，占 18.64%；41—45 岁教师 16 人，占 13.56%；46—50 岁教师 20 人，占 16.95%；51 岁及以上教师 13 人，占 11.02%。数据

表明：31—35 岁年龄段的巡回指导教师人数最多、占比最高，但整体而言各年龄段教师人数较均衡。如表 4.3 所示。

表 4.3 巡回指导教师年龄分布情况

年龄	小计	比例
30 岁及以下	21	17.80%
31—35 岁	26	22.03%
36—40 岁	22	18.64%
41—45 岁	16	13.56%
46—50 岁	20	16.95%
51 岁及以上	13	11.02%

3. 教龄结构

参与调查的巡回指导教师中，教龄 5 年以下有 24 人，占 20.34%；教龄 5—10 年有 23 人，占 19.49%；教龄 11—15 年有 12 人，占 10.17%；教龄 16—20 年有 12 人，占 10.17%；教龄 21—25 年有 17 人，占 14.41%；教龄 25 年以上有 30 人，占 25.42%。数据表明：教龄 25 年以上的巡回指导教师人数最多、占比最高。如表 4.4 所示。

表 4.4 巡回指导教师教龄分布情况

教龄	小计	比例
5 年以下	24	20.34%
5—10 年	23	19.49%
11—15 年	12	10.17%
16—20 年	12	10.17%
21—25 年	17	14.41%
25 年以上	30	25.42%

4. 学历结构

参与调查的巡回指导教师中，大专及以下学历有 4 人，占 3.39%；本科学历有 91 人，占 77.12%；硕士研究生及以上学历教师 23 人，占 19.49%。数据表明：巡回指导教师学历普遍较高，以本科学历为主。如表 4.5 所示。

表 4.5 巡回指导教师学历分布情况

学历	小计	比例
大专及以下	4	3.39%

续表

学历	小计	比例
本科	91	77.12%
硕士研究生及以上	23	19.49%

5. 职称结构

参与调查的巡回指导教师中，副高级职称教师 32 人，占 27.12%；中级职称教师 44 人，占 37.29%；初级职称教师 30 人，占 25.42%；；无职称教师 12 人，占 10.17%。数据表明：中级及以上职称人数占比近 65%，巡回指导教师整体专业水平较高。如表 4.6 所示。

表 4.6 巡回指导教师职称分布情况

职称	小计	比例
正高级职称	0	0
副高级职称	32	27.12%
中级职称	44	37.29%
初级职称	30	25.42%
无职称	12	10.17%

6. 专业背景结构

参与调查的巡回指导教师中，特殊教育专业背景的有 41 人，占 34.75%；医学康复类专业背景的有 1 人，占 0.85%；教育学类专业背景的有 27 人，占 22.88%；学科类专业（如中文、数学、生物、物理等）背景的有 17 人，占 14.41%；艺术和体育专业背景的有 3 人，占 2.54%，心理学专业背景的有 17 人，占 14.41%；其他专业背景的有 12 人，占 10.17%。数据表明：巡回指导教师专业背景较丰富，并以特殊教育和教育学类专业为主。如表 4.7 所示。

表 4.7 巡回指导教师专业背景分布情况

专业背景	小计	比例
特殊教育	41	34.75%
医学康复类	1	0.85%
教育学类	27	22.88%
学科类专业（如中文、数学、生物、物理等）	17	14.41%
艺术和体育	3	2.54%
心理学专业	17	14.41%
其他	12	10.17%

7. 特殊教育专业背景结构

在职前阶段，共有71.19%的巡回指导教师系统学习过特殊教育相关专业课程，其中40.68%的巡回指导教师为特殊教育专业毕业，30.51%的巡回指导教师为非特殊教育专业毕业，但系统学习过特殊教育相关专业课程；还有28.81%的巡回指导教师为非特殊教育专业毕业，而且从未学习过特殊教育相关专业课程。如表4.8所示。

表4.8 巡回指导教师职前特殊教育相关专业课程学习情况

职前学习情况	小计	比例
特殊教育专业毕业	48	40.68%
非特殊教育专业毕业，但系统学习过特殊教育相关专业课程	36	30.51%
非特殊教育专业毕业，从未学习过特殊教育相关专业课程	34	28.81%

（二）工作状况

1. 巡回指导教师所在工作单位情况

参与调查的巡回指导教师中，有20人（16.95%）在具有独立法人资质的区特殊教育中心工作；有16人（13.56%）在设置在特殊教育学校的区特殊教育中心工作；有4人（3.39%）在设置在区教研或研修部门的区特殊教育中心工作；有3人（2.54%）在区级教育研究或教师研修部门工作；有33人（27.97%）在特殊教育学校工作；有39人（33.05%）在普通中小学校工作。数据表明：巡回指导教师的工作单位主要集中在普通中小学校和特殊教育学校。如表4.9所示。

表4.9 巡回指导教师工作单位性质情况

工作单位性质	小计	比例
具有独立法人资质的区特殊教育中心	20	16.95%
设置在特殊教育学校的区特殊教育中心	16	13.56%
设置在区教研或研修部门的区特殊教育中心	4	3.39%
区级教育研究或教师研修部门	3	2.54%
特殊教育学校	33	27.97%
普通中小学校	39	33.05%

2. 专兼职情况

参与调查的巡回指导教师中，有4人（3.39%）为专职的区特教中心管理人员

（主任/副主任）；有9人（7.63%）为专职的巡回指导教师，兼有学校管理职责（校长、副校长、主任、副主任等）；有28人（23.73%）为专职的巡回指导教师；有77人（65.25%）为兼职的巡回指导教师。数据表明：只有23.73%的巡回指导教师为专职人员，近八成的巡回指导教师都兼有其他工作任务。如表4.10所示。

表4.10 巡回指导教师专兼职情况

专兼职情况	小计	比例
专职区特教中心管理人员（主任/副主任）	4	3.39%
专职巡回指导教师，兼有学校管理职责	9	7.63%
专职巡回指导教师	28	23.73%
兼职巡回指导教师	77	65.25%

3. 担任巡回指导教师时间

参与调查的巡回指导教师中，担任区级巡回指导工作1年以下有16人，占13.56%；担任区级巡回指导工作1—2年的有42人，占35.59%；担任区级巡回指导工作2—3年的有22人，占18.64%；担任区级巡回指导工作3—4年的有11人，占9.32%；担任区级巡回指导工作4—5年的有4人，占3.39%；担任区级巡回指导工作5年及以上的有23人，占19.49%。如表4.11所示。

表4.11 担任区级巡回指导教师的时间情况

任职时间	小计	比例
1年以下	16	13.56%
1—2年	42	35.59%
2—3年	22	18.64%
3—4年	11	9.32%
4—5年	4	3.39%
5年及以上	23	19.49%

4. 每天从事巡回指导工作的时间

参与调查的巡回指导教师中，每天从事巡回指导工作的时间1个小时以下的有41人，占34.75%；每天从事巡回指导工作的时间1—3个小时的有40人，占33.90%；每天从事巡回指导工作的时间4—6个小时的有23人，占19.49%；每天从事巡回指导工作的时间7—9个小时的有8人，占6.78%；每天从事巡回指导工作的时间10个小时及以上的有6人，占5.08%。如表4.12所示。

表 4.12　每天从事巡回指导工作的时间情况

日工作时间	小计	比例
1 个小时以下	41	34.75%
1—3 个小时	40	33.90%
4—6 个小时	23	19.49%
7—9 个小时	8	6.78%
10—12 个小时	3	2.54%
12 个小时以上	3	2.54%

将巡回指导教师的专兼职情况与每天从事巡回指导工作的时间做交叉分析，发现兼职巡回指导教师每天从事巡回指导工作的时间最短，67.5%的兼职巡回指导教师每日从事巡回指导工作的时间不足 3 个小时；而有 65.4%的专职巡回指导教师每日从事巡回指导工作的时间都超过 3 个小时。如表 4.13 所示。

表 4.13　专兼职巡回指导教师每天从事巡回指导工作的时间情况

专兼职情况	1 个小时以下	1—3 个小时	4—6 个小时	7—9 个小时	10—12 个小时	12 个小时以上
专职区特教中心管理人员	50%	25%	0	0	0	25%
专职，兼有学校管理职责	0	50%	20%	10%	10%	10%
专职	10.3%	24.1%	34.5%	24.1%	3.4%	3.4%
兼职	34.2%	33.3%	19.2%	8.3%	2.5%	2.5%

5. 服务普通学校数量

参与调查的巡回指导教师中，从未服务过普通学校的有 7 人，占 5.93%；服务过 1—5 所学校的有 73 人，占 61.86%；服务过 6—10 所学校的有 22 人，占 18.64%；服务过 11—15 所学校的有 10 人，占 8.47%；服务过 16—20 所学校的有 1 人，占 0.85%；服务过 20 所以上学校的有 5 人，占 4.24%。如表 4.14 所示。

表 4.14　巡回指导教师服务普通学校数量的情况

服务普通学校数量	小计	比例
从未服务过	7	5.93%
1—5 所学校	73	61.86%
6—10 所学校	22	18.64%
11—15 所学校	10	8.47%
16—20 所学校	1	0.85%
20 所以上	5	4.24%

将巡回指导教师的专兼职情况与服务普通学校的数量做交叉分析,发现近八成的兼职巡回指导教师服务过的普通学校不足5所,其中有7.8%的兼职巡回指导教师从未服务过普通学校;而有44.7%的专职巡回指导教师所服务过的普通学校超过5所,其中超过两成的专职巡回指导教师服务过的普通学校在10所以上,10.3%的专职巡回指导教师服务过的普通学校超过20所。如表4.15所示。

表4.15 专兼职巡回指导教师服务普通学校数量的情况

专兼职情况	0所	1—5所	6—10所	11—15所	16—20所	20所以上
专职区特教中心管理人员	0	25.0%	50.0%	0	0	25.0%
专职,兼有学校管理职责	0	40.0%	20.0%	30.0%	0	10.0%
专职	3.4%	51.7%	24.1%	10.3%	0	10.3%
兼职	7.8%	70.1%	15.6%	5.2%	1.3%	0

6. 服务特殊需要学生数量

参与调查的巡回指导教师中,从未服务过特殊需要学生的有3人,占2.54%;服务过1—5名学生的有49人,占41.53%;服务过6—10名学生的有24人,占20.34%;服务过11—15名学生的有22人,占18.64%;服务过16—20名学生的有7人,占5.93%;服务过20名以上学生的有13人,占11.02%。如表4.16所示。

表4.16 巡回指导教师服务特殊需要学生数量的情况

服务学生数量	小计	比例
从未服务过	3	2.54%
1—5名学生	49	41.53%
6—10名学生	24	20.34%
11—15名学生	22	18.64%
16—20名学生	7	5.93%
20名以上	13	11.02%

将巡回指导教师的专兼职情况与普通学校随班就读学生数量做交叉分析,发现有超过一半的兼职巡回指导教师服务过的随班就读学生不足5名;而72.4%的专职巡回指导教师服务过的随班就读学生均超过5名,其中55.2%的专职巡回指导教师服务过的随班就读学生超过10名,13.8%的专职巡回指导教师服务过的学生超过20名。如表4.17所示。

表 4.17 专兼职巡回指导教师服务普通学校随班就读学生的情况

专兼职情况	0 名	1—5 名	6—10 名	11—15 名	16—20 名	20 名以上
专职区特教中心管理人员	25.0%	25.0%	25.0%	0	0	25.0%
专职，兼有学校管理职责	0	30.0%	20.0%	20.0%	10.0%	20.0%
专职	3.4%	24.1%	17.2%	34.5%	6.9%	13.8%
兼职	1.3%	50.6%	20.8%	14.3%	5.2%	7.8%

7. 巡回指导工作内容

参与调查的巡回指导教师所从事的最主要的工作为学生筛查评估，排在第二位的工作是课堂教学指导，排名第三的是学生教育康复训练，排名第四的是教师培训，排名第五的是组织教研活动。此外家长咨询、政策宣导、进入课堂做支持教师或协同教师、资源教室建设指导等也是巡回指导教师经常开展的工作。如表 4.18 所示（按平均综合得分从高到低排序）。

表 4.18 主要从事的巡回指导工作内容情况

排序	主要从事的巡回指导工作内容	平均综合得分
1	学生筛查评估	8.43
2	课堂教学指导	7.69
3	学生教育康复训练	6.22
4	培训教师	5.87
5	组织教研活动	5.02
6	家长咨询	4.08
7	政策宣导	3.82
8	进入课堂做支持教师或协同教师	3.64
9	资源教室建设指导	3.61
10	学生档案管理	3.12
11	学校咨询	2.94
12	行政管理	2.76
13	开展课题研究	2.75
14	学生安置转衔	2.23
15	信息/数据调查统计	2.17
16	学校工作督导	1.59

二、巡回指导教师专业素养现状

（一）融合教育信念感

调查结果显示，95.76%的巡回指导教师积极认同融合教育理念，认为"融合教育理念非常好"，"特殊教育和普通教育的教师需要相互合作共同帮助特殊学生"，除此之外，巡回指导教师还"希望多参加融合教育知识和技能培训"。然而，50.85%的巡回指导教师认为"学校的课程安排使融合教育很难开展"，34.75%的巡回指导教师表示"在学校开展融合教育工作并不顺利"，32.20%的巡回指导教师表示"面对特殊学生时会倍感压力"。这也表明，巡回指导教师的融合教育信念感在与普通学校合作开展融合教育工作等方面都需要进一步提升。如表4.19所示。

表4.19 巡回指导教师融合教育信念感得分情况

融合教育信念感	完全不同意	有点同意	有些同意	非常同意
[1] 融合教育理念非常好。	2（1.69%）	3（2.54%）	36（30.51%）	77（65.25%）
[2] 在基础教育阶段实施融合教育利大于弊。	4（3.39%）	6（5.08%）	42（35.59%）	66（55.93%）
[3] 融合教育对所有学生都有好处。	4（3.39%）	8（6.78%）	40（33.90%）	66（55.93%）
[4] 融合教育可以为特殊学生和一般学生都提供学习的机会。	2（1.69%）	4（3.39%）	47（39.83%）	65（55.08%）
[5] 融合教育能够为特殊学生提供积极示范作用。	3（2.54%）	2（1.69%）	47（39.83%）	66（55.93%）
[6] 融合教育在学校中运行良好。	7（5.93%）	17（14.41%）	50（42.37%）	44（37.29%）
[7] 我乐于从事特殊教育资源教师的工作。	4（3.39%）	3（2.54%）	53（44.92%）	58（49.15%）
[8] 我有时间和精力更好地开展融合教育。	5（4.24%）	18（15.25%）	47（39.83%）	48（40.68%）
[9] 我能够获得实施融合教育所需的必要资源。	3（2.54%）	14（11.86%）	56（47.46%）	45（38.14%）
[10] 我接受过融合教育的相关培训。	5（4.24%）	6（5.08%）	49（41.53%）	58（49.15%）
[11] 融合教育并不适合在基础教育阶段开展。（反向赋分）	53（44.92%）	38（32.20%）	15（12.71%）	12（10.17%）
[12] 学校的课程安排使融合教育很难开展。（反向赋分）	18（15.25%）	40（33.90%）	43（36.44%）	17（14.41%）

续表

融合教育信念感	完全不同意	有点同意	有些同意	非常同意
[13] 我在学校开展融合教育工作并不顺利。(反向赋分)	30（25.42%）	47（39.83%）	32（27.12%）	9（7.63%）
[14] 我在学校开展融合教育，与教师沟通不通畅。(反向赋分)	38（32.20%）	51（43.22%）	22（18.64%）	7（5.93%）
[15] 我在学校开展融合教育，与领导沟通不通畅。(反向赋分)	42（35.59%）	51（43.22%）	17（14.41%）	8（6.78%）
[16] 特殊教育和普通教育的教师需要相互合作共同帮助特殊学生。	3（2.54%）	2（1.69%）	32（27.12%）	81（68.64%）
[17] 在融合教育推进中我发挥的作用无足轻重。(反向赋分)	41（34.75%）	49（41.53%）	18（15.25%）	10（8.47%）
[18] 融合教育让我个人的专业发展获益匪浅。	0	12（10.17%）	51（43.22%）	55（46.61%）
[19] 我的单位在推进融合教育中做得很不错。	0	10（8.47%）	47（39.83%）	61（51.69%）
[20] 我充分地参与了推进融合教育的相关工作。	0	9（7.63%）	52（44.07%）	57（48.31%）
[21] 如果可能的话，我希望能够亲自教一个有特殊学生的普通班级。	9（7.63%）	17（14.41%）	48（40.68%）	44（37.29%）
[22] 我希望多参加融合教育知识和技能培训。	1（0.85%）	4（3.39%）	51（43.22%）	62（52.54%）
[23] 我很难调整自己的教学策略和工作方法去适应特殊学生的需要。(反向赋分)	42（35.59%）	42（35.59%）	26（22.03%）	8（6.78%）
[24] 我面对特殊学生时会倍感压力（反向赋分）	38（32.20%）	42（35.59%）	32（27.12%）	6（5.08%）

对不同教龄、学历、职称，职前接受的特殊教育专业训练情况不同，专兼职，服务的学校数量和学生数量不同的巡回指导教师融合教育信念感进行单因素方差分析，未呈现出显著差异。

（二）专业知识掌握情况

调查结果显示，巡回指导教师掌握程度较高的特殊教育专业知识为特殊教育基本理论、智力残疾儿童的身心特点和学习特点以及特殊教育政策法规；掌握程度较低的特殊教育专业知识为特殊教育的医学基础、听力残疾儿童的身心特点和学习特点、视力残疾儿童的身心特点和学习特点。如表 4.20 所示。

表 4.20　巡回指导教师特殊教育专业知识掌握情况

专业知识	完全掌握	大部分掌握（75%及以上）	有些掌握（50%—75%）	一点掌握（25%—50%）	未掌握（25%以下）	自评得分
[1] 特殊教育基本理论	10（8.47%）	58（49.15%）	26（22.03%）	20（16.95%）	4（3.39%）	60.59
[2] 特殊教育历史	4（3.39%）	46（38.98%）	39（33.05%）	20（16.95%）	9（7.63%）	53.39
[3] 特殊教育政策法规	9（7.63%）	54（45.76%）	31（26.27%）	17（14.41%）	7（5.93%）	58.69
[4] 特殊教育的医学基础	1（0.85%）	17（14.41%）	34（28.81%）	42（35.59%）	24（20.34%）	34.96
[5] 视力残疾儿童的身心特点和学习特点	6（5.08%）	26（22.03%）	21（17.80%）	42（35.59%）	23（19.49%）	39.41
[6] 听力残疾儿童的身心特点和学习特点	6（5.08%）	22（18.64%）	27（22.88%）	33（27.97%）	30（25.42%）	37.50
[7] 智力残疾儿童的身心特点和学习特点	16（13.56%）	52（44.07%）	22（18.64%）	19（16.10%）	9（7.63%）	59.96
[8] 脑瘫儿童的身心特点和学习特点	8（6.78%）	37（31.36%）	31（26.27%）	26（22.03%）	16（13.56%）	48.94
[9] 孤独症儿童的身心特点和学习特点	15（12.71%）	47（39.83%）	25（21.19%）	23（19.49%）	8（6.78%）	58.05
[10] 多重残疾儿童的身心特点和学习特点	9（7.63%）	33（27.97%）	34（28.81%）	31（26.27%）	11（9.32%）	49.58

对不同教龄、学历、职称，不同任职年限，职前接受特殊教育专业训练情况不同，专兼职，服务的学校数量和学生数量不同的巡回指导教师在特殊教育专业知识掌握情况上做单因素方差分析，结果表明，服务学生数量不同的巡回指导教师的特殊教育专业知识掌握情况呈现出显著差异。事后检验（LSD）发现，服务过16—20名学生的巡回指导教师的特殊教育专业知识掌握情况显著强于服务过1—5名学生和从未服务过学生的巡回指导教师（$p<0.05$）。

访谈中，有巡回指导教师也表示自己缺乏心理学方面的专业知识，在学生突发情绪问题时，对其心理辅导有所欠缺。有的老师表达出，"可能需要一个心理老师，这个孩子的问题可能就是什么情绪问题。有的孩子是单亲家庭或者他家庭的矛盾让他有情绪问题，那我处理这类问题的能力不够"。（0917CFJR）

（三）专业能力掌握情况

1. 咨询与指导

调查结果显示，巡回指导教师在咨询与指导方面掌握程度较高的专业能力为做特殊需要学生家长的工作；掌握程度较低的专业能力为特殊需要儿童职业教育。如表4.21所示。

表4.21 巡回指导教师咨询与指导维度专业能力掌握情况

专业能力	完全掌握	大部分掌握	有些掌握	一点掌握	未掌握	自评得分
做特殊需要学生家长的工作	13（11.02%）	41（34.75%）	36（30.51%）	24（20.34%）	4（3.39%）	57.42
特殊需要儿童早期干预	10（8.47%）	31（26.27%）	33（27.97%）	32（27.12%）	12（10.17%）	48.94
特殊需要儿童职业教育	5（4.24%）	26（22.03%）	38（32.20%）	26（22.03%）	23（19.49%）	42.37

对不同教龄、学历、职称，不同任职年限，职前接受特殊教育专业训练情况不同，专兼职，服务的学校数量和学生数量不同的巡回指导教师在咨询与指导方面的专业能力掌握情况上做单因素方差分析，结果发现，服务学生数量不同的巡回指导教师在咨询与指导方面的专业能力掌握情况呈现出显著差异。事后检验（LSD）发现，服务过10名以上学生的巡回指导教师在咨询与指导方面的专业能力掌握情况显著强于服务过1-5名学生和从未服务过学生的巡回指导教师（$p<0.05$）。如表4.22所示。

表4.22 巡回指导教师咨询与指导维度专业能力掌握情况差异性分析

服务学生数量	平均值	标准差	F
从未服务过	3.89	1.07	4.111*
1—5名学生	3.40	0.92	
6—10名学生	2.90	1.00	
11—15名学生	2.72	0.89	
16—20名学生	2.38	0.49	
20名以上	2.56	0.95	

注：* $p<0.05$；* * $p<0.01$；* * * $p<0.001$

访谈中，有巡回指导教师对于自己的专业能力也表示可能有所欠缺，在紧急或突发情况下，无法提供救火式的支持。有老师表示："个案研究、救火式指导能力，属于应急、救火式的支持，我就没办法了。"（0917CSCX）

2. 评估与设计

调查结果显示，巡回指导教师在评估与设计方面掌握程度较高的专业能力为个别化教育计划的制订与实施；掌握程度较低的专业能力为教材选用。如表 4.23 所示。

表 4.23　巡回指导教师评估与设计维度专业能力掌握情况

专业能力	完全掌握	大部分掌握	有些掌握	一点掌握	未掌握	自评得分
特殊需要学生的教育评估	11（9.32%）	37（31.36%）	36（30.51%）	26（22.03%）	8（6.78%）	53.60
个别化教育计划的制订与实施	20（16.95%）	48（40.68%）	33（27.97%）	13（11.02%）	4（3.39%）	64.19
教材选用	8（6.78%）	37（31.36%）	32（27.12%）	27（22.88%）	14（11.86%）	49.58
设计教学方案	13（11.02%）	47（39.83%）	29（24.58%）	23（19.49%）	6（5.08%）	58.05
调整课程与教学	6（5.08%）	51（43.22%）	31（26.27%）	23（19.49%）	7（5.93%）	55.51
使用特殊教育教具辅具	7（5.93%）	38（32.20%）	39（33.05%）	23（19.49%）	11（9.32%）	51.48

对不同教龄、学历、职称，不同任职年限、职前接受特殊教育专业训练情况不同、专兼职、服务的学校数量和学生数量不同的巡回指导教师在评估与设计方面的专业能力掌握情况上做单因素方差分析，结果发现，服务学生数量不同的巡回指导教师在评估与设计方面的专业能力掌握情况呈现出显著差异。事后检验（LSD）发现，服务过 16—20 名学生和服务过 20 名学生以上的巡回指导教师在评估与设计方面的专业能力掌握情况显著强于服务过 1—5 名学生和从未服务过学生的巡回指导教师（p<0.05）。如表 4.24 所示。

表 4.24　巡回指导教师评估与设计维度专业能力掌握情况差异性分析

服务学生数量	平均值	标准差	F
从未服务过	3.67	1.04	2.748*
1—5 名学生	3.06	0.95	
6—10 名学生	2.76	0.99	
11—15 名学生	2.61	0.78	
16—20 名学生	2.12	0.21	
20 名以上	2.44	1.01	

注：＊p<0.05；＊＊p<0.01；＊＊＊p<0.001

访谈中，有巡回指导教师对于自己教育筛查的专业能力也表达了困惑，目前随班就读的特殊需要学生的类型呈多样化，其教育筛查能力不足以应对。访谈中有教师表示："这里边有很多是混着的，你到底是智力问题，还是学障，是吧？你是听觉障碍还是视觉障碍，是感官障碍还是其他什么情况。因为这个情况可能没有经过细致摸底，咱把16个区统计上之后，发现受众群体的类型多，是吧？根据专业，各区可能也不一样，是吧？比如，您这区域可能您侧重这个专业，我那个区域我可能侧重那个专业，它也是不一样的。现在一看什么孤独症的，然后精神类残疾的，还有多动的都来了，但是我学的专业其实还是挺受限的，我有很多领域也不了解。"（0917CFJR）

3. 组织与协调

调查结果显示，巡回指导教师在组织与协调方面掌握程度较高的专业能力为特殊需要学生感知与运动训练；掌握程度较低的专业能力为特殊需要学生康复。如表 4.25 所示。

表 4.25　巡回指导教师组织与协调维度专业能力掌握情况

专业能力	完全掌握	大部分掌握	有些掌握	一点掌握	未掌握	自评得分
特殊需要学生感知与运动训练	8（6.78%）	33（27.97%）	36（30.51%）	31（26.27%）	10（8.47%）	49.58
特殊需要学生心理训练	7（5.93%）	30（25.42%）	38（32.20%）	32（27.12%）	11（9.32%）	47.88
特殊需要学生语言训练	6（5.08%）	32（27.12%）	38（32.2%）	30（25.42%）	12（10.17%）	47.88
特殊需要学生康复	6（5.08%）	28（23.73%）	36（30.51%）	35（29.66%）	13（11.02%）	45.55

对不同教龄、学历、职称，不同任职年限，职前接受特殊教育专业训练情况不同，专兼职，服务的学校数量和学生数量不同的巡回指导教师在组织与协调方面的专业能力掌握情况上做单因素方差分析，结果发现，服务学生数量不同的巡回指导教师在组织与协调方面的专业能力掌握情况呈现出显著差异。事后检验（LSD）发现，服务过 6 名以上学生的巡回指导教师在组织与协调方面的专业能力掌握情况显著强于服务过 1—5 名学生和从未服务过学生的巡回指导教师（$p<0.05$）。如表 4.26 所示。

表 4.26　巡回指导教师组织与协调维度专业能力掌握情况差异性分析

服务学生数量	平均值	标准差	F
从未服务过	4.08	1.15	
1—5 名学生	3.43	0.93	
6—10 名学生	2.94	0.99	3.487*
11—15 名学生	2.84	0.90	
16—20 名学生	2.46	0.37	
20 名以上	2.77	0.96	

注：* $p<0.05$；** $p<0.01$；*** $p<0.001$

访谈中，有教师也表示自己缺乏与康复相关的专业知识和技能，对器具如何使用也是知识盲区。有教师说："……这些康复什么理论、康复技能，资源教室里有好多康复器材，摆了满屋子，人家老师问你那些器材怎么看护，怎么使用，这方面我们也不是很专业。"（0917BCM）

4. 沟通与合作

调查结果显示，巡回指导教师在沟通与合作方面的自评得分为 55.93，在个人组织协调规划沟通技能方面的自评得分为 54.87。如表 4.27 所示。

表 4.27　巡回指导教师沟通与合作维度专业能力掌握情况

专业能力	完全掌握	大部分掌握	有些掌握	一点掌握	未掌握	自评得分
个人情绪管理与压力管理	10（8.47%）	43（36.44%）	36（30.51%）	23（19.49%）	6（5.08%）	55.93
个人组织协调规划沟通技能	8（6.78%）	45（38.14%）	34（28.81%）	24（20.34%）	7（5.93%）	54.87

对不同教龄、学历、职称，不同任职年限、职前接受特殊教育专业训练情况不同、专兼职、服务的学校数量和学生数量不同的巡回指导教师在沟通与合作方面的专业能力掌握情况上做单因素方差分析，结果发现，服务不同学生数量的巡回指导教师在沟通与合作方面的专业能力掌握情况中呈现出显著差异。事后检验（LSD）发现，服务过 10 名以上学生的巡回指导教师在沟通与合作方面的专业能力掌握情况显著强于服务过 1-5 名学生的巡回指导教师（$p<0.05$）。如表 4.28 所示。

表 4.28 巡回指导教师沟通与合作维度专业能力掌握情况差异性分析

服务学生数量	平均值	标准差	F
从未服务过	2.67	1.53	2.799*
1—5 名学生	3.16	1.05	
6—10 名学生	2.69	0.94	
11—15 名学生	2.59	0.81	
16—20 名学生	2.07	0.61	
20 名以上	2.46	0.95	

注：*$p<0.05$；**$p<0.01$；***$p<0.001$

5. 反思与发展

调查结果显示，巡回指导教师在个人专业发展与生涯规划和特殊教育研究方法方面的自评得分均为 54.45。如表 4.29 所示。

表 4.29 巡回指导教师反思与发展维度专业能力掌握情况

专业能力	完全掌握	大部分掌握	有些掌握	一点掌握	未掌握	自评得分
个人专业发展与生涯规划	9 (7.63%)	42 (35.59%)	35 (29.66%)	25 (21.19%)	7 (5.93%)	54.45
特殊教育研究方法	9 (7.63%)	39 (33.05%)	42 (35.59%)	20 (16.95%)	8 (6.78%)	54.45

对不同教龄、学历、职称，不同任职年限，职前接受特殊教育专业训练情况不同，专兼职，服务的学校数量和学生数量不同的巡回指导教师在反思与发展方面的专业能力掌握情况上做单因素方差分析，未发现显著差异。

综合上述的描述，巡回指导教师的队伍构成差异较大，既有新手教师，也有经验丰富的老教师，每位教师的专业背景也都不相同，导致巡回指导教师个人的专业素养发展状况存在较大差异。

第 3 节 资源教师专业素养现状

一、资源教师队伍基本情况

此次调查研究共收集了 388 名资源教师的有效问卷，覆盖全市 16 个区。

（一）队伍基本情况

1. 性别结构

参与调查的资源教师中，有男教师 43 人，占 11.08%；女教师 345 人，占 88.92%。男性资源教师的人数和比例显著低于女性资源教师的人数和比例。如表 4.30 所示。

表 4.30　资源教师性别分布情况

性别	小计	比例
男	43	11.08%
女	345	88.92%

2. 年龄结构

年龄上，30 岁及以下教师占 15.46%，31—35 岁的教师占 17.01%，36—40 岁的教师占 14.18%，41—45 岁的教师占 23.71%，46—50 岁的教师占 23.45%，51 岁及以上的教师占 6.19%。如表 4.31 所示。

表 4.31　资源教师年龄分布情况

年龄	小计	比例
30 岁及以下	60	15.46%
31—35 岁	66	17.01%
36—40 岁	55	14.18%
41—45 岁	92	23.71%
46—50 岁	91	23.45%
51 岁及以上	24	6.19%

3. 教龄结构

参与调查的资源教师中，教龄 5 年以下的有 56 人，占 14.43%；教龄 5—10 年的有 69 人，占 17.78%；教龄 11—15 年的有 38 人，占 9.79%；教龄 16—20 年的有 45 人，占 11.60%；教龄 21—25 年的有 83 人，占 21.39%；教龄 25 年以上的有 97 人，占 25.00%。数据表明：教龄 25 年以上的资源教师人数最多、占比最高。如表 4.32 所示。

表 4.32　资源教师教龄分布情况

教龄	小计	比例
5 年以下	56	14.43%

续表

教龄	小计	比例
5—10 年	69	17.78%
11—15 年	38	9.79%
16—20 年	45	11.60%
21—25 年	83	21.39%
25 年以上	97	25.00%

4. 学历结构

参与调查的资源教师中，大专及以下学历的有 10 人，占 2.58%；本科学历的有 318 人，占 81.96%；硕士研究生及以上学历的有 60 人，占 15.47%。数据表明：资源教师的学历普遍较高，以本科学历为主。如表 4.33 所示。

表 4.33 资源教师学历分布情况

学历	小计	比例
大专及以下	10	2.58%
本科	318	81.96%
硕士研究生	59	15.21%
博士研究生	1	0.26%

5. 职称结构

参与调查的资源教师中，正高级职称教师 5 人，占 0.95%；副高级职称教师 61 人，占 11.55%；中级职称教师 245 人，占 46.40%；初级职称教师 181 人，占 34.28%；无职称教师 36 人，占 6.82%。数据表明：中级职称和初级职称的人数占比超过八成，资源教师的整体专业水平较低。如表 4.34 所示。

表 4.34 资源教师职称分布情况

职称	小计	比例
正高级职称	5	0.95%
副高级职称	61	11.55%
中级职称	245	46.40%
初级职称	181	34.28%
无职称	36	6.82%

6. 专业背景结构

特殊教育专业的教师占 3.87%，医学康复类专业的教师占 0.77%，教育学类专业的教师占 39.95%，学科类专业（如中文、数学、生物、物理等）的教师占 25.52%，艺术和体育专业的教师占 7.47%，心理学专业的教师占 17.78%，其他专业的教师占 4.64%。数据表明：资源教师的专业背景较丰富，并以教育学类专业和学科类专业为主。如表 4.35 所示。

表 4.35　资源教师专业背景分布情况

专业背景	小计	比例
特殊教育	15	3.87%
医学康复类	3	0.77%
教育学类	155	39.95%
学科类专业（如中文、数学、生物、物理等）	99	25.52%
艺术和体育	29	7.47%
心理学专业	69	17.78%
其他	18	4.64%

7. 特殊教育专业背景结构

参与调查的资源教师在职前阶段系统学习过特殊教育相关专业课程的有 158 人，占比 40.72%。其中 26 人是特殊教育专业毕业，占比 6.70%；其中 132 人虽然是非特殊教育专业毕业，但系统学习过特殊教育相关专业课程；还有 230 人是非特殊教育专业毕业，而且没有系统学习过特殊教育相关专业课程，占比 59.28%。如表 4.36 所示。

表 4.36　资源教师职前特殊教育相关专业课程学习情况

职前学习情况	小计	比例
特殊教育专业毕业	26	6.70%
非特殊教育专业毕业，系统学习过特殊教育相关专业课程	132	34.02%
非特殊教育专业毕业，没有系统学习过特殊教育相关专业课程	230	59.28%

（二）工作状况

1. 专兼职情况

参与调查的资源教师中，专职资源教师占调查总人数的 15.21%，兼职资源教师占调查总人数的 84.79%。如表 36 所示。数据表明：只有 15.21% 的资源教师为专职人员，近 85% 的资源教师都兼有其他工作任务。如表 4.37 所示。

表 4.37 资源教师专兼职情况

专兼职	小计	比例
专职资源教师	59	15.21%
兼职资源教师	329	84.79%

2. 兼职资源教师的本职工作

文科类教师（语文、英语、政治等）占调查总人数的 17.93%，理科类教师（数学、科学、物理等）占调查总人数的 14.89%，德育类教师（道德与法治、思品等）占调查总人数的 8.21%，音乐、体育、美术等学科的教师占调查总人数的 8.21%，学校心理健康教师占调查总人数的 23.71%，学校校长、副校长占调查总人数的 0.91%，学校中层管理干部（教学主任、德育主任、科研主任等）占调查总人数的 11.55%，其他占调查总人数的 14.59%。如表 4.38 所示。

表 4.38 兼职资源教师的本职工作情况

本职工作	小计	比例
文科类教师（语文、英语、政治等）	59	17.93%
理科类教师（数学、科学、物理等）	49	14.89%
德育类教师（道德与法治、思品等）	27	8.21%
音乐、体育、美术等学科教师	27	8.21%
学校心理健康教师	78	23.71%
学校校长、副校长	3	0.91%
学校中层管理干部（教学主任、德育主任、科研主任等）	38	11.55%
其他	48	14.59%

3. 资源教师的工作年限

单因素方差分析结果表明，不同工作身份的资源教师的工作年限存在显著差异。专职资源教师担任资源教师的工作年限显著长于兼职资源教师担任资源教师的工作年限。如表 4.39 所示。

表 4.39 担任资源教师工作年限情况

工作身份	平均值	标准差	t
专职资源教师	4.13	1.652	3.079**
兼职资源教师	3.37	1.787	

注：* $p<0.05$；** $p<0.01$；*** $p<0.001$

4. 每日从事资源教师工作的时间

独立样本 t 检验结果发现，专职资源教师和兼职资源教师每天从事资源教师工作的时间呈现出显著差异，专职资源教师每天从事资源教师工作的时间明显比兼职资源教师的时间长。如表 4.40 所示。

表 4.40　专兼职资源教师每天从事资源教师工作的时间差异性分析

工作身份	平均值	标准差	t
专职资源教师	3.33	1.08	9.153***
兼职资源教师	1.99	0.82	

注：*p<0.05；**p<0.01；***p<0.001

5. 服务学生数量

对不同教龄、学历、职称、专业背景，专兼职的资源教师服务的学生数量进行独立样本 t 检验，结果发现，专职资源教师和兼职资源教师服务特殊学生的数量呈现出显著差异，专职资源教师服务的特殊学生数量显著多于兼职资源教师。如表 4.41 所示。

表 4.41　专兼职资源教师服务特殊学生数量的差异性分析

工作身份	平均值	标准差	t
专职资源教师	3.00	1.39	3.332**
兼职资源教师	2.38	0.91	

注：*p<0.05；**p<0.01；***p<0.001

6. 服务学生类型

调查结果显示，资源教师服务最多的特殊学生类型为智力障碍学生，其次是情绪行为障碍学生，然后是孤独症谱系障碍学生，排名第四的是学习障碍学生。如表 4.42 所示（按平均综合得分从高到低排序）。

表 4.42　资源教师服务的特殊学生类型

服务学生类型	平均综合得分
智力障碍学生	6.26
情绪行为障碍学生	4.46
孤独症谱系障碍学生	3.02
学习障碍学生	2.85
肢体障碍学生	1.42
言语与语言障碍学生	1.39

续表

服务学生类型	平均综合得分
听力障碍学生	1.37
其他健康障碍学生	1.01
视力障碍学生	0.47

7. 资源教师的主要工作内容

调查结果显示，目前资源教师的工作内容主要为特殊学生档案管理、资源教室管理、学生 IEP 制订、学生筛查评估和课堂教学指导等。如表 4.43 所示（按平均综合得分从高到低排序）。

表 4.43　资源教师主要从事的工作内容

排序	主要工作	平均综合得分
1	特殊学生档案管理	9.42
2	资源教室管理	7.76
3	学生 IEP 制订	6.96
4	学生筛查评估	5.85
5	课堂教学指导	5.54
6	学生康复训练	4.51
7	家长咨询	4.32
8	心理辅导	4.09
9	进入课堂做支持教师或协同教师	3.59
10	融合教育政策宣导	3.19
11	开展课题研究	1.63
12	培训教师	1.45
13	信息/数据调查统计	0.77
14	送教上门	0.1

8. 开展各项专业支持工作的频次

对不同教龄、学历、职称、专业背景，专兼职的资源教师开展各项专业支持工作频次进行独立样本 t 检验，调查结果显示，专职资源教师和兼职资源教师开展各项工作的频次呈现出显著差异，专职资源教师开展各项工作的频次显著多于兼职资源教师。如表 4.44 所示。

表 4.44 专兼职资源教师开展各项工作频次的差异性分析

工作身份	平均值	标准差	t
专职资源教师	3.53	0.77	3.888***
兼职资源教师	3.10	0.79	

注：*p<0.05；**p<0.01；***p<0.001

二、资源教师专业素养现状

（一）融合教育信念感

调查结果显示，97.68%的资源教师认同"融合教育能够为特殊学生起到积极示范作用"；97.42%的资源教师积极认同融合教育理念，认为"融合教育理念非常好"；96.91%的资源教师认同"融合教育可以为特殊学生和一般学生都提供学习的机会"。然而，59.02%的资源教师认为"学校的课程安排使融合教育很难开展"，48.71%的资源教师表示"面对特殊学生时会倍感压力"，41.24%的资源教师表示"在学校开展融合教育工作并不顺利"。这也表明，资源教师的融合教育信念感在融合教育教学和融合教育策略方法等方面需要进一步提升。如表4.45所示。

表 4.45 资源教师融合教育信念感得分情况

融合教育信念感	完全不同意	有点同意	有些同意	非常同意
[1] 融合教育理念非常好。	1（0.26%）	9（2.32%）	132（34.02%）	246（63.40%）
[2] 在基础教育阶段实施融合教育利大于弊。	2（0.52%）	15（3.87%）	136（35.05%）	235（60.57%）
[3] 融合教育对所有学生都有好处。	5（1.29%）	32（8.25%）	137（35.31%）	214（55.15%）
[4] 融合教育可以为特殊学生和一般学生都提供学习的机会。	0	12（3.09%）	149（38.40%）	227（58.51%）
[5] 融合教育能够为特殊学生起到积极示范作用。	0	9（2.32%）	139（35.82%）	240（61.86%）
[6] 融合教育在学校运行良好。	8（2.06%）	48（12.37%）	151（38.92%）	181（46.65%）
[7] 我乐于从事特殊教育资源教师工作。	4（1.03%）	22（5.67%）	140（36.08%）	222（57.22%）
[8] 我有时间和精力更好地开展融合教育。	19（4.90%）	65（16.75%）	140（36.08%）	164（42.27%）

续表

融合教育信念感	完全不同意	有点同意	有些同意	非常同意
[9] 我能够获得实施融合教育所需的必要资源。	13（3.35%）	75（19.33%）	158（40.72%）	142（36.6%）
[10] 我接受过融合教育的相关培训。	8（2.06%）	33（8.51%）	153（39.43%）	194（50.00%）
[11] 融合教育并不适合在基础教育阶段开展。	141（36.34%）	113（29.12%）	78（20.10%）	56（14.43%）
[12] 学校的课程安排使融合教育很难开展。	63（16.24%）	96（24.74%）	144（37.11%）	85（21.91%）
[13] 我在学校开展融合教育工作并不顺利。	92（23.71%）	136（35.05%）	119（30.67%）	41（10.57%）
[14] 我在学校开展融合教育，与教师沟通不通畅。	109（28.09%）	179（46.13%）	74（19.07%）	26（6.70%）
[15] 我在学校开展融合教育，与领导沟通不通畅。	135（34.79%）	156（40.21%）	71（18.30%）	26（6.70%）
[16] 特殊教育和普通教育的教师需要相互合作共同帮助特殊学生。	10（2.58%）	18（4.64%）	124（31.96%）	236（60.82%）
[17] 在融合教育推进中我发挥的作用无足轻重。	110（28.35%）	153（39.43%）	90（23.20%）	35（9.02%）
[18] 融合教育让我个人的专业发展获益匪浅。	9（2.32%）	42（10.82%）	171（44.07%）	166（42.78%）
[19] 我的单位在推进融合教育中做得很不错。	15（3.87%）	48（12.37%）	189（48.71%）	136（35.05%）
[20] 我充分地参与了推进融合教育的相关工作。	13（3.35%）	40（10.31%）	190（48.97%）	145（37.37%）
[21] 如果可能的话，我希望能够亲自教一个有特殊学生的普通班级。	28（7.22%）	67（17.27%）	182（46.91%）	111（28.61%）
[22] 我希望多参加融合教育知识和技能培训。	5（1.29%）	19（4.90%）	150（38.66%）	214（55.15%）
[23] 我很难调整自己的教学策略和工作方法去适应特殊学生的需要。	94（24.23%）	146（37.63%）	103（26.55%）	45（11.60%）
[24] 我面对特殊学生时会倍感压力。	77（19.85%）	122（31.44%）	147（37.89%）	42（10.82%）

对不同教龄、学历、职称，职前接受特殊教育专业训练情况不同，专兼职，服务的学校数量和学生数量不同的资源教师的融合教育信念感进行单因素方差分析，结果表明，不同特殊教育专业背景的资源教师的融合教育信念感呈现出显著差异。事后检验（LSD）发现，特殊教育专业毕业或不是特殊教育专业毕业，但学习过特殊教育专业知识的资源教师的融合教育信念感明显强于非特殊教育专业毕业，从未学习过特殊教育相关专业课程的资源教师（p<0.05）。如表4.46所示。

表4.46 资源教师的融合教育信念感差异性分析

职前接受特殊教育专业训练情况	平均值	标准差	F
是，特殊教育专业	3.17	0.44	
是，非特殊教育专业，但系统学习过特殊教育相关专业课程	3.22	0.33	5.034**
否，非特殊教育专业，从未学习过特殊教育相关专业课程	3.10	0.38	

注：* p<0.05；** p<0.01；*** p<0.001

（二）专业知识掌握情况

调查结果显示，资源教师掌握程度较高的特殊教育专业知识为特殊教育基本理论和特殊教育政策法规；掌握程度较低的特殊教育专业知识为听力残疾儿童的身心特点和学习特点、脑瘫儿童的身心特点和学习特点。如表4.47所示。

表4.47 资源教师特殊教育专业知识掌握情况

专业能力	完全掌握	大部分掌握	有些掌握	一点掌握	未掌握	自评得分
[1] 特殊教育基本理论	16 (4.12%)	57 (14.69%)	129 (33.25%)	127 (32.73%)	59 (15.21%)	39.95
[2] 特殊教育历史	12 (3.09%)	37 (9.54%)	104 (26.80%)	152 (39.18%)	83 (21.39%)	33.44
[3] 特殊教育政策法规	19 (4.90%)	70 (18.04%)	98 (25.26%)	135 (34.79%)	66 (17.01%)	39.76
[4] 特殊教育的医学基础	6 (1.55%)	25 (6.44%)	75 (19.33%)	127 (32.73%)	155 (39.95%)	24.23
[5] 视力残疾儿童的身心特点和学习特点	11 (2.84%)	29 (7.47%)	66 (17.01%)	139 (35.82%)	143 (36.86%)	25.90
[6] 听力残疾儿童的身心特点和学习特点	5 (1.29%)	22 (5.67%)	49 (12.63%)	110 (28.35%)	202 (52.06%)	18.94

续表

专业能力	完全掌握	大部分掌握	有些掌握	一点掌握	未掌握	自评得分
[7] 智力残疾儿童的身心特点和学习特点	10 (2.58%)	50 (12.89%)	93 (23.97%)	133 (34.28%)	102 (26.29%)	32.80
[8] 脑瘫儿童的身心特点和学习特点	4 (1.03%)	19 (4.90%)	55 (14.18%)	118 (30.41%)	192 (49.48%)	19.39
[9] 孤独症儿童的身心特点和学习特点	12 (3.09%)	49 (12.63%)	90 (23.20%)	132 (34.02%)	105 (27.06%)	32.67
[10] 多重残疾儿童的身心特点和学习特点	4 (1.03%)	21 (5.41%)	61 (15.72%)	130 (33.51%)	172 (44.33%)	21.33

对不同教龄、学历、职称，不同任职年限，专兼职，职前接受特殊教育专业训练情况不同，服务的学生数量不同的资源教师在专业知识掌握情况上做单因素方差分析，结果表明，不同特殊教育专业背景的资源教师，其特殊教育专业知识掌握情况呈现出显著差异。事后检验（LSD）发现，特殊教育专业毕业和不是特殊教育专业毕业，但系统学习过特殊教育专业知识的资源教师对特殊教育专业能力的掌握情况比非特殊教育专业毕业，且从未学习过特殊教育相关专业课程的资源教师更好（$p<0.05$）。如表 4.48 所示。

表 4.48 职前专业训练不同的资源教师的特殊教育专业知识掌握情况差异性分析

职前接受特殊教育专业训练情况	平均值	标准差	F
是，我是特殊教育专业毕业	2.81	0.88	45.244***
是，我是非特殊教育专业毕业，但系统学习过特殊教育相关专业课程	3.60	0.76	
否，我是非特殊教育专业毕业，从未学习过特殊教育相关专业课程	4.10	0.73	

注：* $p<0.05$；** $p<0.01$；*** $p<0.001$

研究发现，专兼职资源教师的特殊教育专业知识掌握情况呈现出显著差异：专职资源教师的特殊教育专业知识掌握情况比兼职资源教师更好（$p<0.05$）。如表 4.49 所示。

表 4.49 专兼职资源教师的特殊教育专业知识掌握情况差异性分析

资源教师身份	平均值	标准差	F
专职资源教师	3.38	0.89	23.561***
兼职资源教师	3.92	0.79	

注：* $p<0.05$；** $p<0.01$；*** $p<0.001$

研究发现，服务学生数量不同的资源教师的特殊教育专业能力掌握情况呈现出显著差异。事后检验（LSD）发现，服务过 6 名以上学生的资源教师的特殊教育专业能力掌握情况显著强于服务过 1—5 名学生或从未服务过学生的资源教师（$p<0.05$）。如表 4.50 所示。

表 4.50 不同服务学生数量的资源教师特殊教育专业知识掌握情况差异性分析

服务学生数量	平均值	标准差	F
从未服务过	4.4	0.63	8.113***
1—5 名学生	3.98	0.78	
6—10 名学生	3.52	0.81	
11—15 名学生	3.50	0.77	
16—20 名学生	3.60	0.84	
20 名以上	3.30	0.98	

注：* $p<0.05$；** $p<0.01$；*** $p<0.001$

（三）专业能力掌握情况

1. 环境创设与利用

调查结果显示，资源教师在环境创设与利用方面的专业能力掌握情况自评得分为 32.6。如表 4.51 所示。

表 4.51 资源教师环境创设与利用维度的专业能力掌握情况

专业能力	完全掌握	大部分掌握	有些掌握	一点掌握	未掌握	自评得分
使用特殊教育教具辅具	10（2.58%）	57（14.69%）	80（20.62%）	135（34.79%）	106（27.32%）	32.6

对不同教龄、学历、职称，不同任职年限，职前接受特殊教育专业训练情况不同，专兼职，服务的学生数量不同的资源教师在环境创设与利用方面的专业能力掌握情况做单因素方差分析，结果表明，专兼职资源教师在环境创设与利用方面的专业能力掌握情况呈现出显著差异：专职资源教师在环境创设与利用方面的专业能力掌握情况比兼职资源教师更好（$p<0.05$）。如表 4.52 所示。

表 4.52 专兼职资源教师环境创设与利用维度的专业能力掌握情况差异性分析

资源教师身份	平均值	标准差	F
专职资源教师	3.23	1.08	13.020***
兼职资源教师	3.78	1.08	

注：* $p<0.05$；** $p<0.01$；*** $p<0.001$

研究发现，服务学生数量不同的资源教师在环境创设与利用方面的专业能力掌握情况呈现出显著差异。事后检验（LSD）发现，服务过6名以上学生的资源教师在环境创设与利用方面的专业能力掌握情况显著强于服务过1—5名学生或从未服务过学生的资源教师（p<0.05）。如表4.53所示。

表4.53　服务学生数量不同的资源教师环境创设与利用维度的专业能力掌握情况差异性分析

服务学生数量	平均值	标准差	F
从未服务过	4.35	0.79	7.888***
1—5名学生	3.87	1.02	
6—10名学生	3.29	1.12	
11—15名学生	2.96	1.20	
16—20名学生	3.33	1.21	
20名以上	3.31	1.20	

注：*p<0.05；**p<0.01；***p<0.001

2. 评估与设计

调查结果显示，资源教师在评估与设计方面掌握程度较高的专业能力为个别化教育计划的制订与实施；掌握程度较低的专业能力为教材选用。如表4.54所示。

表4.54　资源教师评估与设计维度的专业能力掌握情况

专业能力	完全掌握	大部分掌握	有些掌握	一点掌握	未掌握	自评得分
特殊需要学生教育的评估	9（2.32%）	48（12.37%）	84（21.65%）	146（37.63%）	101（26.03%）	31.83
个别化教育计划的制订与实施	28（7.22%）	91（23.45%）	97（25.00%）	103（26.55%）	69（17.78%）	43.94
教材选用	4（1.03%）	32（8.25%）	71（18.30%）	121（31.19%）	160（41.24%）	24.16
设计教学方案	13（3.35%）	67（17.27%）	87（22.42%）	124（31.96%）	97（25.00%）	35.50
调整课程与教学	12（3.09%）	63（16.24%）	87（22.42%）	136（35.05%）	90（23.20%）	35.24

对不同教龄、学历、职称，不同任职年限，职前接受特殊教育专业训练情况不同，专兼职，服务的学生数量不同的资源教师在评估与设计方面的专业能力掌握情况上做单因素方差分析，结果表明，职前专业训练情况不同的资源教师，其评估与设计专业能力掌握情况呈现出显著差异。事后检验（LSD）发现，特殊教育专业毕业和不是特

殊教育专业毕业,但系统学习过特殊教育专业知识的资源教师在评估与设计方面的专业能力掌握情况比非特殊教育专业毕业,且从未学习过特殊教育相关专业课程的资源教师更好（p<0.05）。如表 4.55 所示。

表 4.55　职前专业训练情况不同的资源教师评估与设计维度的专业能力掌握情况差异性分析

职前接受特殊教育专业训练情况	平均值	标准差	F
是,我是特殊教育专业毕业	2.78	0.71	40.554***
是,我是非特殊教育专业毕业,但系统学习过特殊教育相关专业课程	3.26	0.91	
否,我是非特殊教育专业毕业,从未学习过特殊教育相关专业课程	3.95	0.87	

注：*p<0.05；**p<0.01；***p<0.001

专兼职资源教师在评估与设计方面的专业知识掌握情况呈现出显著差异：专职资源教师在评估与设计方面的专业知识掌握情况比兼职资源教师更好（p<0.05）。如表 4.56 所示。

表 4.56　专兼职资源教师评估与设计维度的专业能力掌握情况差异性分析

资源教师身份	平均值	标准差	F
专职资源教师	3.16	0.97	18.871***
兼职资源教师	3.73	0.93	

注：*p<0.05；**p<0.01；***p<0.001

研究发现,服务学生数量不同的资源教师在评估与设计方面的专业能力掌握情况呈现出显著差异。事后检验（LSD）发现,服务过 6 名以上学生的资源教师在评估与设计方面的专业能力掌握情况显著强于服务过 1—5 名学生或从未服务过学生的资源教师（p<0.05）。如表 4.57 所示。

表 4.57　服务学生数量不同的资源教师评估与设计维度的专业能力掌握情况差异性分析

服务学生数量	平均值	标准差	F
从未服务过	4.38	0.51	11.627*
1—5 名学生	3.82	0.88	
6—10 名学生	3.23	0.92	
11—15 名学生	3.05	1.00	
16—20 名学生	3.43	1.05	
20 名以上	2.91	1.09	

注：*p<0.05；**p<0.01；***p<0.001

3. 组织与实施

调查结果显示，资源教师在组织与实施方面掌握程度较高的专业能力为特殊需要学生心理训练；掌握程度较低的专业能力为特殊需要学生康复。如表 4.58 所示。

表 4.58 资源教师组织与实施维度的专业能力掌握情况

专业能力	完全掌握	大部分掌握	有些掌握	一点掌握	未掌握	自评得分
特殊需要学生感知与运动训练	12（3.09%）	47（12.11%）	83（21.39%）	133（34.28%）	113（29.12%）	31.44
特殊需要学生心理训练	11（2.84%）	55（14.18%）	108（27.84%）	132（34.02%）	82（21.13%）	35.89
特殊需要学生语言训练	7（1.80%）	38（9.79%）	72（18.56%）	150（38.66%）	121（31.19%）	28.09
特殊需要学生康复	6（1.55%）	37（9.54%）	69（17.78%）	141（36.34%）	135（34.79%）	26.68

对不同教龄、学历、职称，不同任职年限，职前接受特殊教育专业训练情况不同，专兼职，服务的学生数量不同的资源教师在组织与实施方面的专业能力掌握情况做单因素方差分析，结果发现，专兼职资源教师在组织与实施方面的专业知识掌握情况呈现出显著差异：专职资源教师在组织与实施方面的专业知识掌握情况比兼职资源教师更好（$p<0.05$）。如表 4.59 所示。

表 4.59 专兼职资源教师组织与实施维度专业能力掌握情况差异性分析

资源教师身份	平均值	标准差	F
专职资源教师	3.35	0.99	14.937***
兼职资源教师	3.86	0.91	

注：*$p<0.05$；**$p<0.01$；***$p<0.001$

研究发现，服务学生数量不同的资源教师在组织与实施方面的专业能力掌握情况呈现出显著差异。事后检验（LSD）发现，服务过 6 名以上学生的资源教师在组织与实施方面的专业能力掌握情况显著强于服务过 1—5 名学生和从未服务过学生的资源教师（$p<0.05$）。如表 4.60 所示。

表4.60 服务学生数量不同的资源教师组织与实施维度的专业能力掌握情况差异性分析

服务学生数量	平均值	标准差	F
从未服务过	4.43	0.53	10.999*
1—5名学生	3.95	0.89	
6—10名学生	3.40	0.91	
11—15名学生	3.13	0.87	
16—20名学生	3.67	0.83	
20名以上	3.09	1.04	

注：*$p<0.05$；**$p<0.01$；***$p<0.001$

4. 沟通与合作

调查结果显示，资源教师在沟通与合作方面掌握程度较高的专业能力为个人情绪管理与压力管理；掌握程度较低的专业能力为特殊需要学生家长工作。如表4.61所示。

表4.61 资源教师沟通与合作维度的专业能力掌握情况

专业能力	完全掌握	大部分掌握	有些掌握	一点掌握	未掌握	自评得分
特殊需要学生家长工作	17（4.38%）	52（13.40%）	103（26.55%）	139（35.82%）	77（19.85%）	36.66
个人情绪管理与压力管理	16（4.12%）	75（19.33%）	105（27.06%）	113（29.12%）	79（20.36%）	39.43
个人组织协调规划沟通技能	17（4.38%）	68（17.53%）	99（25.52%）	120（30.93%）	84（21.65%）	38.02

对不同教龄、学历、职称，不同任职年限，职前接受特殊教育专业训练情况不同，专兼职，服务的学校数量和学生数量不同的资源教师在沟通与合作方面的专业能力掌握情况做单因素方差分析，结果发现，职前专业训练情况不同的资源教师，其沟通与合作能力掌握情况呈现出显著差异。事后检验（LSD）发现，特殊教育专业毕业和不是特殊教育专业毕业，但系统学习过特殊教育专业知识的资源教师在沟通与合作方面的专业能力掌握情况比非特殊教育专业毕业，且从未学习过特殊教育相关专业课程的资源教师更好（$p<0.05$）。如表4.62所示。

表 4.62　职前专业训练情况不同的资源教师沟通与合作维度的专业能力掌握情况差异性分析

职前接受特殊教育专业训练情况	平均值	标准差	F
是，我是特殊教育专业毕业	2.77	0.88	36.403***
是，我是非特殊教育专业毕业，但系统学习过特殊教育相关专业课程	3.04	1.00	
否，我是非特殊教育专业毕业，从未学习过特殊教育相关专业课程	3.81	0.92	

注：*p<0.05；**p<0.01；***p<0.001

研究发现，专兼职资源教师在沟通与合作方面的专业知识掌握情况呈现出显著差异：专职资源教师在沟通与合作方面的专业知识掌握情况比兼职资源教师更好（p<0.05）。如表 4.63 所示。

表 4.63　专兼职资源教师沟通与合作维度的专业能力掌握情况差异性分析

资源教师身份	平均值	标准差	F
专职资源教师	2.98	1.06	17.739***
兼职资源教师	3.58	1.00	

注：*p<0.05；**p<0.01；***p<0.001

研究发现，服务学生数量不同的资源教师在沟通与合作方面的专业能力掌握情况呈现出显著差异。事后检验（LSD）发现，服务过 6 名以上学生的资源教师在沟通与合作方面的专业能力掌握情况显著强于服务过 1—5 名学生的资源教师（p<0.05）。如表 4.64 所示。

表 4.64　服务学生数量不同的资源教师沟通与合作维度的专业能力掌握情况差异性分析

服务学生数量	平均值	标准差	F
从未服务过	4.29	0.69	10.307*
1—5 名学生	3.66	0.97	
6—10 名学生	3.04	0.95	
11—15 名学生	2.92	1.01	
16—20 名学生	3.22	1.15	
20 名以上	2.85	1.25	

注：*p<0.05；**p<0.01；***p<0.001

5. 反思与发展

调查结果显示，资源教师在个人专业发展与生涯规划方面的专业能力自评得分为 36.66，在特殊教育研究方法方面的专业能力自评得分为 32.35。如表 4.65 所示。

表 4.65　资源教师反思与发展维度的专业能力掌握情况

专业能力	完全掌握	大部分掌握	有些掌握	一点掌握	未掌握	自评得分
个人专业发展与生涯规划	18（4.64%）	62（15.98%）	92（23.71%）	127（32.73%）	89（22.94%）	36.66
特殊教育研究方法	11（2.84%）	47（12.11%）	93（23.97%）	131（33.76%）	106（27.32%）	32.35

对不同教龄、学历、职称，不同任职年限，职前接受特殊教育专业训练情况不同，专兼职，服务的学校数量和学生数量不同的资源教师在反思与发展方面的专业能力掌握情况做单因素方差分析，结果发现，专兼职资源教师在反思与发展方面的专业知识掌握情况呈现出显著差异：专职资源教师在反思与发展方面的专业知识掌握情况比兼职资源教师更好（$p<0.05$）。如表 4.66 所示。

表 4.66　专兼职资源教师反思与发展维度的专业能力掌握情况差异性分析

资源教师身份	平均值	标准差	F
专职资源教师	3.08	1.15	19.617***
兼职资源教师	3.73	1.01	

注：* $p<0.05$；** $p<0.01$；*** $p<0.001$

综合上述的描述，可见资源教师在专业能力的不同方面发展状况不同，专职和兼职资源教师、职前接受过系统特殊教育专业课程学习的资源教师与未接受过系统特殊教育专业课程学习的资源教师，以及服务学生数量不同的资源教师，在专业能力的各个维度发展状况差异显著。

第 4 节　特殊教育学校教师专业素养现状

一、特殊教育学校教师队伍基本情况

此次调查研究共收集了 596 名特殊教育学校教师的有效问卷，覆盖全市 16 个区。

（一）队伍基本情况

1. 性别结构

参与调查的特教学校教师中，有男教师 121 人，占 20.30%；女教师 475 人，占 79.70%。男性特教教师的人数和比例显著低于女性特教教师的人数和比例。如表 4.67 所示。

表 4.67 特殊教育学校教师性别分布情况

性别	小计	比例
男	121	20.30%
女	475	79.70%

2. 年龄结构

参与调查的特教学校教师中，30 岁及以下的有 139 人，占 23.23%；31—35 岁的有 117 人，占 19.63%；36—40 岁的有 116 人，占 19.46%；41—45 岁的有 98 人，占 16.44%；46—50 岁的有 94 人，占 15.77%；51 岁及以上的有 32 人，占 5.37%。特殊教育学校教师处于 30 岁以下年龄段的较多，但整体而言各年龄段的教师人数较均衡。如表 4.68 所示。

表 4.68 特殊教育学校教师年龄分布情况

年龄	小计	比例
30 岁及以下	139	23.32%
31—35 岁	117	19.63%
36—40 岁	116	19.46%
41—45 岁	98	16.44%
46—50 岁	94	15.77%
51 岁及以上	32	5.37%

3. 教龄结构

参与调查的特教学校教师中，教龄 5 年以下的有 101 人，占 16.95%；教龄 5—10 年的有 132 人，占 22.15%；教龄 11—15 年的有 86 人，占 14.43%；教龄 16—20 年的有 69 人，占 11.58%；教龄 21—25 年的有 103 人，占 17.28%；教龄 25 年以上的有 105 人，占 17.62%。特殊教育学校教龄 5—10 年的教师占比最高，整体教龄结构分布均匀。如表 4.69 所示。

表 4.69 特殊教育学校教师教龄分布情况

教龄	小计	比例
5 年以下	101	16.95%
5—10 年	132	22.15%

续表

教龄	小计	比例
11—15 年	86	14.43%
16—20 年	69	11.58%
21—25 年	103	17.28%
25 年以上	105	17.62%

4. 学历结构

参与调查的特教学校教师中，大专及以下学历的有 28 人，占 4.70%；本科学历的有 534 人，占 89.60%；硕士研究生及以上学历的有 34 人，占 5.70%。特殊教育学校教师的学历普遍较高，以本科学历为主，同时兼含少部分大专及以下和硕士研究生及以上学历的教师。如表 4.70 所示。

表 4.70 特殊教育学校教师的学历情况

学历	小计	比例
大专及以下	28	4.70%
本科	534	89.60%
硕士研究生	34	5.70%
博士研究生	0	0

5. 职称结构

参与调查的特教学校教师中，副高级职称的有 61 人，占 10.23%；中级职称的有 254 人，占 42.62%；初级职称的有 231 人，占 38.76%；；无职称的有 50 人，占 8.39%。特殊教育学校初级职称教师和中级职称教师的总和占比近 82.00%，整体来说职称结构合理。如表 4.71 所示。

表 4.71 特殊教育学校教师职称分布情况

职称	小计	比例
正高级职称	0	0
副高级职称	61	10.23%
中级职称	254	42.62%
初级职称	231	38.76%
无职称	50	8.39%

6. 专业背景结构

参与调查的教师中，特殊教育专业教师 207 人，占 34.73%；医学康复类专业教师 7 人，占 1.17%；教育学类专业教师 182 人，占 30.54%；中文、数学、生物、物理等学科类专业教师 48 人，占 8.05%，心理学专业教师 13 人，占 2.18%；其他专业教师 48 人，占 8.05%。特殊教育学校教师的专业背景较丰富，并以教育学类及特殊教育专业为主。如表 4.72 所示。

表 4.72 特殊教育学校教师的专业背景分布情况

专业背景	小计	比例
特殊教育	207	34.73%
医学康复类	7	1.17%
教育学类	182	30.54%
学科类专业	91	15.27%
艺术和体育	48	8.05%
心理学专业	13	2.18%
其他	48	8.05%

7. 特殊教育专业背景结构

参与调查的特殊教育学校教师在职前阶段系统学习过特殊教育相关专业课程的有 499 人，占比 83.72%。其中 265 人是特殊教育专业毕业，占比 44.46%；234 人虽然是非特殊教育专业毕业，但系统学习过特殊教育相关专业课程；还有 97 人是非特殊教育专业毕业，而且没有系统学习过特殊教育相关专业课程，占比 16.28%。超八成的特殊教育学校教师拥有一定的特殊教育专业背景，说明当前特教教师具有良好的专业素养。如表 4.73 所示。

表 4.73 特教学校教师的职前特殊教育相关专业课程学习情况

职前学习情况	小计	比例
特殊教育专业毕业	265	44.46%
非特殊教育专业毕业，系统学习过特殊教育相关专业课程	234	39.26%
非特殊教育专业毕业，没有系统学习过特殊教育相关专业课程	97	16.28%

(二) 工作状况

1. 任教学校类别

参与调查的特教教师中，有聋校教师 48 人，占 8.05%；培智学校教师 431 人，占

72.32%；综合性学校教师 117 人，占 19.63%。特殊教育学校教师以培智学校教师为主，兼含少部分聋校和综合性学校的教师。如表 4.74 所示。

表 4.74 特殊教育学校教师的任教学校类别分布情况

任教学校类别	小计	比例
聋校	48	8.05%
培智学校	431	72.32%
综合性学校	117	19.63%

2. 在校从事工作

参与调查的特教教师中，在校担任校长或副校长的有 10 人，占 1.68%；在校担任中层领导的有 35 人，占 5.87%；是学校管理岗的有 8 人，占 1.34%；担任学科教学教师的有 493 人，占 82.72%；担任学校康复类专业教师的有 26 人，占 4.36%；专职负责特教中心工作的有 6 人，占 1.01%。特殊教育学校教师构成以学科教学教师为主。如表 4.75 所示。

表 4.75 特殊教育学校教师在校从事工作情况

在校从事工作	小计	比例
学校校长、副校长	10	1.68%
学校中层领导	35	5.87%
学校管理岗位	8	1.34%
学科教学教师	493	82.72%
学校康复类专业教师	26	4.36%
专职负责特教中心工作	6	1.01%
其他	18	3.02%

3. 任教学科数量

调查结果显示，25.34% 的特教教师在校担任 1 门学科教学工作，26.17% 的特教教师在校担任 2 门学科教学工作，25.67% 的特教教师在校担任 3 门学科教学工作，8.05% 的特教教师在校担任 4 门学科教学工作，12.42% 的特教教师在校担任 4 门及以上的学科教学工作，还有 2.35% 的特教教师不担任教学工作。如表 4.76 所示。

表 4.76　特殊教育学校教师任教学科数量情况

任教的学科数量	小计	比例
1 门	151	25.34%
2 门	156	26.17%
3 门	153	25.67%
4 门	48	8.05%
4 门以上	74	12.42%
没有教课	14	2.35%

4. 周课时

调查结果显示，6.88%的特教教师的周课时在 5 课时及以下，9.90%的特教教师的周课时为 6—10 课时，32.55%的特教教师的周课时为 11—14 课时，44.80%的特教教师的周课时为 15—18 课时，2.68%的特教教师的周课时为 19—21 课时，0.67%的特教教师表示其周课时在 22 课时及以上，还有 2.52%的特教教师没有教课。如表 4.77 所示。

表 4.77　特殊教育学校教师周课时情况

周课时	小计	比例
5 课时及以下	41	6.88%
6—10 课时	59	9.90%
11—14 课时	194	32.55%
15—18 课时	267	44.80%
19—21 课时	16	2.68%
22 课时及以上	4	0.67%
没有教课	15	2.52%

二、特殊教育学校教师专业素养现状

（一）教学效能感

1. 教学效能感现状

特殊教育学校教师教学效能感的均值为 3.20，标准差为 0.608。教学策略维度的教学效能感均值为 3.20，标准差为 0.606；课堂管理维度的教学效能感均值为 3.20，标准差为 0.601；学生参与维度的教学效能感均值为 3.19，标准差为 0.616。如表 4.78 所示。

表 4.78　特殊教育学校教师教学效能感现状

维度	均值	标准差
教学策略	3.20	0.606
课堂管理	3.20	0.601
学生参与	3.19	0.616
整体教学效能感	3.20	0.608

2. 教学效能感差异性分析

(1) 性别差异。 独立样本 t 检验发现，不同性别的特殊教育教师在教学策略、课堂管理及学生参与维度上的教学效能感均未呈现出显著差异。数据说明，北京市特殊教育学校不同性别教师的效能感没有差异，较均衡。如表 4.79 所示。

表 4.79　不同性别特殊教育学校教师教学效能感的差异性分析

维度	性别	均值	标准差	t	p
教学策略	男	3.17	0.62	0.387	0.534
	女	3.21	0.55		
课堂管理	男	3.14	0.65	1.007	0.316
	女	3.22	0.55		
学生参与	男	3.17	0.64	0.569	0.451
	女	3.21	0.56		

注：* $p<0.05$；** $p<0.01$；*** $p<0.001$

(2) 教龄差异。 单因素方差分析发现，不同教龄的特殊教育教师在教学策略、课堂管理、学生参与维度上的教学效能感均无显著差异。如表 4.80 所示。

表 4.80　不同教龄特殊教育学校教师教学效能感的差异性分析

教学效能感	教龄	均值	标准差	F	p
教学策略	新职教师	3.31	0.53	2.636	0.072
	青年教师	3.19	0.51		
	经验教师	3.17	0.61		
课堂管理	新职教师	3.29	0.51	2.742	0.065
	青年教师	3.14	0.51		
	经验教师	3.22	0.64		

续表

教学效能感	教龄	均值	标准差	F	p
学生参与	新职教师	3.28	0.54	1.627	0.197
	青年教师	3.16	0.53		
	经验教师	3.19	0.62		

注：＊p<0.05；＊＊p<0.01；＊＊＊p<0.001

(3) 学历差异。单因素方差分析发现，不同学历的特殊教育教师在教学策略、课堂管理维度上的教学效能感存在显著差异。事后检验（LSD）发现：大专及以下学历的教师教学策略、课堂管理效能感分别比本科、硕士研究生及以上学历的教师效能感低（p<0.05）。数据说明，北京市特殊教育学校教师的学历越低，教学效能感越低，应加强提升特殊教育教师的整体学历水平，有助于提升其教学效能感。如表4.81所示。

表4.81 不同学历特殊教育学校教师教学效能感的差异性分析

教学效能感	学历	均值	标准差	F	p	LSD
教学策略	大专及以下	2.94	0.53	3.280	0.038＊	1<2
	本科	3.21	0.57			1<3
	硕士研究生及以上	3.22	0.43			
课堂管理	大专及以下	2.94	0.58	3.242	0.040＊	1<2
	本科	3.22	0.58			1<3
	硕士研究生及以上	3.21	0.49			
学生参与	大专及以下	3.00	0.54	1.838	0.160	
	本科	3.21	0.58			
	硕士研究生及以上	3.18	0.48			

注：＊p<0.05；＊＊p<0.01；＊＊＊p<0.001

(4) 专业差异。单因素方差分析发现，不同专业的特殊教育教师在教学策略、课堂管理及学生参与维度上的效能感均无显著差异。数据说明，北京市特殊教育学校教师的专业不会对其教学效能感产生显著影响。如表4.82所示。

表4.82 不同专业特殊教育学校教师教学效能感的差异性分析

教学效能感	专业	均值	标准差	F	p
教学策略	特殊教育	3.21	0.56		
	医学康复类	2.81	0.37		

续表

教学效能感	专业	均值	标准差	F	p
	教育学类	3.23	0.56	1.287	0.261
	学科类专业（如中文、数学、生物、物理等）	3.16	0.63		
	艺术和体育	3.29	0.49		
	心理学专业	3.17	0.62		
	其他	3.10	0.56		
课堂管理	特殊教育	3.16	0.55	1.631	0.136
	医学康复类	2.91	0.19		
	教育学类	3.26	0.56		
	学科类专业（如中文、数学、生物、物理等）	3.20	0.67		
	艺术和体育	3.31	0.51		
	心理学专业	3.28	0.57		
	其他	3.08	0.60		
学生参与	特殊教育	3.16	0.58	1.312	0.249
	医学康复类	2.88	0.19		
	教育学类	3.24	0.57		
	学科类专业（如中文、数学、生物、物理等）	3.20	0.64		
	艺术和体育	3.33	0.50		
	心理学专业	3.16	0.34		
	其他	3.13	0.60		

注：＊$p<0.05$；＊＊$p<0.01$；＊＊＊$p<0.001$

（5）职称差异。单因素方差分析发现，不同职称的特教教师在教学策略、课堂管理及学生参与维度上的教学效能感均呈现出显著差异。事后检验（LSD）发现：副高级职称教师、初级职称教师的教学策略效能感比中级职称、无职称的教师高（$p<0.05$）；副高级职称教师的课堂管理效能感比中级职称、无职称的教师高（$p<0.05$）；副高级职称教师的学生参与效能感比中级职称、初级职称、无职称的教师高（$p<0.05$）。数据说明，北京市特殊教育学校教师的职称越高，教学效能感越高，建立健全特殊教育教师的

职称评定机制，有助于提升特殊教育教师的教学效能感。如表 4.83 所示。

表 4.83 不同职称的特殊教育学校教师教学效能感的差异性分析

教学效能感	职称	均值	标准差	F	p	LSD
教学策略	正高级职称	0	0	3.723	0.011*	2>3
	副高级职称	3.31	0.55			2>5
	中级职称	3.14	0.60			4>3
	初级职称	3.27	0.523			4>5
	无职称	3.11	0.56			
课堂管理	正高级职称	0	0	3.234	0.022*	
	副高级职称	3.37	0.56			
	中级职称	3.17	0.61			
	初级职称	3.23	0.53			
	无职称	3.09	0.54			
学生参与	正高级职称	0	0	4.100	0.007**	
	副高级职称	3.39	0.56			
	中级职称	3.15	0.60			
	初级职称	3.23	0.54			
	无职称	3.09	0.57			

注：* $p<0.05$；** $p<0.01$；*** $p<0.001$

（6）学校类别差异。单因素方差分析发现，任教学校不同类别的特教教师在教学策略、课堂管理及学生参与维度上的教学效能感均无显著差异。数据说明，北京市特殊教育学校教师的任教学校类别不会对其教学效能感产生显著影响。如表 4.84 所示。

表 4.84 不同学校类别的特殊教育学校教师的教学效能感差异性分析

教学效能感	任教学校类别	均值	标准差	F	p
教学策略	聋校	3.22	0.37	0.895	0.409
	盲校	0	0		
	培智学校	3.22	0.58		
	综合性学校	3.14	0.59		

续表

教学效能感	任教学校类别	均值	标准差	F	p
课堂管理	聋校	3.33	0.47	1.860	0.157
	盲校	0	0		
	培智学校	3.20	0.58		
	综合性学校	3.15	0.59		
学生参与	聋校	3.28	0.44	0.568	0.567
	盲校	0	0		
	培智学校	3.19	0.59		
	综合性学校	3.19	0.58		

注：*p<0.05；**p<0.01；***p<0.001

（7）工作分工差异。 单因素方差分析发现，从事不同工作的特教教师在教学策略、课堂管理及学生参与维度上的教学效能感未呈现出显著差异。数据说明，北京市特殊教育学校教师的工作内容不会对其教学效能感产生显著影响。如表 4.85 所示。

表 4.85　从事不同工作的特殊教育学校教师的教学效能感差异性分析

教学效能感	任教学校类别	均值	标准差	F	p
教学策略	学校校长、副校长	2.83	0.97	1.888	0.081
	学校中层领导	3.09	0.64		
	学校管理岗	3.33	0.44		
	学科教学教师	3.22	0.55		
	学校康复类专业教师	3.21	0.55		
	专职负责特教中心工作	3.38	0.74		
	其他	2.94	0.41		
课堂管理	学校校长、副校长	2.85	0.97	1.439	0.197
	学校中层领导	3.12	0.64		
	学校管理岗	3.30	0.48		
	学科教学教师	3.22	0.56		
	学校康复类专业教师	3.15	0.54		
	专职负责特教中心工作	3.21	0.71		
	其他	2.99	0.42		

续表

教学效能感	任教学校类别	均值	标准差	F	p
学生参与	学校校长、副校长	2.83	0.93	1.534	0.164
	学校中层领导	3.13	0.65		
	学校管理岗	3.35	0.46		
	学科教学教师	3.22	0.57		
	学校康复类专业教师	3.08	0.55		
	专职负责特教中心工作	3.21	0.75		
	其他	3.03	0.41		

注：* $p<0.05$；** $p<0.01$；*** $p<0.001$

（8）任教学科数量差异。 单因素方差分析发现，任教学科数量不同的特教教师在教学策略方面呈现出显著差异。事后检验（LSD）发现：授课 3 门的教师的教学策略效能感显著依次高于授课 1 门和 2 门、没有授课的教师；授课 4 门以上的教师的教学策略效能感高于没有授课的教师。数据说明，北京市特殊教育学校教师随着授课数量的增加，其教学策略效能感增强。如表 4.86 所示。

表 4.86 任教学科数量不同的特殊教育学校教师教学效能感的差异性分析

教学效能感	任教学科数量	均值	标准差	F	p	LSD
教学策略	没有教课	2.84	0.70	2.720	0.019*	1<2 3<4 1<5
	1 门	3.16	0.49			
	2 门	3.16	0.59			
	3 门	3.28	0.53			
	4 门	3.17	0.59			
	4 门以上	3.29	0.63			
课堂管理	没有教课	2.96	0.74	1.603	0.157	
	1 门	3.18	0.51			
	2 门	3.14	0.58			
	3 门	3.27	0.54			
	4 门	3.22	0.63			
	4 门以上	3.26	0.64			

续表

教学效能感	任教学科数量	均值	标准差	F	p	LSD
学生参与	没有教课	3.04	0.79	1.604	0.157	
	1门	3.17	0.49			
	2门	3.13	0.59			
	3门	3.26	0.55			
	4门	3.21	0.62			
	4门以上	3.28	0.65			

注：$*p<0.05$；$**p<0.01$；$***p<0.001$

（9）周课时差异。单因素方差分析发现，任教课时数量不同的特教教师的教学效能感存在显著差异。事后检验（LSD）发现，任教19—21周课时的教师比任教11—14、6—10周课时，没有教课的教师的教学效能感高；任教15—18周课时的特教教师显著比任教11—14周课时、没有教课的教师的教学效能感高。数据说明，北京市特殊教育学校周课时长的教师比周课时短的教师的教学效能感高。如表4.87所示。

表4.87　任教周课时数量不同的特殊教育学校教师教学效能感的差异性分析

教学效能感	任教周课时数量	均值	标准差	F	p	LSD
教学策略	没有教课	2.92	0.74	2.604	0.017**	1、3、4<6 1、4<5
	5课时及以下	3.15	0.54			
	6—10课时	3.12	0.58			
	11—14课时	3.14	0.53			
	15—18课时	3.27	0.57			
	19—21课时	3.44	0.49			
	22课时及以上	3.06	0.13			
课堂管理	没有教课	3.03	0.76	1.796	0.097	
	5课时及以下	3.18	0.58			
	6—10课时	3.11	0.59			
	11—14课时	3.15	0.56			
	15—18课时	3.26	0.57			
	19—21课时	3.41	0.50			
	22课时及以上	3.00	0.00			

续表

教学效能感	任教周课时数量	均值	标准差	F	p	LSD
学生参与	没有教课	3.10	0.80	2.071	0.055	
	5课时及以下	3.23	0.54			
	6—10课时	3.07	0.57			
	11—14课时	3.13	0.54			
	15—18课时	3.26	0.59			
	19—21课时	3.39	0.49			
	22课时及以上	3.00	.00			

注：＊$p<0.05$；＊＊$p<0.01$；＊＊＊$p<0.001$

（二）专业知识掌握情况

调查结果显示，特殊教育学校教师掌握程度较高的特殊教育专业知识为特殊教育基本理论、智力残疾儿童的身心特点和学习特点、特殊教育政策法规；掌握程度较低的特殊教育专业知识为视力残疾儿童的身心特点和学习特点、听力残疾儿童的身心特点和学习特点。如表4.88所示。

表4.88 特殊教育学校教师的特殊教育专业知识掌握情况

专业能力	完全掌握	大部分掌握	有些掌握	一点掌握	未掌握	自评得分
[1]特殊教育基本理论	53（8.89%）	297（49.83%）	193（32.38%）	39（6.54%）	14（2.35%）	64.09
[2]特殊教育历史	42（7.05%）	220（36.91%）	223（37.42%）	88（14.77%）	23（3.86%）	57.13
[3]特殊教育政策法规	57（9.56%）	222（37.25%）	223（37.42%）	70（11.74%）	24（4.03%）	59.14
[4]特殊教育的医学基础	22（3.69%）	153（25.67%）	202（33.89%）	149（25.00%）	70（11.74%）	46.14
[5]视力残疾儿童的身心特点和学习特点	22（3.69%）	131（21.98%）	145（24.33%）	123（20.64%）	175（29.36%）	37.50
[6]听力残疾儿童的身心特点和学习特点	38（6.38%）	138（23.15%）	132（22.15%）	128（21.48%）	160（26.85%）	40.18

续表

专业能力	完全掌握	大部分掌握	有些掌握	一点掌握	未掌握	自评得分
[7] 智力残疾儿童的身心特点和学习特点	70（11.74%）	251（42.11%）	161（27.01%）	75（12.58%）	39（6.54%）	59.98
[8] 脑瘫儿童的身心特点和学习特点	44（7.38%）	215（36.07%）	182（30.54%）	91（15.27%）	64（10.74%）	53.52
[9] 孤独症儿童的身心特点和学习特点	53（8.89%）	239（40.10%）	174（29.19%）	86（14.43%）	44（7.38%）	57.17
[10] 多重残疾儿童的身心特点和学习特点	43（7.21%）	219（36.74%）	191（32.05%）	100（16.78%）	43（7.21%）	54.99

对不同教龄、学历、职称，职前接受特殊教育专业训练情况不同的特殊教育学校教师的特殊教育专业知识掌握情况做单因素方差分析，未发现有显著差异。

（三）专业能力掌握情况

1. 环境创设与利用

调查结果显示，资源教师在环境创设与利用方面的专业能力掌握情况自评得分为60.57。如表4.89所示。

表4.89 特殊教育学校教师环境创设与利用维度的专业能力掌握情况

专业能力	完全掌握	大部分掌握	有些掌握	一点掌握	未掌握	自评得分
使用特殊教育教具辅具	56（9.40%）	257（43.12%）	184（30.87%）	81（13.59%）	18（3.02%）	60.57

2. 评估与设计

调查结果显示，特殊教育学校教师在评估与设计方面掌握程度较高的专业能力为设计教学方案；掌握程度较低的专业能力为特殊需要学生的教育评估。如表4.90所示。

表4.90 特殊教育学校教师评估与设计维度的专业能力掌握情况

专业能力	完全掌握	大部分掌握	有些掌握	一点掌握	未掌握	自评得分
特殊需要学生的教育评估	45（7.55%）	209（35.07%）	189（31.71%）	104（17.45%）	49（8.22%）	54.07

续表

专业能力	完全掌握	大部分掌握	有些掌握	一点掌握	未掌握	自评得分
个别化教育计划的制订与实施	87（14.60%）	259（43.46%）	157（26.34%）	72（12.08%）	21（3.52%）	63.38
教材选用	57（9.56%）	226（37.92%）	200（33.56%）	86（14.43%）	27（4.53%）	58.39
设计教学方案	89（14.93%）	302（50.67%）	139（23.32%）	52（8.72%）	14（2.35%）	66.78
调整课程与教学	59（9.9%）	286（47.99%）	172（28.86%）	60（10.07%）	19（3.19%）	62.84

3. 组织与实施

调查结果显示，特殊教育学校教师在组织与实施方面掌握程度较高的专业能力为特殊需要学生感知与运动训练；掌握程度较低的专业能力为特殊需要学生心理训练。如表 4.91 所示。

表 4.91 特殊教育学校教师组织与实施维度的专业能力掌握情况

专业能力	完全掌握	大部分掌握	有些掌握	一点掌握	未掌握	自评得分
特殊需要学生感知与运动训练	47（7.89%）	206（34.56%）	191（32.05%）	111（18.62%）	41（6.88%）	54.49
特殊需要学生心理训练	40（6.71%）	178（29.87%）	210（35.23%）	113（18.96%）	55（9.23%）	51.47
特殊需要学生语言训练	40（6.71%）	206（34.56%）	194（32.55%）	112（18.79%）	44（7.38%）	53.61
特殊需要学生康复	39（6.54%）	186（31.21%）	215（36.07%）	113（18.96%）	43（7.21%）	52.73

对不同教龄、学历、职称，职前接受特殊教育专业训练情况不同的特殊教育学校教师组织与实施维度的专业能力掌握情况做单因素方差分析，结果发现，职前专业训练情况不同的特殊教育学校教师，其组织与实施维度的专业能力掌握情况呈现出显著差异。事后检验（LSD）发现，特殊教育专业毕业的特教教师和不是特殊教育专业毕业，但系统学习过特殊教育专业知识的特教教师在组织与实施方面的专业能力掌握情况比非特殊教育专业毕业，且从未学习过特殊教育相关专业课程的特教教师更好（$p<0.05$）。如表 4.92 所示。

表 4.92　职前专业训练情况不同的特教学校教师在组织与实施方面的专业能力掌握情况差异性分析

职前接受特殊教育专业训练情况	平均值	标准差	F
特殊教育专业	2.63	0.86	33.212***
非特殊教育专业，但系统学习过特殊教育相关专业课程	2.89	0.90	
非特殊教育专业，且从未学习过特殊教育相关专业课程	3.47	0.97	

注：*$p<0.05$；**$p<0.01$；***$p<0.001$

4. 沟通与合作

调查结果显示，特殊教育学校教师在沟通与合作方面掌握程度较高的专业能力为个人组织协调规划沟通技能；掌握程度较低的专业能力为特殊需要学生家长工作。如表 4.93 所示。

表 4.93　特殊教育学校教师在沟通与合作方面的专业能力掌握情况

专业能力	完全掌握	大部分掌握	有些掌握	一点掌握	未掌握	自评得分
特殊需要学生家长工作	52（8.72%）	249（41.78%）	173（29.03%）	94（15.77%）	28（4.70%）	58.52
个人情绪管理与压力管理	54（9.06%）	237（39.77%）	208（34.90%）	73（12.25%）	24（4.03%）	59.40
个人组织协调规划沟通技能	48（8.05%）	254（42.62%）	194（32.55%）	79（13.26%）	21（3.52%）	59.61

5. 反思与发展

调查结果显示，特殊教育学校教师在个人专业发展与生涯规划方面的自评得分为 60.49，在特殊教育研究方法方面的自评得分为 58.22。如表 4.94 所示。

表 4.94　特殊教育学校教师在反思与发展方面的专业能力掌握情况

专业能力	完全掌握	大部分掌握	有些掌握	一点掌握	未掌握	自评得分
个人专业发展与生涯规划	57（9.56%）	256（42.95%）	186（31.21%）	74（12.42%）	23（3.86%）	60.49
特殊教育研究方法	47（7.89%）	234（39.26%）	207（34.73%）	84（14.09%）	24（4.03%）	58.22

本 章 小 结

从研究结果来看，无论是巡回指导教师、特殊教育资源教师，还是特殊教育学校教师，目前的专业知识、专业能力掌握情况与"数量充足、结构合理、素质优良、富有爱心的高素质专业化特殊教育教师队伍"[①] 仍有一定差距，具体表现在以下几个方面。

一是资源教师和巡回指导教师专职比例较低。调查研究发现，北京市特殊教育专业教师队伍构成复杂，专职教师数量较少，专职资源教师比例为 15.2%，专职巡回指导教师比例为 23.73%，其余资源教师和巡回指导教师均身兼数职。调查结果显示，专职的资源教师和巡回指导教师担任相关工作的工作年限、每天从事相关工作的时间显著长于兼职的资源教师和巡回指导教师；专职的资源教师和巡回指导教师所服务的特殊学生数量显著多于兼职的资源教师和巡回指导教师；且专职资源教师的教学策略效能感显著强于兼职资源教师。但碍于目前资源教师和巡回指导教师的专职比例较低的现状，普通学校融合教育工作和区域巡回指导工作开展受限，工作覆盖面有限，工作成效也不突出。

二是特殊教育教师职前特殊教育专业培养不足。调查研究发现，在职前阶段，有 28.81% 的巡回指导教师、59.28% 的普通学校资源教师和 16.28% 的特殊教育学校教师不是特殊教育专业毕业，而且没有系统学习过特殊教育相关专业课程。职前未经过特殊教育专业培训的教师，在从事特殊教育相关工作后往往会出现特殊教育认知混乱、特殊教育技能不足、因特殊工作环境或工作能力不匹配产生心理落差、职业信念感、教学效能感和工作满意度降低的情况，这些因素会直接影响特殊教育教师的教学质量，进而影响特殊需要学生的受教育质量，长此以往，也不利于这部分教师的职业发展，容易出现职业倦怠和离职倾向，不利于特殊教育教师队伍的长期稳定发展。

三是特殊教育专业教师的专业素养有待提升。从现状调查结果看，目前北京市特殊教育专业教师掌握程度较高的特殊教育专业知识为特殊教育基本理论、智力残疾儿童的身心特点和学习特点以及特殊教育政策法规；掌握程度较低的特殊教育专业知识为特殊教育的医学基础等跨学科专业能力，服务不同学生数量的巡回指导教师和资源教师在多个维度的专业能力掌握情况上呈现出显著差异。总体而言，北京市特殊教育专业教师队伍的整体专业发展水平距离"师德高尚、理念先进、视野开阔，善于研究的高素质、专业化特殊教育专业教师"的目标尚有一定距离，迫切需要帮助各类特殊

---

① 教育部等七部门.《第二期特殊教育提升计划（2017—2020 年）》（教基〔2017〕6 号）. http://www.moe.gov.cn/srcsite/A06/s3331/201707/t20170720_309687.html.

教育专业教师储备"特殊教育+普通教育"复合型的知识结构，补充、更新特殊教育基本知识与技能，补充普通教育经验和融合教育知识与技能，同时，面对目前随班就读中特殊需要学生的类型多样化的现状，特殊教育专业教师在教育评估、康复训练等方面的专业能力均不足以应对。此外，需要重点提升所有教师的沟通与合作能力以及巡回指导教师的咨询与指导能力、资源教师的特殊教育专业能力等。

第 5 章　特殊教育专业教师专业发展需求分析

本章依据研究制定的不同类型特殊教育专业教师的专业素养标准，采用问卷调查与专题访谈相结合的混合研究方法，面向巡回指导教师、资源教师和特殊教育学校教师这三类特殊教育专业教师，从专业知识、专业能力和专业发展方式等方面全面分析其专业发展需求，为后续的培养内容和培养方式设计明确目标和方向，在特殊教育专业教师的专业发展现状和培养机制设计与实施之间建立起重要的桥梁。

第 1 节　研究设计

一、研究思路

教师专业发展需求是指教师在知识、技能和态度等教育教学方面目前的状况与所期望达到的状况之间进行对比找出绩效差距，揭示教师在知识、技能和态度等方面存在的问题与不足和将要解决的问题而确定的[①]。本研究采用混合研究范式中的一致性并行设计进行研究，即研究者同时进行定量和定性部分的收集与分析，然后在整体阐释阶段混合定量和定性结果，以特殊教育专业教师的专业发展需求调查为契机，就同一主题进行研究，获得互补的数据，对研究问题做出最佳且全面的解释，以期为设计特殊教育专业教师培养机制提供启示和借鉴。研究思路如图 5.1 所示。

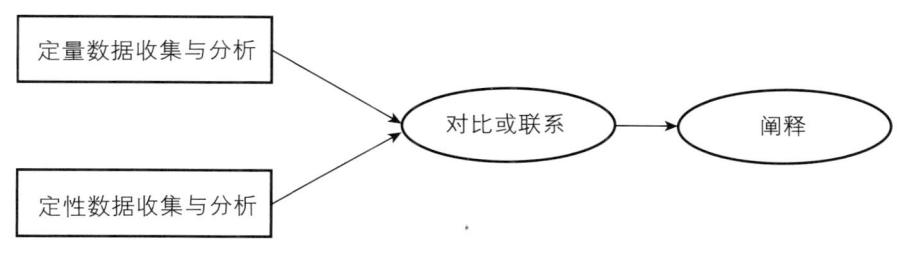

图 5.1　一致并行设计研究路径图

二、研究对象

本研究采用目的抽样和方便抽样相结合的方式，在全市 16 个区通过网络发放、平

---

① 张海珠. 教师培训需求分析模式研究——基于"教师专业标准"的探讨 [J]. 课程·教材·教法，2017（12）：104-109.

台采集、团体焦点访谈等方式对三类特殊教育专业教师进行调研。各类研究对象基本情况介绍如下。

(一) 巡回指导教师

本研究中的巡回指导教师是指以巡回指导的方式，对一定区域内开展融合教育的普通中小学校、幼儿园就读的特殊需要学生及其教师、家长等相关人员进行定期或专项指导的专业人员，属于特殊教育教师。

量化研究中，本研究采取整群抽样的方法，共收集了全市118名巡回指导教师的有效问卷，覆盖全市16个区。

质性研究中，从北京市各区抽取一名巡回指导教师参与团体焦点访谈，共计16名巡回指导教师。焦点访谈围绕巡回指导教师的专业发展需求和专业发展困难这两个主题展开，并针对巡回指导教师的专业发展需求，选择2名优秀巡回指导教师进行一对一访谈。

表5.1 受访者信息表

访谈方式	姓名	工作所在区域	职务
团体焦点访谈	WBW	门头沟	教师
	GXW	北京43中学	科研主任
	BJY	怀柔区	教师
	WY	密云区	副校长
	WZP	昌平区	副校长
	ZRJ	丰台区	教师
	SCX	东城区	教师
	SLW	石景山区	教师
	LJ	平谷区	教研员
	CJY	房山区	教师
	CM	大兴区	副主任
	FJR	通州区	教师
	HCX	延庆区	教师
	LC	延庆区	教师
	LH	顺义区	教师
	WHX	海淀区	教师
一对一访谈	WHX	海淀区特殊教育资源中心	主任
	SQH	东城区特殊教育资源中心	教师

(二) 资源教师

在本研究中，资源教师是指在开展融合教育的普通中小学校中规划、建设、运用和管理资源教室，为特殊教育需要学生、家长、教师提供特殊教育专业服务的专业人员，属于特殊教育教师。本研究共收集了 388 名资源教师的有效问卷，覆盖全市 16 个区。

（三）特殊教育学校教师

在本研究中，特殊教育学校教师是指在特殊教育学校为有身心发展障碍的儿童提供特殊教育的教师。本研究共收集了 596 名资源教师的有效问卷，覆盖全市 16 个区。

三、研究工具

本研究采用自编的《北京市特殊教育教师专业发展问卷》进行调研。问卷编制过程中充分借鉴了大量已有文献中关于教师专业发展、特殊教育教师角色、应具备的专业素养等问题的讨论[1][2]，教育部及北京市出台的特殊教育相关文件中对于特殊教育教师的职责规定（如《特殊教育教师专业标准》《资源教室建设指南》等）以及笔者本人的实际工作经验，并充分征求了相关专业人员的修订意见。

问卷包括三类：巡回指导教师调查问卷、普通学校资源教师调查问卷和特殊教育学校教师调查问卷（见附录二*）。各类问卷的主要内容介绍如下。

（一）巡回指导教师调查问卷

对巡回指导教师专业发展需求情况的调查内容包括：巡回指导教师参加不同类型的专业发展活动情况、阻碍巡回指导教师参加专业发展活动的影响因素，以及巡回指导教师对专业知识、专业能力和专业发展方式的需求。其中，巡回指导教师对专业知识的需求包括学生发展知识、特殊教育专业知识、普通教育专业知识和跨学科知识三个方面，对专业能力的需求包括咨询与指导、评估与设计、组织与协调、沟通与合作、反思与发展五个维度。问卷采用四点量表，"1"表示"完全不需要"，"4"表示"非常需要"。得分越高，表示需求程度越高。问卷总体及各维度的内部一致性系数在 0.91—0.94 之间，说明问卷具有良好的信度。

（二）资源教师调查问卷

对资源教师专业发展现状和需求情况的调查内容包括：参加不同类型的专业发展活动情况、阻碍资源教师参加专业发展活动的影响因素，以及资源教师对专业知识、专业能力和专业发展方式的需求。其中，资源教师对专业知识的需求包括学生发展知识、特殊教育专业知识、普通教育专业知识和跨学科知识三个方面，对专业能力的需求包括环境创设与利用、评估与设计、组织与实施、沟通与合作、反思与发展五个维

---

[1] 刘全礼. 随班就读教育学——资源教师的理念与实践［M］. 天津：天津教育出版社，2007.
[2] 冯雅静，朱楠. 随班就读资源教师专业化发展的现状与对策［J］. 中国特殊教育，2018（2）：45-51.
* 编注：本书附录已转为在线资源，可前往"华夏特教"微信公众号浏览参考。

度。问卷采用四点量表,"1"表示"完全不需要","4"表示"非常需要"。得分越高,表示需求程度越高。问卷总体及各维度的内部一致性系数在 0.90—0.95 之间,说明问卷具有良好的信度。

(三) 特殊教育学校教师调查问卷

对特殊教育学校教师专业发展现状和需求情况的调查内容包括:参加不同类型的专业发展活动情况、阻碍特殊教育学校教师参加专业发展活动的影响因素,以及特殊教育学校教师对专业知识、专业能力和专业发展方式的需求。其中,特殊教育教师对专业知识的需求包括 10 个题目,对专业能力的需求包括环境创设与利用、评估与设计、组织与实施、沟通与合作、反思与发展五个维度。问卷采用四点量表,"1"表示"完全不需要","4"表示"非常需要"。得分越高,表示需求程度越高。问卷总体及各维度的内部一致性系数在 0.92—0.96 之间,说明问卷具有良好的信度。

同时,编制巡回指导教师、资源教师和特殊教育学校教师访谈提纲(见附录三[*]),从个人职业生涯发展阶段及当前主要工作内容、对教师专业素质及能力的认识,以及对个人职后培养的动力、需求及影响因素的看法三个方面进行访谈。

四、研究过程

问卷调查通过"问卷星"网络平台进行。课题组通过网络平台向全市各区特教中心及所有特殊教育学校发起问卷调查邀请,各区、各校组织特殊教育学校教师、巡回指导教师和相关普通学校的资源教师参与作答,各区教师可自由安排时间,通过电脑或手机作答问卷,并通过网络提交问卷。课题组运用 SPSS 22 对三类特殊教育教师问卷数据进行详细分析与研究。

访谈调查分为两个调研团队从横向、纵向的视角对北京各区的巡回指导教师、资源教师和特殊教育学校教师进行访谈,并对访谈记录进行录音、编码分析。

第 2 节 巡回指导教师专业发展需求分析

一、专业知识需求

(一) 学生发展知识

来自特殊教育学校的巡回指导教师表示需要补充与孤独症、情绪障碍、学习困难等类别的特殊儿童相关的知识与技能。来自普通学校的巡回指导教师表示掌握与

---

[*] 编注:本书附录已转为在线资源,可前往"华夏特教"微信公众号浏览参考。

特殊教育相关的专业知识与技能十分重要，如"我认为巡回指导老师首先应该具有特殊教育学、心理学、康复学等这些专业背景，然后他应该是一个专职的人员"。（0917WHCX）

调查结果显示，巡回指导教师在专业知识方面的需求按照程度由高到低排列，依次是：巡回指导的理论知识、融合教育的理念和政策形势、特殊学生的身心发展规律、巡回指导和资源教室运行的国际经验、特殊教育教师专业标准、学科课程标准与教材解读、特殊教育相关法律法规、融合教育信念感的构建以及特殊教育教师的师德师风建设。如表5.2所示（按需求程度从高到低排序）。

表5.2 巡回指导教师专业知识需求情况

专业知识	完全不需要	有点需要	有些需要	非常需要
巡回指导的理论知识	2（1.69%）	3（2.54%）	41（34.75%）	72（61.02%）
融合教育的理念和政策形势	3（2.54%）	5（4.24%）	44（37.29%）	66（55.93%）
特殊学生的身心发展规律	3（2.54%）	6（5.08%）	31（26.27%）	78（66.10%）
巡回指导的国际经验	2（1.69%）	8（6.78%）	38（32.20%）	70（59.32%）
资源教室运行的国际经验	2（1.69%）	8（6.78%）	42（35.59%）	66（55.93%）
特殊教育教师专业标准	3（2.54%）	6（5.08%）	46（38.98%）	63（53.39%）
学科课程标准与教材解读	3（2.54%）	9（7.63%）	36（30.51%）	70（59.32%）
特殊教育相关法律法规	3（2.54%）	8（6.78%）	46（38.98%）	61（51.69%）
融合教育信念感的构建	3（2.54%）	10（8.47%）	40（33.90%）	65（55.08%）
特殊教育教师的师德师风建设	5（4.24%）	16（13.56%）	37（31.36%）	60（50.85%）

（二）特殊教育知识

一些新教师又发现自己在开展巡回指导的工作中缺乏足够的特殊教育基本知识与技能，如"巡回指导教师还有一个任务，他要指导任课教师，要掌握一些特殊教育的教学策略，或者说特殊教育的技能，这些技能要很娴熟，比如说，针对智障孩子，针对孤独症孩子，针对听障孩子，他的教学策略是不一样的，他要指导老师用适合的教学策略在课堂上实施教学，这也是巡回指导教师要做的"。（0910-XSQH）"但是这些培训像是一个点，它不系统、不完整，对于我们这些没有特教专业背景的人来说，它构建的知识不成体系，也不完整，前后联系性不强，所以我希望咱们市教育中心能够做一个长远的规划，安排比较长时间的、封闭性的、结构比较完整的特教理论方面以及实际操作方面的培训"。（0917DLJ）

(三) 普通教育知识

多数教师都认为在从事巡回指导教育工作中还应该补充与普通教育相关的经验与知识。工作单位为非普通学校的巡回指导教师普遍表示需要补充有关普校教育教学的经验。问卷调查结果显示，33.05%的巡回指导教师在特殊教育学校工作，33.90%的巡回指导教师来自各类特殊教育中心，这些教师往往对普通教育体系的了解有限。

了解普通教育知识的重要性在于巡回指导教师就会知道如何更好地提供支持。有老师认为，不管教师是什么专业背景，只要开展巡回指导教师的工作均应该掌握特殊教育方面的相关知识和普通教育方面的相关知识，二者不可偏废，如"就是说第一你要有特教专业，第二你一定要有普教的从业经历"。（0917CWZQ）因为巡回指导工作既涉及普通教育的知识也涉及特殊教育的知识，因此进行巡回指导工作是有知识门槛要求的，如"我有特别特别强烈的感觉，要具有普通教育和特殊教育双重教育教学经验的教师，才适合做巡回指导工作"。（0917BLJ）因为只有两者都具备，才能在工作中得心应手。"他懂得特殊教育，又懂得普校的一些学科的知识，他整合起来指导的时候可能更得心应手一些。"（0917BSLW）

二、专业能力需求

（一）咨询与指导

调查结果显示，在咨询与指导方面的需求按照程度由高到低排列，依次是：特殊学生的情绪行为管理、融合教育课堂管理策略、学校融合教育的推进与管理、特殊学生的安置与教育转衔、课堂教学调整策略、融合教育支持保障体系、资源教室的管理与运作，以及家校合作和与特殊学生家长沟通。如表 5.3 所示（按需求程度从高到低排序）。

表 5.3　巡回指导教师咨询与指导维度的专业能力需求情况

专业能力	完全不需要	有点需要	有些需要	非常需要
特殊学生的情绪行为管理	2（1.69%）	3（2.54%）	25（21.19%）	88（74.58%）
融合教育课堂管理策略	2（1.69%）	4（3.39%）	34（28.81%）	78（66.10%）
学校融合教育的推进与管理	2（1.69%）	3（2.54%）	36（30.51%）	77（65.25%）
特殊学生的安置与教育转衔	2（1.69%）	5（4.24%）	38（32.20%）	73（61.86%）
课堂教学调整策略	2（1.69%）	5（4.24%）	32（27.12%）	79（66.95%）
融合教育支持保障体系	2（1.69%）	5（4.24%）	35（29.66%）	76（64.41%）
资源教室的管理与运作	2（1.69%）	7（5.93%）	37（31.36%）	72（61.02%）
家校合作，与特殊学生家长沟通	2（1.69%）	8（6.78%）	35（29.66%）	73（61.86%）

巡回指导教师普遍报告需要提升指导能力。因在巡回指导工作中接触的群体有所不同，这种指导能力体现在对学校融合教育策略的指导（"指导学校怎样更好地安置这些孩子"0910XQH），对班级教师的课堂指导（"评估完了之后，就去指导了，指导其实也是分两种，一种是手把手地教老师该怎么做，还有一种就是我告诉他方法，然后让他自己去学习"0917BSLW），对资源教师的指导［"再有一个针对咱们资源教师的巡回指导，巡回指导教师对于资源教师的这种管理和指导，尤其是资源教室里一些器械的看护和使用，在这个方面我们（巡回指导教师）也不是很专业"09BLJ］，对家长与学校合作的指导等（"家长如何教育学生，对家长的这种指导，要有一定的经验，怎么说呢？形形色色的家长都遇到过，对不同的家长要有不同的策略，对学生也是一样"0910-XSQH），以及对个案学生的干预指导（"这还是要看学校需求，如果学校有这个需求，需要巡回指导教师下到学校对孩子进行个案干预，就是一对一的辅导，当然很重要"0910XSUQ）。

（二）评估与设计

调查结果显示，在评估与设计方面的需求按照程度由高到低排列，依次是：特殊学生的鉴定与评估方法、特殊学生的辅助技术、学科教学方法与策略、通用学习技术和个别化教育计划。如表 5.4 所示（按需求程度从高到低排序）。

表 5.4　巡回指导教师评估与设计维度的专业能力需求情况

专业能力	完全不需要	有点需要	有些需要	非常需要
特殊学生的鉴定与评估方法	3（2.54%）	3（2.54%）	28（23.73%）	84（71.19%）
特殊学生的辅助技术	2（1.69%）	2（1.69%）	36（30.51%）	78（66.10%）
学科教学方法与策略	2（1.69%）	7（5.93%）	36（30.51%）	73（61.86%）
通用学习技术	2（1.69%）	7（5.93%）	36（30.51%）	73（61.86%）
个别化教育计划	2（1.69%）	8（6.78%）	31（26.27%）	77（65.25%）

有教师在访谈中表明，评估方法是在开展巡回指导工作中的能力短板，亟须得到提升。如："如果有机会参与咱们巡回指导教师的培训，我认为以下 5 个方面是很有必要的。第一个是针对各类特殊儿童的评估及干预方法，咱们现在教室里特殊儿童有很多种，针对这些儿童的评估及干预方法是我们比较急需的。"（0917ACM）具有一定工作经验的老师，他在开展巡回指导工作中，非常清楚自己的需求，并希望能够在专业上有所发展。如："希望有一个针对咱们这样的学生的评估筛查方面的专业培训，还有针对随班就读课堂指导这方面的培训。"（0917AHCX）

(三) 组织与协调

调查结果显示，在组织与协调方面的需求按照程度由高到低排列，依次是：特殊学生的教育康复训练方法、特殊学生教具辅具制作与使用、特殊教育相关资源的获取、融合教育教研的组织与实施以及学校与社区的合作。如表 5.5 所示（按需求程度从高到低排序）。

表 5.5 巡回指导教师组织与协调维度的专业能力需求情况

专业能力	完全不需要	有点需要	有些需要	非常需要
特殊学生的教育康复训练方法	2（1.69%）	5（4.24%）	27（22.88%）	84（71.19%）
特殊学生教具辅具制作与使用	2（1.69%）	8（6.78%）	36（30.51%）	72（61.02%）
特殊教育相关资源的获取	3（2.54%）	4（3.39%）	42（35.59%）	69（58.47%）
融合教育教研的组织与实施	2（1.69%）	5（4.24%）	40（33.90%）	71（60.17%）
学校与社区的合作	2（1.69%）	7（5.93%）	41（34.75%）	68（57.63%）

巡回指导教师普遍报告，迫切需要提升融合教育课程与教学设计的能力。如："我们作为普通学校的教师，希望得到的培训是关于课堂融合的，我们很关注这些，自己也做了一些探索，但还是有一些专业问题搞不懂，我们想了解为什么这个孩子老弄来弄去，上课就躺地上。我们能用什么办法使他融入我们的课堂呢？我们在这方面还不够专业，但是如果我们了解了这些，我们在课堂上就能把课堂融合这个事给经营好。"（0917WWZP）

尤其需要补充有关制订与实施个别化教育干预策略、康复训练的知识与技能。如："巡回指导教师首先应该具备筛选、评估、指导，康复训练，融合教育课题研究以及资源教室的管理与业务指导这些能力，其次是个别化教育计划的制订与实施，因为我们要指导普通学校的老师去制订个别化教育计划，这样也是落实咱们的一人一案。"（0917BLJ）

除此之外，教师还应当知道如何使用学校资源教室的器材，从而为学生提供更好的融合支持。"比如说，资源教室里有好多康复器材，摆了满屋子，老师问你这个怎么用，我真不知道。所以关于资源教室，也应适当地有一些培训，其实这个时间倒不是需要很多，但是这方面的内容应该涉及一些。"（0917AHCX）

需要特别指出的是在区级平台承担巡回指导工作的教师还兼有一定的培训和教研指导任务。"因为目前我们有学区资源中心，学校也有随班就读教研组，把学校和学区的教研带动起来，也能够更及时或者更适切地对老师有一个这样的培训、指导，而且这种培训、指导是基于课堂的、基于老师的实际工作的。"（0910XSUQ）

(四) 沟通与合作

调查结果显示,在沟通与合作方面的需求按照程度由高到低排列,依次是:个人组织协调规划沟通技能、个人情绪管理与压力管理。如表 5.6 所示(按需求程度从高到低排序)。

表5.6 巡回指导教师沟通与合作维度的专业能力需求情况

专业能力	完全不需要	有点需要	有些需要	非常需要
个人组织协调规划沟通技能	2 (1.69%)	3 (2.54%)	38 (32.20%)	75 (63.56%)
个人情绪管理与压力管理	3 (2.54%)	5 (4.24%)	35 (29.66%)	75 (63.56%)

提升沟通能力是指提升沟通技巧,以及对外宣导融合教育的技巧。对不了解融合教育政策和理念的学校和家长进行融合教育宣导,这需要一定的技巧。"那么巡回指导老师需要具备这种能力,比如说,沟通的能力、倾听的能力、协调能力、宣导的能力,你要把你所知道的信息,关于残疾人的也好,关于随班就读孩子的也好,关于那些咱们市里的文件规定的也好,法律的也好,通过宣导,把它给到老师,给到学校,尤其是学校的领导,因为老师知道得再多,学校领导不认可的话,老师也不好做。那么怎么跟领导去沟通,怎么跟领导去宣导这个事情,都是比较重要的,尽管说的是沟通的能力,但是我觉得有时候还是需要一些技巧的,咱们培训的时候可以在这个技巧上下一些功夫。"(0917WCJY)

而实际上,在进行宣导的过程中,对家长的宣导并不如对学校教师的宣导容易,特别需要运用一些心理策略。"我们是站在一个中立的位置,双方都要去做工作,先是针对学校进行教育理念的宣导,讲政策讲法律等,然后再跟家长做工作,相比之下家长的工作更难做,因为你要站在家长的角度去想,他有这么一个孩子,谁愿意说自己的孩子有问题,特别是智力落后的、精神残疾的,家长更难接受了。一旦接受的话,他又怕学校不要他的孩子,让他的孩子上特教学校去,等等,这是源于家长的不了解,所以他就把自己包裹得特别严实,尽可能去保护自己的孩子,但是他又不明白这种保护其实对孩子是一种伤害,一种耽误。做家长的这方面工作,是比较难的,没有几个回合完成不了,但是最终都是要解决的。"(0910XSQH)

(五) 反思与发展

调查结果显示,在反思与发展方面的需求按照程度由高到低排列,依次是:巡回指导运行模式和工作方法、特殊教育研究方法以及个人专业发展与生涯规划。如表 5.7 所示(按需求程度从高到低排序)。

表 5.7　巡回指导教师反思与发展维度的专业能力需求情况

专业能力	完全不需要	有点需要	有些需要	非常需要
巡回指导运行模式和工作方法	2（1.69%）	2（1.69%）	37（31.36%）	77（65.25%）
特殊教育研究方法	2（1.69%）	3（2.54%）	41（34.75%）	72（61.02%）
个人专业发展与生涯规划	4（3.39%）	4（3.39%）	38（32.20%）	72（61.02%）

三、专业发展方式需求

（一）参加不同类型的专业发展活动情况

本研究根据教师专业发展的途径，从教学研究、自我教育、在职培训、外出交流以及科学研究五个方面，分析巡回指导教师参加不同类型的专业发展活动情况。

在教学研究方面，调查结果显示，巡回指导教师参加最多的是教研组的小组学习（教材分析、课标解读等）（每周1次以上的教师占23.73%；每月1—3次的教师占37.29%）以及观摩课堂教学（常态课、公开课、示范课、优质课）（每周1次以上的教师占22.88%；每月1—3次的教师占33.90%），参与最少的为备课、上课、说课、评课"四课"评比展示活动（每周1次以上的教师占11.02%；每月1—3次的教师占24.58%，且有8.47%的巡回指导教师从未参与过）以及师徒式指导（每周1次以上的教师占19.49%；每月1—3次的教师占30.51%，且有13.56%的巡回指导教师从未参与过），这一结果，一方面说明巡回指导教师本就是比较成熟的教师，相对较少需要由师傅来指导；另一方面，也说明巡回指导教师需要有更多的机会参与到评比和展示活动中，从而提高自身专业素养。如表5.8所示。

表 5.8　巡回指导教师参加教学研究的频次

专业发展活动	每周1次以上	每月1—3次	每学期1—3次	每学年1次	从未参加过
观摩课堂教学（常态课、公开课、示范课、优质课）	22.88%	33.90%	31.36%	10.17%	1.69%
教研组的小组学习（教材分析、课标解读等）	23.73%	37.29%	27.97%	8.47%	2.54%
"四课"评比展示活动（备、上、说、评）	11.02%	24.58%	34.75%	21.19%	8.47%
课堂现场指导	15.25%	28.81%	38.14%	14.41%	3.39%
师徒式指导	19.49%	30.51%	29.66%	6.78%	13.56%

在自我教育方面，调查结果显示，巡回指导教师参加最多的是自主阅读书籍和教育资料（每周1次以上的教师占32.20%；每月1—3次的教师占32.20%）以及研讨沙龙活动（每周1次以上的教师占8.47%；每月1—3次的教师占29.66%），最少的是参与网络论坛交流（每周1次以上的教师占8.47%；每月1—3次的教师占16.95%，且有16.95%的巡回指导教师从未参与过）。这一结果，一方面说明巡回指导教师自我教育的积极性和主动性较强；另一方面，也说明巡回指导教师需要更多地去参与网络论坛交流，借助信息技术优势做好自身专业发展。如表5.9所示。

表5.9 巡回指导教师参加自我教育的频次

专业发展活动	每周1次以上	每月1—3次	每学期1—3次	每学年1次	从未参加过
专家讲座	5.08%	28.81%	55.08%	11.02%	0
研讨沙龙活动	8.47%	29.66%	44.07%	12.71%	5.08%
参与网络论坛交流	8.47%	16.95%	33.90%	23.73%	16.95%
阅读书籍、教育资料	32.20%	32.20%	30.51%	4.24%	0.85%

在在职研修方面，巡回指导教师相对而言获得的机会较少，24.58%的巡回指导教师从未参与过高等院校、专业机构等组织的个人在职研修活动，12.71%的巡回指导教师从未参与过与特殊教育相关的专业学术研讨会。这一结果也表明了需要为巡回指导教师提供更多接受在职研修的机会。如表5.10所示。

表5.10 巡回指导教师参加在职研修的频次

专业发展活动	每周1次以上	每月1—3次	每学期1—3次	每学年1次	从未参加过
高等院校、专业机构等组织的个人在职研修活动	5.93%	10.17%	27.97%	31.36%	24.58%
与特殊教育相关的专业学术研讨会	2.54%	7.63%	37.29%	39.83%	12.71%

在外出交流方面，巡回指导教师相对而言获得的机会也较少，92.37%的巡回指导教师从未参加过到国外以及中国港澳台地区的参观学习活动，36.44%的巡回指导教师从未参加过到京外其他省（市）特教学校的参观学习活动。这一结果也表明需要为巡回指导教师提供更多外出交流机会，进一步开阔巡回指导教师的眼界。如表5.11所示。

表 5.11　巡回指导教师参加外出交流的频次

专业发展活动	每周1次以上	每月1—3次	每学期1—3次	每学年1次	从未参加过
到特殊教育相关专业机构、企业的参观学习活动	0.85%	9.32%	33.9%	40.68%	15.25%
到普通中小学校的参观学习活动	2.54%	25.42%	50.85%	16.95%	4.24%
到北京市其他区特教学校的参观学习活动	2.54%	7.63%	32.20%	43.22%	14.41%
到京外其他省（市）特教学校的参观学习活动	1.69%	1.69%	12.71%	47.46%	36.44%
到国外以及中国港澳台地区的参观学习活动	0.85%	0.85%	0.85%	5.08%	92.37%

在从事科学研究活动方面，巡回指导教师相对而言较多的是担任其他教师的指导教师和担任校本培训的主讲人，而主持国家级（市级、区级）科研课题，担任市级、区级培训活动的主讲人等对自身专业发展要求较高的活动，则参与较少。64.41%的巡回指导教师从未主持过国家级（市级、区级）科研课题的研究活动，55.08%的巡回指导教师从未担任过市级、区级培训活动的主讲人，35.59%的巡回指导教师从未参与过国家级（市级、区级）科研课题的研究活动，33.90%的巡回指导教师从未发表过科研论文。这一结果表明，需要进一步提高巡回指导教师从事科学研究的能力，提高巡回指导教师承担科研课题、发表论文等方面的专业能力。如表 5.12 所示。

表 5.12　巡回指导教师从事科学研究活动的频次

专业发展活动	每周1次以上	每月1—3次	每学期1—3次	每学年1次	从未参加过
主持国家级（市级、区级）科研课题的研究活动	0.85%	2.54%	11.86%	20.34%	64.41%
参与国家级（市级、区级）科研课题的研究活动	2.54%	5.93%	20.34%	35.59%	35.59%
担任市级、区级培训活动的主讲人	0.85%	4.24%	16.95%	22.88%	55.08%
担任校本培训的主讲人	1.69%	11.02%	36.44%	23.73%	27.12%
担任其他教师的指导教师	14.41%	16.95%	33.05%	14.41%	21.19%
独立（合作）发表科研论文	0.85%	2.54%	18.64%	44.07%	33.90%

（二）阻碍参加专业活动的影响因素

调查结果显示，巡回指导教师认为阻碍其参加各类专业发展活动最大的影响因素是培训时间与其本职工作时间有冲突（53.39%），其次是培训时间与照顾家庭的时间有冲突（31.35%），并列第三位的影响因素是没有渠道获得举办的培训活动信息（27.12%）和负担不起参加各类培训的费用（27.12%），还有巡回指导教师认为举办的培训活动与其工作领域不相关（21.19%）或举办的培训活动质量很差

（17.80%），这也是阻碍其参加专业活动的影响因素。如表 5.13 所示（按同意程度从高到低排序）。

表 5.13 阻碍巡回指导教师参加专业活动的影响因素

阻碍因素	完全不同意	有点同意	有些同意	完全同意
参加培训与我的本职工作时间有冲突。	31(26.27%)	24(20.34%)	44(37.29%)	19(16.10%)
参加培训与我照顾家庭的时间有冲突。	43(36.44%)	38(32.20%)	26(22.03%)	11(9.32%)
我没有渠道获得举办的培训活动信息。	50(42.37%)	36(30.51%)	21(17.80%)	11(9.32%)
我负担不起参加各类培训的费用。	57(48.31%)	29(24.58%)	27(22.88%)	5(4.24%)
举办的培训活动与我的工作领域不相关。	54(45.76%)	39(33.05%)	20(16.95%)	5(4.24%)
举办的培训活动质量很差。	58(49.15%)	39(33.05%)	16(13.56%)	5(4.24%)
我不具备参加各类培训活动（学历、职称等）的资格要求。	68(57.63%)	30(25.42%)	16(13.56%)	4(3.39%)
我的领导不支持我参加各类培训。	65(55.08%)	37(31.36%)	13(11.02%)	3(2.54%)
我没有动力参加各种培训活动。	72(61.02%)	34(28.81%)	9(7.63%)	3(2.54%)

（三）需要的专业发展活动形式或途径

调查结果显示，巡回指导教师更倾向于以下列方式提升个人专业能力：以课例研讨、个案研讨、实地观摩、跟岗学习为主，辅以理论讲授与专题研讨。问卷调查结果与访谈结果基本一致。教师们非常需要下列途径提升专业能力：与特殊教育相关的案例教学（67.80%）、骨干教师的一对一经验传授（63.56%）、外出观摩与研习（59.32%）、与特殊教育相关的专家讲座（56.78%）、与特殊教育相关的短期培训班（56.78%）。如表 5.14 所示（按需求程度从高到低排序）。

表 5.14 巡回指导教师专业活动方式和途径的需求情况

活动方式和途径	完全不需要	有点需要	有些需要	非常需要
与特殊教育相关的案例教学	3（2.54%）	2（1.69%）	33（27.97%）	80（67.80%）
骨干教师的一对一经验传授	3（2.54%）	3（2.54%）	37（31.36%）	75（63.56%）
外出观摩与研习	3（2.54%）	5（4.24%）	40（33.90%）	70（59.32%）
与特殊教育相关的专家讲座	3（2.54%）	5（4.24%）	43（36.44%）	67（56.78%）
与特殊教育相关的短期培训班（3—5天）	4（3.39%）	7（5.93%）	40（33.90%）	67（56.78%）
与特殊教育专业学术研讨会	3（2.54%）	8（6.78%）	48（40.68%）	59（50.00%）

续表

活动方式和途径	完全不需要	有点需要	有些需要	非常需要
在线网络课程学习	3（2.54%）	13（11.02%）	45（38.14%）	57（48.31%）
与特殊教育相关的校本研修	3（2.54%）	8（6.78%）	55（46.61%）	52（44.07%）

对于以上结果，教师们在访谈中给出了解释。这可能是因为开展巡回指导工作需要面对具体的工作情境，而这种情境中的相似性有助于教师习得相关教学或指导经验。如："在培训中能不能多一些让老师去实践的这种课程，比如说，要是我们一点没经历过，没接触过特殊教育，可能你前期讲的一些比较基础的知识，对于我们来说还是很有必要的，但是其实我们都是经历过很多培训的，包括参加了好多个组的教研活动，你要再从头开始培训那些很基础的知识，对于我们来说其实也是浪费的，不能说是浪费时间，反正不太必要，所以我们觉得还是要结合实践，就是我到学校里如何干预一个孩子，如何指导这个学校的融合工作，我觉得还是一些实践上的课程会比较适合。"（0917ACM）教师认为，即使不是通过实践的方式来体验学习，也应该通过情境化或者案例化的教学案例来进行讲授。"第三个专题讲座，我觉得，应结合实践操作案例、课例展开，不应该分开，比如说，孤独症的专题讲座，你就要有实际操作，从评估到制订教学计划，再到实施，再到调整，要有针对这一系列环节的专题讲座和实际操作案例、课例。"（0917BSLW）

教师之所以强调实践学习，是因为他们虽然已经掌握了大量的知识，自己也可以进行知识的学习，但是在实践中的学习却不能轻易接触。"关于培训形式，我们几个也说说，现在培训很多，我们也做了很多年的巡回指导工作，有的就是特教专业毕业的，其实对理论知识的掌握也比较多了，但是现在作为巡回指导教师，最需要的还是实际操作，就是做个案的实践经历。"（0917ACM）

教师认为观摩学习是一种非常直观有效的学习模式，能够汲取别的学校的融合教育经验。"我们学校组织过去杭州、无锡等发达地区，我觉得还是有收获的，这是最直接的收获。"（0917BLJ）

第3节 资源教师专业发展需求分析

一、专业知识需求

调查结果显示，资源教师在专业知识方面的需求按照程度由高到低排列，依次是：特殊学生的身心发展规律、特殊教育教师专业标准、学科课程标准与教材解读、特殊教育相关法律法规、资源教室运行的国际经验、融合教育的理念和政策形势、融合教育信念感的构建以及特殊教育教师的师德师风建设。如表5.15所示（按需求程度从高到低排序）。

表 5.15　资源教师专业知识需求情况

专业知识	完全不需要	有点需要	有些需要	非常需要
特殊学生的身心发展规律	2（0.52%）	9（2.32%）	121（31.19%）	256（65.98%）
特殊教育教师专业标准	3（0.77%）	13（3.35%）	151（38.92%）	221（56.96%）
学科课程标准与教材解读	2（0.52%）	15（3.87%）	127（32.73%）	244（62.89%）
特殊教育相关法律法规	1（0.26%）	16（4.12%）	181（46.65%）	190（48.97%）
资源教室运行的国际经验	2（0.52%）	19（4.90%）	144（37.11%）	223（57.47%）
融合教育的理念和政策形势	2（0.52%）	19（4.90%）	162（41.75%）	205（52.84%）
融合教育信念感的构建	2（0.52%）	27（6.96%）	146（37.63%）	213（54.90%）
特殊教育教师的师德师风建设	10（2.58%）	38（9.79%）	158（40.72%）	182（46.91%）

二、专业能力需求

（一）环境创设与利用

调查结果显示，在环境创设与利用方面的需求按照程度由高到低排列，依次是：特殊学生教具辅具制作与使用、融合教育课堂管理策略、融合教育支持保障体系。如表 5.16 所示（按需求程度从高到低排序）。

表 5.16　资源教师环境创设与利用维度的专业能力需求情况

专业能力	完全不需要	有点需要	有些需要	非常需要
特殊学生教具辅具制作与使用	2（0.52%）	9（2.32%）	128（32.99%）	249（64.18%）
融合教育课堂管理策略	2（0.52%）	10（2.58%）	125（32.22%）	251（64.69%）
融合教育支持保障体系	2（0.52%）	15（3.87%）	121（31.19%）	250（64.43%）

（二）评估与设计

调查结果显示，在评估与设计维度方面的需求按照程度由高到低排列，依次是：特殊学生鉴定与评估方法、课堂教学调整策略、学科教学方法与策略以及个别化教育计划。如表 5.17 所示（按需求程度从高到低排序）。

表 5.17 资源教师评估与设计维度的专业能力需求情况

专业能力	完全不需要	有点需要	有些需要	非常需要
特殊学生鉴定与评估方法	2（0.52%）	9（2.32%）	111（28.61%）	266（68.56%）
课堂教学调整策略	1（0.26%）	8（2.06%）	134（34.54%）	245（63.14%）
学科教学方法与策略	1（0.26%）	10（2.58%）	131（33.76%）	246（63.40%）
个别化教育计划	1（0.26%）	12（3.09%）	122（31.44%）	253（65.21%）

（三）组织与实施

调查结果显示，在组织与实施方面的需求按照程度由高到低排列，依次是：特殊学生的情绪行为管理、特殊学生的教育康复训练方法、特殊学生的辅助技术、特殊教育相关资源的获取、融合教育教研的组织与实施、学校融合教育的推进与管理、特殊学生的安置与教育转衔，以及资源教室的管理与运作。如表 5.18 所示（按需求程度从高到低排序）。

表 5.18 资源教师组织与实施维度的专业能力需求情况

专业能力	完全不需要	有点需要	有些需要	非常需要
特殊学生的情绪行为管理	2（0.52%）	4（1.03%）	107（27.58%）	275（70.88%）
特殊学生的教育康复训练方法	2（0.52%）	8（2.06%）	97（25.00%）	281（72.42%）
特殊学生的辅助技术	1（0.26%）	8（2.06%）	111（28.61%）	268（69.07%）
特殊教育相关资源的获取	2（0.52%）	10（2.58%）	123（31.70%）	253（65.21%）
融合教育教研的组织与实施	2（0.52%）	12（3.09%）	130（33.51%）	244（62.89%）
学校融合教育的推进与管理	3（0.77%）	14（3.61%）	127（32.73%）	244（62.89%）
特殊学生的安置与教育转衔	2（0.52%）	12（3.09%）	137（35.31%）	237（61.08%）
资源教室的管理与运作	2（0.52%）	21（5.41%）	135（34.79%）	230（59.28%）

（四）沟通与合作

调查结果显示，在沟通与合作方面的需求按照程度由高到低排列，依次是：个人情绪管理与压力管理、家校合作及与特殊学生家长沟通、个人组织协调规划沟通技能，以及学校与社区的合作。如表 5.19 所示（按需求程度从高到低排序）。

表 5.19 资源教师沟通与合作维度的专业能力需求情况

专业能力	完全不需要	有点需要	有些需要	非常需要
个人情绪管理与压力管理	0	12（3.09%）	123（31.7%）	253（65.21%）
家校合作及与特殊学生家长沟通	1（0.26%）	15（3.87%）	116（29.9%）	256（65.98%）

续表

专业能力	完全不需要	有点需要	有些需要	非常需要
个人组织协调规划沟通技能	0	17（4.38%）	130（33.51%）	241（62.11%）
学校与社区的合作	2（0.52%）	22（5.67%）	150（38.66%）	214（55.15%）

（五）反思与发展

调查结果显示，在反思与发展方面的需求按照程度由高到低排列，依次是：特殊教育研究方法以及个人专业发展与生涯规划。如表 5.20 所示（按需求程度从高到低排序）。

表 5.20 资源教师反思与发展维度的专业能力需求情况

专业能力	完全不需要	有点需要	有些需要	非常需要
特殊教育研究方法	2（0.52%）	11（2.84%）	128（32.99%）	247（63.66%）
个人专业发展与生涯规划	1（0.26%）	15（3.87%）	133（34.28%）	239（61.60%）

三、专业发展方式需求

（一）参加不同类型的专业发展活动情况

在教学研究方面，调查结果显示，资源教师参加最多的是观摩课堂教学（常态课、公开课、示范课、优质课，每周 1 次以上的教师占 10.05%；每月 1—3 次的教师占 25.52%）以及备课、上课、说课、评课"四课"评比展示活动（每周 1 次以上的教师占 7.73%；每月 1—3 次的教师占 25.77%），参与最少的是课堂现场指导（19.85% 的资源教师从未参加过）以及师徒式指导（每周 1 次以上的资源教师占 7.73%；每月 1—3 次的资源教师占 16.49%，且有 16.24% 的资源教师从未参加过），这一结果，一方面说明资源教师有较多机会参与观摩课堂教学和各种评比展示活动，另一方面，也说明资源教师需要有更多的机会接受课堂现场指导以及师徒式指导，从而提高自身专业素养。如表 5.21 所示。

表 5.21 资源教师参加教学研究的频次

专业发展活动	每周 1 次以上	每月 1—3 次	每学期 1—3 次	每学年 1 次	从未参加过
观摩课堂教学（常态课、公开课、示范课、优质课）	10.05%	25.52%	37.63%	13.40%	13.40%
教研组的小组学习（教材分析、课标解读等）	7.73%	18.81%	43.81%	22.42%	7.22%
"四课"评比展示活动（备、上、说、评）	7.73%	25.77%	36.60%	15.98%	13.92%
课堂现场指导	4.64%	13.14%	36.08%	26.29%	19.85%
师徒式指导	7.73%	16.49%	36.60%	22.94%	16.24%

在自我教育方面，调查结果显示，资源教师参加最多的是课后与同事交流（每周1次以上的教师占24.23%；每月1—3次的教师占30.67%）、课后教学反思（每周1次以上的教师占25.77%；每月1—3次的教师占23.97%）以及阅读书籍和教育材料（每周1次以上的教师占27.58%；每月1—3次的教师占30.15%），参与最少的是参与网络论坛交流（每周1次以上的教师占5.67%；每月1—3次的教师占13.66%，且有35.82%的资源教师从未参加过）。这一结果，一方面说明资源教师更多通过与他人沟通或自主阅读、反思提升自身专业能力；另一方面，也反映出资源教师借助信息技术优势提高自身专业素养的主动性不足，有待进一步提高。如表5.22所示。

表5.22 资源教师参加自我教育的频次

专业发展活动	每周1次以上	每月1—3次	每学期1—3次	每学年1次	从未参加过
专家讲座	3.61%	20.10%	53.61%	19.07%	3.61%
课后与同事交流	24.23%	30.67%	28.61%	10.82%	5.67%
研讨沙龙活动	5.67%	19.07%	38.66%	18.30%	18.30%
课后教学反思	25.77%	23.97%	31.44%	10.82%	7.99%
参与网络论坛交流	5.67%	13.66%	26.80%	18.04%	35.82%
阅读书籍和教育材料	27.58%	30.15%	28.87%	10.57%	2.84%

在在职研修方面，资源教师相对而言获得的机会较少，38.14%的资源教师从未参与过高等院校、专业机构等组织的个人在职研修活动，30.41%的资源教师从未参与过特殊教育相关专业学术研讨会。这一结果也表明了需要为资源教师提供更多接受在职研修的机会。如表5.23所示。

表5.23 资源教师参加在职研修的频次

专业发展活动	每周1次以上	每月1—3次	每学期1—3次	每学年1次	从未参加过
高等院校、专业机构等组织的个人在职研修活动	6.44%	11.08%	23.97%	20.36%	38.14%
特殊教育相关专业学术研讨会	2.84%	6.19%	28.09%	32.47%	30.41%

在外出交流方面，资源教师相对而言获得的机会也较少，92.01%的资源教师从未参与过到国外以及中国港澳台地区的参观学习活动，69.07%的资源教师从未参与过到京外其他省（市）特教学校的参观学习活动，44.33%的资源教师从未参与过到北京市其他区特教学校的参观学习活动。这一结果也表明需要为资源教师提供更多外出交流机会，进一步开阔教师眼界。如表5.24所示。

表 5.24　资源教师参加外出交流的频次

专业发展活动	每周1次以上	每月1—3次	每学期1—3次	每学年1次	从未参加过
到特殊教育相关专业机构、企业的参观学习活动	3.87%	6.96%	26.03%	35.82%	27.32%
到普通中小学校的参观学习活动	3.87%	7.99%	42.53%	31.96%	13.66%
到北京市其他区特教学校的参观学习活动	1.29%	3.87%	21.39%	29.12%	44.33%
到京外其他省（市）特教学校的参观学习活动	0.77%	2.06%	5.93%	22.16%	69.07%
到国外以及中国港澳台地区的参观学习活动	0.52%	1.55%	3.09%	2.84%	92.01%

在从事科学研究活动方面，资源教师相对而言较多的是担任其他教师的指导教师和担任校本培训的主讲人，而主持国家级（市级、区级）课题，担任市级、区级培训活动的主讲人等对自身专业发展要求较高的活动，则参与较少。83.25%的资源教师从未主持过国家级（市级、区级）科研课题的研究活动，82.22%的资源教师从未担任过市级、区级培训活动的主讲人，66.49%的资源教师从未参与过国家级（市级、区级）科研课题的研究活动，50.77%的资源教师从未发表过科研论文。这一结果表明，需要进一步提高资源教师从事科学研究的能力，提高资源教师承担科研课题、发表论文等方面的专业能力。如表 5.25 所示。

表 5.25　资源教师从事科学研究活动的频次

专业发展活动	每周1次以上	每月1—3次	每学期1—3次	每学年1次	从未参加过
主持国家级（市级、区级）科研课题的研究活动	1.29%	1.55%	4.64%	9.28%	83.25%
参与国家级（市级、区级）科研课题的研究活动	1.55%	3.61%	9.28%	19.07%	66.49%
担任市级、区级培训活动的主讲人	0.77%	1.55%	5.41%	10.05%	82.22%
担任校本培训的主讲人	1.29%	4.38%	21.91%	27.84%	44.59%
担任其他教师的指导教师	3.87%	7.99%	21.91%	21.91%	44.33%
独立（合作）发表科研论文	1.03%	2.06%	12.11%	34.02%	50.77%

（二）对各项专业发展活动质量的评价情况

调查结果显示，42.02%的资源教师认为目前的专业发展活动缺乏专业引领。

30.16%的资源教师认为活动中真正的合作互动较少，无法达到共享。还有26.54%的资源教师表示活动时间不固定，活动主题比较随意，形式大于内容。如表5.26所示。

表5.26 资源教师对各项专业发展活动质量的评价情况

对专业发展活动质量的评价	完全同意	比较同意	比较不同意	完全不同意
[1] 缺乏专业引领	55（14.18%）	108（27.84%）	125（32.22%）	100（25.77%）
[2] 当前活动对自身专业发展作用不大	22（5.67%）	59（15.21%）	183（47.16%）	124（31.96%）
[3] 活动中真正的合作互动较少，无法达到共享	24（6.19%）	93（23.97%）	160（41.24%）	111（28.61%）
[4] 活动时间不固定，活动主题比较随意，形式大于内容	25（6.44%）	78（20.10%）	156（40.21%）	129（33.25%）
[5] 活动脱离实际需求	16（4.12%）	60（15.46%）	165（42.53%）	147（37.89%）
[6] 教研活动主要是事务性的任务布置	17（4.38%）	67（17.27%）	161（41.49%）	143（36.86%）
[7] 学校不够重视	23（5.93%）	77（19.85%）	136（35.05%）	152（39.18%）

（三）阻碍参加专业活动的影响因素

调查结果显示，资源教师认为阻碍其参加各类专业发展活动最大的影响因素是培训时间与其本职工作时间有冲突（68.04%），其次是负担不起参加各类培训的费用（43.30%），第三位的影响因素是培训时间与照顾家庭的时间有冲突（33.76%），还有资源教师认为没有渠道获得举办的培训活动信息（30.41%）或举办的培训活动与其工作领域不相关（22.94%），这也是阻碍其参加专业活动的影响因素。如表5.27所示（按同意程度从高到低排序）。

表5.27 阻碍资源教师参加专业活动的影响因素

阻碍因素	完全不同意	有一点同意	有一些同意	完全同意
参加培训与我的本职工作时间有冲突。	59（15.21%）	65（16.75%）	162（41.75%）	102（26.29%）
我负担不起参加各类培训的费用。	119（30.67%）	101（26.03%）	107（27.58%）	61（15.72%）
参加培训与我照顾家庭的时间有冲突。	133（34.28%）	124（31.96%）	101（26.03%）	30（7.73%）
我没有渠道获得举办的培训活动信息。	145（37.37%）	125（32.22%）	80（20.62%）	38（9.79%）

续表

阻碍因素	完全不同意	有一点同意	有一些同意	完全同意
举办的培训活动与我的工作领域不相关。	155（39.95%）	144（37.11%）	62（15.98%）	27（6.96%）
我不具备参加各类培训活动所需的资格（例如：学历、职称、教龄要求）。	182（46.91%）	125（32.22%）	59（15.21%）	22（5.67%）
我的领导不支持我参加各类培训。	166（42.78%）	145（37.37%）	51（13.14%）	26（6.70%）
举办的培训活动质量很差。	195（50.26%）	137（35.31%）	42（10.82%）	14（3.61%）
我没有动力参加各种培训活动。	200（51.55%）	132（34.02%）	37（9.54%）	19（4.90%）

（四）需要的专业发展活动形式或途径

调查结果显示，资源教师认为在今后的专业发展中最需要的活动形式或途径是与特殊教育相关的案例教学（65.46%）、骨干教师的一对一经验传授（62.37%）和外出观摩与研习（58.51%）等。有14.18%的资源教师认为不需要组织在线网络课程学习类的专业活动，8.25%的资源教师表示对与特殊教育相关的短期培训班（3—5天）这一活动方式的需求度较低，还有7.99%的资源教师表示不需要组织特殊教育专业学术研讨会类型的活动。如表5.28所示（按需求程度从高到低排序）。

表5.28 资源教师专业活动形式或途径的需求情况

活动形式或途径	完全不需要	有点需要	有些需要	非常需要
与特殊教育相关的案例教学	1（0.26%）	11（2.84%）	122（31.44%）	254（65.46%）
骨干教师的一对一经验传授	2（0.52%）	15（3.87%）	129（33.25%）	242（62.37%）
外出观摩与研习	4（1.03%）	16（4.12%）	141（36.34%）	227（58.51%）
与特殊教育相关的专家讲座	1（0.26%）	17（4.38%）	146（37.63%）	224（57.73%）
与特殊教育相关的短期培训班（3—5天）	6（1.55%）	26（6.70%）	138（35.57%）	218（56.19%）
特殊教育专业学术研讨会	3（0.77%）	28（7.22%）	150（38.66%）	207（53.35%）
与特殊教育相关的校本研修	2（0.52%）	28（7.22%）	168（43.30%）	190（48.97%）
在线网络课程学习类专业活动	10（2.58%）	45（11.60%）	148（38.14%）	185（47.68%）

第 4 节　特殊教育学校教师专业发展需求分析

一、专业知识需求

调查结果显示，特教学校教师在专业知识方面的需求按照程度由高到低排列，依次是：融合教育的理念和政策形势、特殊教育教师专业标准、特殊教育相关法律法规、特殊教育教师的师德师风建设、特殊学生的身心发展规律以及学科课程标准与教材解读。如表 5.29 所示（按需求程度从高到低排序）。

表 5.29　特教学校教师专业知识需求情况

专业知识	完全不需要	有点需要	有些需要	非常需要
融合教育的理念和政策形势	10（1.68%）	40（6.71%）	290（48.66%）	314（52.68%）
特殊教育教师专业标准	10（1.68%）	40（6.71%）	277（46.48%）	317（53.19%）
特殊教育相关法律法规	7（1.17%）	58（9.73%）	286（47.99%）	269（45.13%）
特殊教育教师的师德师风建设	17（2.85%）	82（13.76%）	254（42.62%）	256（42.95%）
特殊学生的身心发展规律	8（1.34%）	23（3.86%）	248（41.61%）	245（41.11%）
学科课程标准与教材解读	9（1.51%）	31（5.20%）	242（40.60%）	243（40.77%）

二、专业能力需求

（一）环境创设与利用

调查结果显示，在环境创设与利用方面的需求按照程度由高到低排列，依次是：特殊教育相关资源的获取和特殊学生教具辅具制作与使用。如表 5.30 所示（按需求程度从高到低排序）。

表 5.30　特教学校教师环境创设与利用维度的专业能力需求情况

专业能力	完全不需要	有点需要	有些需要	非常需要
特殊教育相关资源的获取	6（1.01%）	17（2.85%）	238（39.93%）	335（56.21%）
特殊学生教具辅具制作与使用	8（1.34%）	26（4.36%）	256（42.95%）	306（51.34%）

（二）评估与设计

调查结果显示，在评估与设计方面的需求按照程度由高到低排列，依次是：特殊学生的鉴定与评估方法和个别化教育计划。如表 5.31 所示（按需求程度从高到低排序）。

表 5.31　特教学校教师评估与设计维度的专业能力需求情况

专业能力	完全不需要	有点需要	有些需要	非常需要
特殊学生的鉴定与评估方法	8（1.34%）	22（3.69%）	228（38.26%）	338（56.71%）
个别化教育计划	10（1.68%）	49（8.22%）	234（39.26%）	303（50.84%）

（三）组织与实施

调查结果显示，在组织与实施方面的需求按照程度由高到低排列，依次是：特殊学生的情绪行为管理、特殊学生的教育康复训练方法、特殊学生的辅助技术、特殊学生的安置与教育转衔和数学、语文等学科教学方法与策略。如表 5.32 所示（按需求程度从高到低排序）。

表 5.32　特教学校教师组织与协调维度的专业能力需求情况

专业能力	完全不需要	有点需要	有些需要	非常需要
特殊学生的情绪行为管理	7（1.17%）	17（2.85%）	202（33.89%）	370（62.08%）
特殊学生的教育康复训练方法	6（1.01%）	19（3.19%）	221（37.08%）	350（58.72%）
特殊学生的辅助技术	8（1.34%）	25（4.19%）	231（38.76%）	332（55.70%）
特殊学生的安置与教育转衔	10（1.68%）	35（5.87%）	258（43.29%）	293（49.16%）
数学、语文等学科教学方法与策略	11（1.85%）	34（5.70%）	258（43.29%）	293（49.16%）

（四）沟通与合作

调查结果显示，在沟通与合作方面的需求按照程度由高到低排列，依次是：个人情绪管理与压力管理、学校与社区的合作、个人组织协调规划沟通技能，以及家校合作和与特殊学生家长沟通。如表 5.33 所示（按需求程度从高到低排序）。

表 5.33　特教学校教师沟通与合作维度专业能力需求情况

专业能力	完全不需要	有点需要	有些需要	非常需要
个人情绪管理与压力管理	8（1.34%）	30（5.03%）	221（37.08%）	337（56.54%）
学校与社区的合作	6（1.01%）	37（6.21%）	255（42.79%）	298（50.00%）
个人组织协调规划沟通技能	7（1.17%）	36（6.04%）	250（41.95%）	303（50.84%）
家校合作和与特殊学生家长沟通	6（1.01%）	39（6.54%）	243（40.77%）	308（51.68%）

（五）反思与发展

调查结果显示，在反思与发展方面的需求按照程度由高到低排列，依次是：特殊教育研究方法以及个人专业发展与生涯规划。如表 5.34 所示（按需求程度从高到低排序）。

表 5.34 特教学校教师反思与发展维度的专业能力需求情况

专业能力	完全不需要	有点需要	有些需要	非常需要
特殊教育研究方法	5（0.84%）	25（4.19%）	251（42.11%）	315（52.85%）
个人专业发展与生涯规划	9（1.51%）	43（7.21%）	253（42.45%）	291（48.83%）

三、专业发展方式需求

（一）参加不同类型的专业发展活动情况

在教学研究方面，调查结果显示，特教学校教师参加最多的是教研组的小组学习（每周 1 次以上的教师占 32.72%；每月 1—3 次的教师占 42.92%）、集体备课（每周 1 次以上的教师占 26.17%；每月 1—3 次的教师占 29.70%）和观摩课堂教学（常态课、公开课、示范课、优质课，每周 1 次以上的教师占 19.97%；每月 1—3 次的教师占 35.57%），参与最少的是师徒式指导（13.93% 的特教学校教师从未参与过）和课堂现场指导（9.73% 的特教学校教师从未参与过）。这一结果，一方面说明特教学校教师有较多机会参与到教研组学习活动和集体活动中，另一方面，也说明特教学校教师需要有更多的机会接受课堂现场指导以及师徒式指导，从而提高自身专业素养。如表 5.35 所示。

表 5.35 特教学校教师参加教学研究频次

专业发展活动	每周1次以上	每月1—3次	每学期1—3次	每学年1次	从未参加过
集体备课	156（26.17%）	177（29.70%）	189（31.71%）	28（4.70%）	46（7.72%）
观摩课堂教学（常态课、公开课、示范课、优质课）	119（19.97%）	212（35.57%）	225（37.75%）	27（4.53%）	13（2.18%）
教研组的小组学习（教材分析、课标解读等）	195（32.72%）	256（42.95%）	106（17.79%）	23（3.86%）	16（2.68%）
"四课"评比展示活动（备、上、说、评）	88（14.77%）	116（19.46%）	293（49.16%）	72（12.08%）	27（4.53%）
课堂现场指导	100（16.78%）	154（25.84%）	240（40.27%）	44（7.38%）	58（9.73%）
师徒式指导	132（22.15%）	171（28.69%）	166（27.85%）	44（7.38%）	83（13.93%）

在自我教育方面，调查结果显示，特教学校教师参加最多的是课后与同事交流（每周 1 次以上的教师占 56.71%；每月 1—3 次的教师占 22.82%）、课后教学反思（每周 1 次以上的教师占 56.71%；每月 1—3 次的教师占 21.81%）以及阅读书籍和教育材料（每周 1 次以上的教师占 42.45%；每月 1—3 次的教师占 29.36%），最少的是参与网络论坛交流（每周 1 次以上的教师占 13.26%；每月 1—3 次的教师占 21.64%，且有 13.93% 的教师从未参与过）。这一结果，一方面说明特教学校教师更多通过与他人沟通或自主阅读、反思提升自身专业能力；另一方面，也反映出特教学校教师借助信息技术优势提高自身专业素养的主动性不足，有待进一步提高。如表 5.36 所示。

表 5.36　特教学校教师参加自我教育的频次

专业发展活动	每周 1 次以上	每月 1—3 次	每学期 1—3 次	每学年 1 次	从未参加过
专家讲座	44（7.38%）	148（24.83%）	344（57.72%）	49（8.22%）	11（1.85%）
课后与同事交流	338（56.71%）	136（22.82%）	99（16.61%）	11（1.85%）	12（2.01%）
研讨沙龙活动	131（21.98%）	197（33.05%）	178（29.87%）	39（6.54%）	51（8.56%）
课后教学反思	338（56.71%）	130（21.81%）	96（16.11%）	21（3.52%）	11（1.85%）
参与网络论坛交流	79（13.26%）	129（21.64%）	217（36.41%）	88（14.77%）	83（13.93%）
阅读书籍和教育材料	253（42.45%）	175（29.36%）	131（21.98%）	30（5.03%）	7（1.17%）

在在职研修方面，特教学校教师相对而言获得的机会较少，25.67% 的特教学校教师从未参与过高等院校、专业机构等组织的个人在职研修活动，19.46% 的特教学校教师从未参与过特殊教育相关专业学术研讨会。这一结果也表明了需要为特教学校教师提供更多接受在职研修的机会。如表 5.37 所示。

表 5.37　特教学校教师参加在职研修的频次

专业发展活动	每周 1 次以上	每月 1—3 次	每学期 1—3 次	每学年 1 次	从未参加过
高等院校、专业机构等组织的个人在职研修活动	38（6.38%）	75（12.58%）	172（28.86%）	158（26.51%）	153（25.67%）
特殊教育相关专业学术研讨会	27（4.53%）	55（9.23%）	212（35.57%）	186（31.21%）	116（19.46%）

在外出交流方面，特教学校教师相对而言获得的机会也较少，87.75%的特教学校教师从未参与过到国外以及中国港澳台地区的参观学习活动，44.30%的特教学校教师从未参与过到京外其他省（市）特教学校的参观学习活动，29.19%的特教学校教师从未参与过到普通中小学校的参观学习活动。这一结果也表明需要为特教学校教师提供更多外出交流机会，进一步开阔教师眼界。如表 5.38 所示。

表 5.38 特教学校教师参加外出交流的频次

专业发展活动	每周 1 次以上	每月 1—3 次	每学期 1—3 次	每学年 1 次	从未 参加过
到特殊教育相关专业机构、 企业的参观学习活动	29 (4.87%)	40 (6.71%)	212 (35.57%)	194 (32.55%)	121 (20.30%)
到普通中小学校的参观学习活动	19 (3.19%)	83 (13.93%)	188 (31.54%)	132 (22.15%)	174 (29.19%)
到北京市其他区特教学校的 参观学习活动	15 (2.52%)	36 (6.04%)	211 (35.40%)	204 (34.23%)	130 (21.81%)
到京外其他省（市）特教学校的 参观学习活动	6 (1.01%)	22 (3.69%)	73 (12.25%)	231 (38.76%)	264 (44.30%)
到国外以及中国港澳台地区的 参观学习活动	8 (1.34%)	15 (2.52%)	19 (3.19%)	31 (5.20%)	523 (87.75%)

在从事科学研究活动方面，特教学校教师获得的机会均较少，76.17%的特教学校教师从未主持过国家级（市级、区级）科研课题的研究活动，80.70%的特教学校教师从未担任过市级、区级培训活动的主讲人，57.55%的特教学校教师从未担任过校本培训的主讲人，52.35%的特教学校教师从未担任过其他教师的指导教师。这一结果表明，需要进一步提高特教学校教师从事科学研究的能力，提高特教学校教师承担科研课题等方面的专业能力。如表 5.39 所示。

表 5.39 特教学校教师从事科学研究活动的频次

专业发展活动	每周 1 次以上	每月 1—3 次	每学期 1—3 次	每学年 1 次	从未 参加过
主持国家级（市级、区级） 科研课题的研究活动	7 (1.17%)	24 (4.03%)	28 (4.70%)	83 (13.93%)	454 (76.17%)
参与国家级（市级、区级） 科研课题的研究活动	10 (1.68%)	28 (4.70%)	85 (14.26%)	185 (31.04%)	288 (48.32%)
担任市级、区级培训活动的主讲人	7 (1.17%)	14 (2.35%)	32 (5.37%)	62 (10.40%)	481 (80.70%)

续表

专业发展活动	每周1次以上	每月1—3次	每学期1—3次	每学年1次	从未参加过
担任校本培训的主讲人	8（1.34%）	21（3.52%）	91（15.27%）	133（22.32%）	343（57.55%）
担任其他教师的指导教师	39（6.54%）	55（9.23%）	96（16.11%）	94（15.77%）	312（52.35%）
独立（合作）发表科研论文	9（1.51%）	20（3.36%）	139（23.32%）	158（26.51%）	270（45.30%）

（二）对各项专业发展活动质量的评价情况

调查结果显示，37.92%的特教教师认为目前的专业发展活动缺乏专业引领。30.54%的特教教师表示活动时间不固定，活动主题比较随意，形式大于内容。30.20%的特教教师认为活动中真正的合作互动较少，无法达到共享。还有29.70%的特教教师认为教研活动主要是事务性的任务布置。如表5.40所示。

表5.40　特教学校教师对各项专业发展活动质量的评价情况

对专业发展活动质量的评价	完全同意	比较同意	比较不同意	完全不同意
缺乏专业引领	57（9.56%）	169（28.36%）	196（32.89%）	174（29.19%）
当前活动对自身专业发展作用不大	26（4.36%）	125（20.97%）	254（42.62%）	191（32.05%）
在活动中真正的合作互动较少，无法达到共享	30（5.03%）	150（25.17%）	230（38.59%）	186（31.21%）
活动时间不固定，活动主题比较随意，形式大于内容	37（6.21%）	145（24.33%）	227（38.09%）	187（31.38%）
活动脱离实际需求	26（4.36%）	133（22.32%）	236（39.60%）	201（33.72%）
教研活动主要是事务性的任务布置	26（4.36%）	151（25.34%）	221（37.08%）	198（33.22%）
学校不够重视	26（4.36%）	82（13.76%）	220（36.91%）	268（44.97%）

（三）阻碍特教教师参加专业活动的影响因素

调查结果显示，特教教师认为阻碍其参加各类专业发展活动最大的影响因素是培训时间与其本职工作时间有冲突（53.36%），其次是培训时间与照顾家庭的时间有冲突（38.42%），第三位的影响因素是没有渠道获得举办的培训活动信息（32.88%），还有特教教师表示举办的培训活动与其工作领域不相关（27.69%）或负担不起参加各类培训的费用（27.68%），这也是阻碍其参加专业活动的影响因素。如表 5.41 所示（按同意程度从高到低排序）。

表 5.41 阻碍特教学校教师参加专业活动的影响因素

阻碍因素	完全不同意	有一点同意	有一些同意	完全同意
参加培训与我的本职工作时间有冲突。	121（20.30%）	157（26.34%）	213（35.74%）	105（17.62%）
参加培训与我照顾家庭的时间有冲突。	174（29.19%）	193（32.38%）	176（29.53%）	53（8.89%）
我没有渠道获得举办的培训活动信息。	196（32.89%）	204（34.23%）	138（23.15%）	58（9.73%）
举办的培训活动与我的工作领域不相关。	186（31.21%）	245（41.11%）	132（22.15%）	33（5.54%）
我负担不起参加各类培训的费用。	231（38.76%）	200（33.56%）	116（19.46%）	49（8.22%）
我不具备参加各类培训活动所需的资格（例如：学历、职称、教龄要求）。	265（44.46%）	200（33.56%）	105（17.62%）	26（4.36%）
我的领导不支持我参加各类培训。	279（46.81%）	203（34.06%）	76（12.75%）	38（6.38%）
举办的培训活动质量很差。	211（35.4%）	274（45.97%）	86（14.43%）	25（4.19%）
我没有动力参加各种培训活动。	290（48.66%）	231（38.76%）	53（8.89%）	22（3.69%）

（四）需要的专业发展活动形式或途径

调查结果显示，特教教师认为在今后的专业发展中最需要的活动形式或途径是与特殊教育相关的案例教学（51.51%）、外出观摩与研习（50.67%）和骨干教师的一对一经验传授（47.65%）等。有 17.62% 的特教教师认为不需要组织在线网络课程学习类的专业活动，还有 9.73% 的特教教师表示对特殊教育专业学术研讨会这一活动方式的需求度较低。如表 5.42 所示（按需求程度从高到低排序）。

表 5.42　特教学校教师专业活动方式和途径的需求情况

活动方式和途径	完全不需要	有点需要	有些需要	非常需要
与特殊教育相关的案例教学	5（0.84%）	17（2.85%）	267（44.80%）	307（51.51%）
外出观摩与研习	2（0.34%）	30（5.03%）	262（43.96%）	302（50.67%）
骨干教师的一对一经验传授	5（0.84%）	38（6.38%）	269（45.13%）	284（47.65%）
与特殊教育相关的专家讲座	7（1.17%）	40（6.71%）	287（48.15%）	262（43.96%）
与特殊教育相关的短期培训班（3—5天）	8（1.34%）	42（7.05%）	285（47.82%）	261（43.79%）
特殊教育专业学术研讨会	7（1.17%）	51（8.56%）	293（49.16%）	245（41.11%）
与特殊教育相关的校本研修	8（1.34%）	45（7.55%）	310（52.01%）	233（39.09%）
在线网络课程学习类的专业活动	20（3.36%）	85（14.26%）	299（50.17%）	192（32.21%）

本 章 小 结

研究发现，不同专业背景、工作地点、专业发展阶段的教师由于不同的经验结构和自身专业发展水平差异，需要补充的专业知识和专业能力内容及专业发展方式需求差异较大。

在专业知识上，特殊教育专业教师需求较大的专业知识包括：（1）与除盲、聋、智力障碍学生之外的其他障碍类型儿童相关的发展知识；（2）康复训练相关知识；（3）了解普通学校教育教学体系。

在专业能力上，特殊教育专业教师需求较大的专业能力包括：（1）教育评估与筛查；（2）各类特殊儿童的个别化干预；（3）为学校等提供融合教育办学的建议，为随班就读教师提供班级实施融合教育教学的建议；（4）与不同机构，与教师、家长等群体沟通与合作的能力；（5）面向其他教师开展培训的能力，包括组织、设计培训方案的能力；（6）获取、统筹各种专业资源的能力；（7）不断自我反思和专业发展的能力。

在专业发展形式上，目前的特殊教育教师专业发展活动缺乏灵活、多样的活动形式，缺乏有针对性、个性化的活动内容，缺乏稳定、有效的组织机制，且活动时间不固定、活动主题较随意、活动形式大于内容、活动中合作互动较少、无法达到共享等问题，教师在今后的专业发展中最需要的活动形式或途径有：（1）与特殊教育相关的案例教学；（2）外出观摩与研习；（3）骨干教师的一对一经验传授等。

第6章 特殊教育专业教师培养内容和方式

特殊教育专业教师的培养对象包括巡回指导教师、普通中小学校的特殊教育资源教师和特殊教育学校教师。本章采用设计研究思路,设计不同发展阶段、不同类型特殊教育专业教师(巡回指导教师、资源教师和特殊教育学校教师)培养的目标、内容体系、实施方式以及保障机制,并以北京市特殊教育巡回指导教师培训方案、资源教师专业发展方案和北京市特殊教育学校教师体验式培训设计方案为例,详细介绍不同类型的特殊教育专业教师培养内容和方式。

第1节 特殊教育专业教师培养模式

一、基本依据

(一)政策依据

党的十九大"办好特殊教育"的要求以及《中共北京市委、北京市人民政府关于全面深化新时代教师队伍建设改革的实施意见》(京发〔2018〕4号)、《北京市教育委员会等八部门关于印发〈北京市特殊教育提升计划(2017—2020年)〉的通知》(京教基发〔2018〕3号)、《中共北京市委教育工作委员会、北京市教育委员会关于"十三五"时期中小学干部教师培训工作的意见》(京教工〔2016〕6号)、《北京市教育委员会关于印发〈北京市"十三五"时期中小学教师培训学分管理办法〉的通知》(京教人〔2017〕20号)等文件精神和要求,特别是《北京市特殊教育提升计划(2017—2020年)》提出"特殊教育教师继续教育要单开系列、单列规划、单设课程,实施全员培训,逐步提升特殊教育教师专业化水平"。

(二)实践依据

依据本研究制定的不同类型特殊教育专业教师的专业素养标准,面向巡回指导教师、资源教师和特殊教育学校教师这三类特殊教育专业教师,从专业知识、专业能力和专业发展方式等方面全面分析其专业发展需求。在专业知识上,着重关注学生发展知识、康复训练等跨学科知识以及普通教育知识;在专业能力上,突出强调教育评估与筛查能力,面向不同类型特殊需要学生的个别化教育干预能力以及与不同群体沟通与合作的能力;在专业发展形式上,需要更加有针对性、个性化的活动内容,稳定和有效的组织机制,并突出特殊教育相关案例教学、外出观摩与研习以及一对一经验传授等形式。

二、培养对象和培养目标

（一）总体目标

按照特殊教育教师专业标准发展的规律和需求，结合北京市特殊教育干部教师队伍实际，坚持师德为先、能力为重、学生为本、终身学习的理念，坚持问题导向，坚持需求导向，整体规划、统筹管理全市特殊教育教师培训工作，构建分类、分层与分岗相结合的培训模式，探索建立适合特殊教育发展需求的培训制度、培训课程与培训方式，突出特殊教育教师师德素养、特殊教育教学实践能力的提升，加大对农村特殊教育学校教师、新任教师、骨干教师和特殊教育资源教师的培养力度，培养造就一批"师德高尚、理念先进、视野开阔、善于研究"的高素质、专业化特殊教育教师。

（二）具体目标

1. 巡回指导教师

培训对象包括在区特殊教育中心、特殊教育学校和普通中小学校工作并承担区域融合教育巡回指导任务的教师。通过培训，教师能够掌握各类特殊需要儿童的身心发展特点及教育指导方法，具备对特殊需要儿童进行评估，为融合教育学校、教师和家长提供咨询和指导的能力，能够协调和整合多方资源，推进区域融合教育并解决学校融合教育推进中遇到的基本问题。

2. 特殊教育资源教师

培训对象包括在中小学校担任特殊教育资源教师职务的教师。通过培训，教师能够掌握各类特殊需要儿童的身心发展特点及教育指导方法，具备对特殊需要儿童进行评估、制订个别化教育计划、资源教室管理和应用的能力，能够应对学校融合教育推进中遇到的基本问题。

3. 特殊教育学校教师

特殊教育学校新教师及非专业教师，是指 5 年以下教龄、学历为非特殊教育专业或具有初级职称的特殊教育学校教师。通过培训，教师能够把握完整的特殊教育知识体系、了解特殊需要儿童的身心发展特点、掌握较为有效的特殊教育教学活动技能、实行针对性教育。

特殊教育学校骨干教师，是指教龄在 6—10 年之间或具有中级职称的特殊教育学校教师。通过培训，教师能够把握特殊教育学科知识体系的本质及其思想方法，深入了解特殊需要儿童的身心发展特点并能积极应对特殊需要儿童的个体差异，优化教育教学活动的设计、实施、评价，有效形成自身教学策略和方法。

特殊教育学校卓越教师，是指教龄在10年及以上或具有高级职称的特殊教育学校教师，以及当前的特殊教育骨干队伍（含教研组长、市区级学科带头人和骨干教师等）。通过培训，教师能够形成自己独特的教学风格、拓展教育视野、提升研究水平、具备指导青年教师成长的能力、独立开展教育教学改革与实验。

三、培养模式构建

本研究基于设计研究的一般过程，借鉴国内外比较有影响的研究框架，结合特殊教育专业教师培养的一般实践，设计出融合导向的特殊教育专业教师培养模式，如图6.1所示。

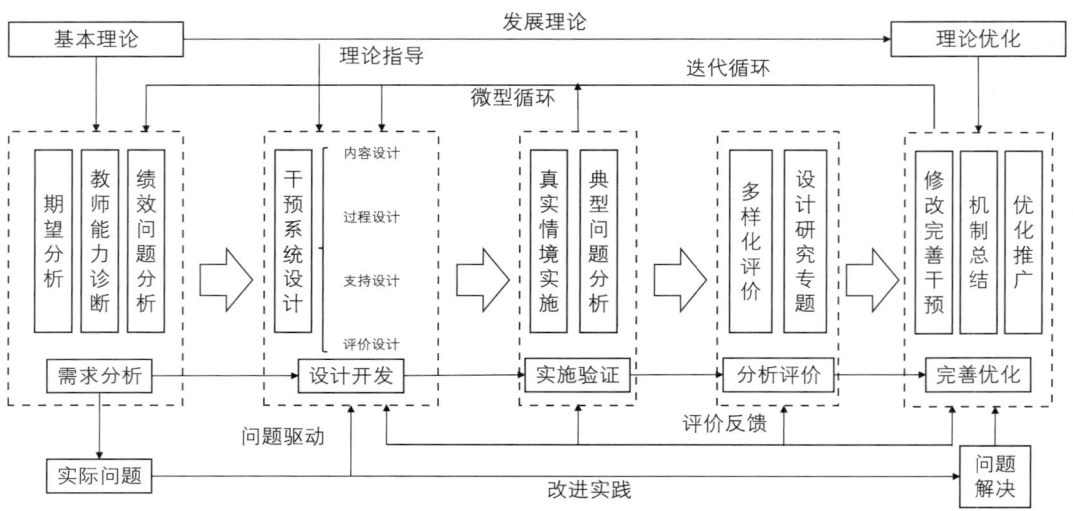

图6.1 复合型特殊教育专业教师培养模型

根据该模型，面向特殊教育专业教师的培养可以分为五个阶段，即需求分析、设计开发、实施验证、分析评价和完善优化。

（一）需求分析

需求分析是特殊教育专业教师职后培养的前提，也是本研究的基础环节。首先从适应国家政策需要和解决实际问题需要这两个层面对特殊教育专业教师职后培养的需求进行深入分析；其次，通过调查问卷的形式对北京市三类特殊教育专业教师就《特殊教育教师专业标准》所要求的相关素养等进行全面考察，从而对培训对象有较深层次的了解；再次，针对北京市三类特殊教育专业教师的知识能力现状与《特殊教育教师专业标准》的期望要求进行问题分析，找出引起差距的根本原因，为后期设计职后培养内容和方式提供参考依据。

（二）设计开发

设计开发是本研究的重要环节，在实际问题的驱动和相关理论的指导下，多方共同参与干预系统的设计和保障措施的制订。在本研究中，设计开发阶段主要是构建由内容设计、过程设计、支持设计和评价设计等四个组成要素构成的干预系统，其中**内容设计**主要是解决培养目标和各类特殊教育专业教师的素质要求及现实差距，将目标细化为课程内容模块，以专题形式呈现，注重教师的实际需求和具体问题，是本研究的第二个研究内容的具体化。**过程设计**是针对不同的角色进行设计的，根据流程设计，面向不同对象、培训者分别设计学习活动，在活动中按照"拓展模式"促进特殊教育专业教师的专业素质发展。**评价设计**包含参与度评价、学习任务评价、后测问卷调查、考核量表等多种评价相结合的方式，对教师学习情况进行评价。

（三）实施验证

实施验证是实施的关键环节，将所设计开发的培养模型和干预内容在真实环境中实施，面向北京市20所特殊教育学校、部分区县的区级特殊教育中心、学区融合教育资源中心以及普通中小学校的资源教室，全面实施面向不同类型的特殊教育专业教师的职后培养，突出培养模式的"跨界合作"与"一体协同"。

"跨界合作"是指师资培养主体横跨了高等院校、科研机构、特殊教育学校和普通中小学校，是由四个主体合作培养，从而实现了培养内容横跨专业理论学习、技能教育、特殊教育教师教育、学校实践。

"一体协同"主要体现在不同机构针对不同类型的特殊教育专业教师组成师资培养的共同体，形成多方育人的格局。按照"反思—学习—实践—反思"的教师专业学习过程，面向特殊教育学校教师，采用集中培训+影子培训+返岗实践相结合的"三段式"培养；面向巡回指导教师和资源教师，采用"工作坊研修"、建立学习共同体、骨干引领全员的常态化研修模式等多种机制，并在过程中跟踪，分析遇到的典型问题及其原因，同时实施微型循环，通过设计、修改、再设计等对初始设计不断完善。

（四）分析评价

在本研究中将对教师学习情况进行评价，并在过程中跟踪，通过质性研究，收集相关的过程性资料，分析过程中遇到的典型问题及其原因，以更加全面地把握不同培养方式的效果，同时实施微型循环，通过设计、修改、再设计等对初始设计不断完善。

（五）完善优化

完善优化是本研究的最后一个环节，也是新一轮研究的起点和依据，细化为修改完善干预系统设计、培养机制总结与创新、优化推广。在本模型中，这五个阶段存在于同一个系统内部，并相互影响、相互促进，共同制约了本研究的最后成效。

第 2 节　特殊教育专业教师培养内容设计

一、不同发展阶段的特殊教育专业教师培养内容

为使特殊教育专业教师培养更有针对性，培养内容设计不仅需要关注不同类型特殊教育专业教师的专业发展需求（见第 5 章）、巡回指导教师整体的发展需求，还需要厘清不同专业发展阶段巡回指导教师的发展内容，探寻不同专业发展阶段巡回指导教师发展的途径。

教师专业发展的阶段大致相同，但并非静态的、直线式的模式，而是复杂的、动态的模式，如果仅基于单一标准看待教师生涯发展，难以反映其真实性、系统性、完整性。休伯曼（Huberman）（1989）[①] 提出的教师职业生涯循环理论，将其专业发展过程划分为五个阶段，即生涯进入期（教龄 1—3 年）、稳定期（教龄 4—6 年）、试验与再评估期（教龄 7—25 年）、平淡和保守期（教龄 26—33 年）、清闲期（教龄 34 年及以上），各阶段教师专业发展特征见表 6.1。

表 6.1　休伯曼教师生涯发展循环理论的具体内容表

阶段	教龄	表现
生涯进入期	1—3 年	生存和探索阶段
稳定期	4—6 年	已熟悉教学事务，尝试新的教学方法
试验与再评估期	7—25 年	能力强化，遇到障碍时能采用积极策略来解决，或察觉到能力缺失，对工作感到乏味
平淡和保守期	26—33 年	教学转向平静和程序化，但教学态度更轻松，或心理上与学生疏远，有许多的抱怨
清闲期	34 年及以上	专业发展末期的退出

本研究以休伯曼的教师职业生涯循环理论为指导，借鉴叶澜等学者提出的教师专业发展理论，以教育信念、知识、能力、态度与动机、自我专业发展需要和意识为主要结构维度，通过一对一深入访谈北京市和上海市巡回指导教师，分析不同专业发展阶段特殊教育教师的专业发展内容（发展什么），探讨不同阶段教师之专业发展机制

[①] Huberman M.. The professional life cycle of teachers [J]. Teachers College Record, 1989, 91 (1): 31-57.

（何以发展），最后提出促进不同阶段教师专业发展的路径（促进方式），即回答不同阶段教师专业发展之发展什么、何以发展、促进方式三大疑问，呈现各阶段特殊教育专业教师专业发展内容、机制及路径的动态变化。

表 6.2 受访教师基本信息

姓名	专业发展阶段	性别	年龄	教龄	学历	专业背景	职称	工作地
莫**	生涯进入期	女	27岁	2年	硕士	特殊教育	小教二级	北京
王**	生涯进入期	女	27岁	2年	硕士	特殊教育	二级	北京
王*	稳定期	女	30岁	6年	硕士	学前教育	中学二级	上海
卢**	试验与再评估期	男	32岁	10年	硕士	特殊教育	中级	上海
朱**	试验与再评估期	女	42岁	20年	学士	汉语言文学	**	上海
徐**	试验与再评估期	男	45岁	22年	硕士	特殊教育	高级	上海
李*	平淡和保守期	*	50岁	28年	学士	汉语言文学	高级	上海

注：此次受访的巡回指导教师中无清闲期教师，故该阶段不做具体分析。

（一）生涯进入期（1—3年教龄）

生涯进入期是指教龄为1—3年的教师，这一时期教师主要处于生存和探索阶段。通过对该阶段教师进行访谈，探讨生涯进入期教师的专业发展内容（见表6.3）。经编码梳理发现，生涯进入期教师的专业发展内容主要涉及教育信念、能力、态度与动机、自我专业发展需要和意识四方面，尤其是多样化能力发展的渴求，但较为忽略知识领域的发展。

1. 专业理念与师德

教育信念是指教师关于某些教育命题的主观看法，且这些看法是确信为真的先验性假设，具有引导思想与行为的功能，即教师自己选择、认可并确信的教育观念或教育理念。生涯进入期教师的教育信念主要体现在两方面，其一为认同融合教育理念，其二为以学生为本。

认同融合教育理念。 具体而言，这一认同主要体现在两方面，其一，理解融合教育的意义，认同融合教育理念，贯彻融合教育政策；其二，普融互促，推动普通教育与融合教育相互促进。正如访谈中一位教师所言：

"我们需要从理念上认同融合教育，如果一个巡回指导教师不能在理念上认同融合教育，就很容易被普通学校老师带偏，不能很好地与他们沟通。"

以学生为本。2015年出台的《特殊教育教师专业标准（试行）》将学生为本作为其四大基本理念之一，凸显了以学生为本的重要地位，而此次受访教师再次明确指出以学生为基点，站在学生的角度思考与处理问题，避免歧视或偏见是巡回指导教师必须坚持的教育信念。如同一位受访教师所言：

"必须站在孩子的角度去处理这些事情，不能被班主任说说就带走了，一定要针对孩子，如果孩子的程度真的重得非常厉害，我们会给出建议，例如，半天融合半天去做训练，如果孩子的程度真的是可以融合的话，我们还是一切以孩子为主。这个是我们做巡回指导教师的一个出发点。"

端正的专业态度与动机对教师的专业发展与成长起到促进作用。生涯进入期教师专业发展的态度与动机主要包含两大方面：其一，强烈的职业认同感；其二，产生职业效能感。

职业认同感。职业认同感是指个体对所从事职业的目标、社会价值及其他因素的肯定性评价，不少访谈教师不约而同地提出，亟须提高巡回指导教师的职业认同感，即从价值理念上认同巡回指导教师这一职业，肯定巡回指导工作的意义。如一位受访教师提及：

"我觉得自己必须很认可这个职业。这个就是我内心的原动力，我如果不认可它，不喜欢它，做什么都是徒劳。也就找不到这份工作的意义。这是我觉得最重要的。"

职业效能感。对多数教师而言，职业效能感是影响其专业发展与成长的重要因素，巡回指导教师亦不例外。巡回指导教师职业效能感的产生主要源于以下三点：其一，学生的成长与进步是教师专业发展的强大动力；其二，帮助普通学校营造接纳氛围和融合教育环境，从上而下（领导、老师、同学）形成接纳氛围。在巡回指导老师的努力工作下，特殊需要学生的进步、普通学校融合氛围的改善等积极变化，将由内而外地激发巡回指导教师产生职业成就感，从而对巡回指导教师这一职业越发抱有信心，进而形成较高水平的职业效能感，最后促进其专业发展。如同访谈中一位老师所言：

"我们去普通学校指导一次、两次、三次之后，会慢慢看到特殊需要学生的变化、班主任的变化、家长的变化、环境的接纳，环境慢慢变得没有那么恶劣了，这些积极的变化给了我们强大的动力。"

也有老师补充说："专业发展的动力应该是看到学生一个一个地成功了，自己帮助他们解决了问题，这些结果就会促使自己想进一步地去研究、去做这个事情，会觉得很有成就感，我觉得问题导向的工作方法会带来更多的成就感。"

2. 专业能力

专业能力是教师专业内容中一个重要组成部分。对于巡回指导教师而言，其能力要求更为重要。研究发现，生涯进入期巡回指导教师的专业发展在能力方面主要涉及五大方面内容，分别为沟通能力、课堂教学策略指导、干预能力、评估能力、宣传融合教育能力。

沟通能力。因巡回指导教师工作内容的独特性，沟通能力于他们而言格外重要。沟通是合作的基础，巡回指导教师时常面临与普校领导、老师、同学的沟通，与特殊学生本人及其家长的沟通，与各区县特殊教育指导中心、资源中心等多方力量的沟通，因而纷纷要求提升自己的沟通能力，掌握有效沟通的技巧，尤其是刚迈入职场、正处于生涯进入期的巡回指导教师更是迫切要求提升沟通交流能力。如同一位教师所说：

"沟通的能力，这不属于特教专业技能，但我觉得是巡回指导老师的一个必备素养，当你面对来自老师、家长以及同学的，还有校长的排斥，甚至都不让你进班等这些问题时，需要知道怎么跟他们沟通。"

当然也有教师提及："沟通能力的重要性，我觉得已经排到跟评估能力不相上下的程度，因为我去的时候，班主任都是说这孩子如何如何，他只看到这孩子身上的缺点，看不到优点，你怎么通过沟通让这个老师认识到孩子身上的优点，怎么能让老师给孩子营造一个好的班级氛围？再一个就是怎么跟领导去沟通。因为很多时候学校的分配是由领导的意志决定的，你怎么跟他去对接、去沟通，包括给教师创造一些好的机会，让他更乐于去做这件事情？"

与此同时，巡回指导教师也需要与同事、同行伙伴进行有效沟通交流，从而促进专业成长。如一位受访老师所说：

"遇到挫折时，我们可能更多的是跟同事沟通，因为我们几个人都是做巡回的，遇到一个棘手的个案，我们会一起讨论，大家互相支着儿什么的。如果这孩子的问题确实很严重，我们可能就两个人或者三个人一起去，再带着机构的或者一些特别专业的评估师或感统训练老师，我们会组成一个小的团队去做。"

课堂教学策略指导。巡回指导教师的主要职责之一便是前往各普通学校，为随班就读教师提供教学指导与支持，因而对随班就读教师课堂教学策略的指导、教学方法的调整、教学材料的改善要求巡回指导教师必须具备相应的指导能力。正如受访教师所说：

"对课堂教学方面的指导很有必要，有时候去听了一些普校老师的课，会觉得教育生态环境本身就有问题，对于随班就读的特殊孩子，如果环境本来就对他们不利，他们的心理很容易出问题，另外，在那堂课本身就很不具有吸引力的情况下，比如说，本来注意力就有问题的孩子，他更是不可能融入这个班级的，可是我们作为巡回指导老师很难介入其中去纠正老师的问题，老师会觉得'你不是教研员，你有什么资格来评价我这个课上得怎么样？'或者说'你也不是在从事班主任工作方面特别有经验的人，你凭什么来指责我的班主任工作做得不好？'就会有这样的问题在里面。"

干预能力。巡回指导教师的重要工作内容之一就是为特殊学生提供干预服务。具备良好的干预能力能使巡回指导教师比较自如地处理特殊学生的一些问题行为、情绪问题或其他问题，干预能力主要涉及言语治疗、运动治疗、学业干预、行为干预等。此外，巡回指导教师亦可为普通学校教师提供部分简便可行的干预方法用以规范特殊学生的行为。如一位受访教师提及：

"巡回指导教师需要有很扎实的干预能力，这方面得很扎实，因为很多一线老师要我们去，他们不是让我们去讲大道理的，我们要能够告诉他们怎么做，或者说我们点拨他们怎么做，就是我不一定手把手地教他们怎么做，至少能在方向和具体策略上点拨他们再往前思考下一步怎么做，我觉得这需要非常扎实的干预能力，但这也是目前我们比较欠缺的。"

评估能力。评估能力是特殊教育教师应具备的一项基本能力，也是巡回指导教师必备的一项技能。巡回指导教师作为指导普通学校教师开展随班就读工作的主体，受到时间、空间的限制，无法长期跟踪监测所有随班就读学生的学业与行为表现，因而熟练的观察评估技能显得格外重要，在较短时间内初步掌握特殊学生的现状，发现其优势与欠缺之处。就如有的巡回指导教师所言：

"你只有具备评估能力，才能在最短的时间看出这个孩子所欠缺的地方。有的经验丰富的老教师在这方面的能力就很强，这是我们现在还做不到的，可能老教师看到那个特殊学生，通过观察访谈，就能够比较准确地抓住孩子的问题，这也是我一直觉得自己应该加强的，因为有时候可能我只能表面地描述这个孩子的问题是什么，但是要想更加精准地发现问题还需要跟老教师探讨。"

宣传融合教育能力。近年来，融合教育的蓬勃发展使得大量特殊学生有机会进入普通学校参与随班就读。但值得注意的是，随班就读模式已然形成并稳步推进，但融合教育环境是否形成、普通学校教师与同学的接纳氛围是否形成有待进一步考量。有调查研究表明，大多数普通学校班主任对融合教育表现出强烈的畏难情绪，且对实施融合教育持比较消极的态度，46.2%的班主任反对在小学阶段开展融合教育[1]。因此，巡回指导教师在普通学校中大力宣传融合教育的能力有待进一步提高。正如一位受访教师提及：

"现在很多普校老师对融合教育比较排斥，他们不想让特殊孩子在自己班上。因为普校老师的压力确实很大，一个班里三四十个孩子，他们没有精力来管理特殊学生，所以我们巡回指导教师应该帮助普校老师转变观念，最终营造接纳的环境是最重要的。"

与教师专业发展结构的其他维度不同，自我专业发展需要和意识是教师专业发展的内在动力，对其专业发展与成长起着导向、激励、规划、调节与监督作用。对于生涯进入期的巡回指导教师而言，其自我专业发展需要和意识主要体现在两个方面，即自主研究和自我学习。

自主研究。自主研究一方面强调了巡回指导教师专业发展的自觉性与主动性，另一方面凸显其专业发展的研究性。渴求自身专业发展的巡回指导教师，通常会运用个

---

[1] 钟虹，胡雨琴，王思. 小学班主任对融合教育的态度研究 [J]. 教师教育论坛，2016（8）：70-73.

案研究或在实践中开展科研项目研究来提升自己的专业能力。如受访教师所说：

"我个人觉得如果能够支持巡回指导老师在实践中做研究的话会好一些，比如，处理一个典型个案，我觉得应该是挺不错的，但大家好像没这样做过。"

自主学习。访谈过程中不少教师多次提及巡回指导教师应当具备自主学习意愿，通过看书、阅读专业资料等方式进行自主学习也是提升巡回指导教师专业素养的重要方式。

表6.3 生涯进入期的巡回指导教师专业发展内容

阶段		专业发展内容	
生涯进入期（1—3年）	专业理念与师德	1. 认同融合教育理念	a. 理解融合教育意义，认同融合教育理念 b. 推动普通教育与融合教育相互促进
		2. 以学生为本	站在学生的角度思考与处理问题，避免歧视或偏见
		3. 职业认同感	认同巡回指导教师这一职业，理解巡回指导工作的意义
		4. 职业效能感	a. 学生成长与进步是教师专业发展的强大动力 b. 帮助普校形成接纳氛围与融合环境
	知识	* *	
	能力	1. 沟通能力	a. 与学生家长，普校领导、老师、同学进行有效沟通 b. 与同事沟通交流
		2. 课堂教学策略指导	对普通学校教师的课堂教学策略进行指导，协助其调整教学方法和教学材料
		3. 干预能力	扎实掌握对特殊学生进行干预的能力
		4. 评估能力	合理运用观察访谈等方式评估学生的实际问题与需求
		5. 宣传融合教育能力	宣传融合教育理念，转变普校教师的排斥情绪，形成接纳氛围
		6. 自主研究	a. 通过个案研究提升专业能力 b. 在实践中开展科学研究
		7. 自主学习	通过看书等方式进行自主学习，提升专业能力

（二）稳定期（4—6年教龄）

稳定期是指教龄为4—6年的教师，这一时期巡回指导教师主要处于已熟悉教学事务，尝试新的教学方法的阶段。通过对该阶段巡回指导教师访谈资料的分析整理，梳理了专业发展稳定期巡回指导教师的专业发展内容（见表6.4）。研究发现，稳定期的巡回指导教师专业发展内容主要涵盖知识、能力、自我专业发展需要和意识三方面，较为忽略教育信念的确立以及专业发展态度和动机的生成。

1. 专业知识

经历了生涯入职期，随着教龄的增长与工作经验的积累，巡回指导教师逐步进入专业发展的稳定期，其专业发展内容也逐步发生变化，开始关注自身专业知识的积累，这主要包含特殊学生发展知识与跨学科知识两大方面。

特殊学生发展知识。 掌握全面系统的特殊学生发展知识，熟悉不同障碍类别、不同障碍程度学生的身心特点，了解不同学段特殊学生的发展需要是每一位特殊教育教师理应具备的基本知识，当然也是巡回指导教师必须具备的专业知识之一。因其工作范围的广泛性、指导性、独特性，相较于特殊教育学校教师执教于固定的教学班而言，巡回指导教师面临的服务对象更具多样性与不确定性，因而更应掌握丰富全面的特殊学生发展知识。如同一位巡回指导教师所言：

"如果你了解各种障碍类型的儿童，就有一个好处，比如说，去小班指导的时候，小班的老师可能没有接触过特殊儿童，他不了解，那你可以把这个孩子的基本特点告诉他，让老师知道孩子可能有哪些发展机会，给老师一些希望、一些期待，不然的话很多老师都是在吐槽一些难以解决的困境。所以我觉得这是很重要的方面。

另外，巡回指导老师还要了解自己负责的学段的特点，我们办公室的中小学巡回指导老师都是讲他们的学科，我作为学前阶段的巡回指导老师，就感觉确实不大了解。所以同样是巡回指导老师，我觉得我可能很难去指导中小学，我听不懂他们在讲什么，他们也听不懂我说的。所以巡回指导老师可能还是要分学段的，要了解学段特点，以及适合每个学段孩子的教育形式。"

跨学科知识。 巡回指导教师作为实施随班就读政策的一种支持力量，在为随班就读教师及学生提供指导服务时，可能涉猎多个学科，可能涵盖医学、心理学、社会学等领域，因而了解跨学科知识对巡回指导教师而言格外重要。正如受访教师所说：

"我觉得需要多学科的交流，这种交流的意义可能对于每个老师都是不一样的，对于我来说就是开阔了视野。以前我都不懂这些技术方法的，但多学科的交流让我知道了医教结合，知道了更多康复方面的知识，以及如何在学校里运用这些知识。多学科的交流对我们的专业发展其实还是有促进作用的。"

2. 专业能力

稳定期的巡回指导教师的专业能力主要包含四个方面的内容：其一，咨询与指导能力；其二，观察与评估能力；其三，融合教育宣导能力；其四，自我专业发展能力。

咨询与指导能力。 有效开展指导随班就读工作，为随班就读教师、学生及其家长提供支持服务与指导，是巡回指导教师的核心工作之一，因而要求其必须具备随班就读指导能力。但在具体实施随班就读指导的过程中，也会遇到各种问题，如同一位受访教师所言：

"有时被指导的普校老师有一些固有的教育理念，怎么结合他的教育理念去指导他？我觉得这是一个很大的挑战，因为要改变一个教师的想法是很难的，他有自己习惯的教学模式，怎么让他结合自己已有的，去探索适合这个孩子的教育是一个很大的挑战。我有时候作为旁观者，其实觉得他这个方法不大适合特殊孩子，但如何让他接受我的指导对我来说仍旧是一个困难。形式上大家都做得很好，都是友好的合作关系，但是如何落到实处，实际效果究竟如何？"

观察与评估能力。稳定期的巡回指导教师，在具备一定工作经验的基础上，可以通过对随班就读学生、教师进行观察从而获得有效信息。一方面，观察记录随班就读学生的日常行为，初步评估其表现；另一方面，观察记录随班就读教师的教学行为，评估其做法是否应继续保持或发扬，同时指出其不足之处并改进。正如受访教师所说：

"巡回指导教师最基本的技能，可能就是观察孩子，很多专家都强调评估，但是评估太专业了，其实我觉得老师应该做好观察，可以通过录课去做记录，这样就能变成个案保留下来。很多老师都很能说，但是做过的个案记不下来的话，后面就会变得没那么真实。通过观察，你能明确看到孩子的眼神互动有多少，有多长时间，我觉得还是很重要的，在确定孩子到底有没有成长时，观察的结果也是有说服力的。同时，在观察的时候，你还可以去看老师做得好和不好的方面。我觉得这就是我理解的巡回指导老师了，就是说指导性不是那么强，你不要觉得我是来指导你的，我觉得其实一线老师比我的经验还多。"

融合教育宣导能力。融合教育宣导能力不仅是生涯进入期的巡回指导教师必须具备的专业能力之一，也是稳定期的巡回指导教师需要培养、提升的能力。当前正是我国融合教育大力推进的关键时期，加大融合教育宣传力度有利于广泛形成接纳氛围，营造出适宜特殊学生学习生活的融合教育环境。如同受访教师所言：

"融合教育是很难的，但我还是希望能够加大这种宣传力度，让大家更加认可特殊教育专业。"

自我专业发展能力。稳定期的巡回指导教师的自我专业发展需要和意识主要体现在自我反思方面。总结有效经验，反思失败教训，有利于自身专业发展。正如一位受访教师提及：

"我觉得自己其实还有很多不足之处，具体去做什么的时候，会很焦虑，也不知道从哪个地方入手。有时候就像我前面讲的理念，落到实处，在给孩子做康复训练、去具体指导老师的时候，又感觉使不上劲，不知道怎么去做。所以，真的，如果讲专业发展的话，我觉得要给自己多一些时间。因为这些东西一定是沉淀出来的，慢慢去积累这方面的经验。我觉得也要去做一些记录，要有教学反思，说实话我自己可能也没做到位。本来每节课后应该有个反思，至少也应该一个月反思一下自己的教学。"

表 6.4 稳定期的巡回指导教师专业发展内容

阶段	专业发展内容		
稳定期 (4—6年)	教育信念	* *	
	专业知识	1. 特殊学生发展知识	了解不同障碍类别、障碍程度和不同学龄阶段特殊儿童发展知识
		2. 跨学科知识	进行跨学科交流,掌握多学科知识
	专业能力	1. 咨询与指导能力	结合普通教师已有的教育理念指导随班就读
		2. 观察与评估能力	a. 观察记录学生的日常行为,初步评估其表现 b. 观察记录随班就读教师的教学行为,发扬其优秀做法,改进其不足之处
		3. 融合教育宣导能力	加大融合教育宣传力度,促进大众高度认可融合教育事业
		4. 自我专业发展能力	积累经验,反思教训

(三) 试验与再评估期 (7—25 年教龄)

试验与再评估期是指教龄为 7—25 年的巡回指导教师,这一时期教师的各方面能力得到强化,遇到障碍时可能会表现出两种倾向,一种倾向是采用积极策略来解决,另一种倾向是可能缺失察觉能力,对工作开始感到乏味。梳理访谈结果发现,试验与再评估期的巡回指导教师格外重视自身专业发展,其专业发展内容最为丰富,涉及教育信念、知识、能力、态度与动机、自我专业发展需要和意识五大方面。

1. 专业理念与师德

与生涯进入期、稳定期的巡回指导教师相比,试验与再评估期的巡回指导教师在教育信念方面有所差异,其教育信念主要包含两方面内容,即坚持教育公平和尊重学生。

坚持教育公平。从古至今,大众追求教育公平的步伐从未停止,入学机会均等、受教育机会均等、获得学业成功机会均等是教育公平理念最基本的内涵。近年来,融合教育因其对平等、尊重、自由等价值理念的追求成为特殊教育发展的主流趋势,巡回指导教师作为融合教育的贯彻者与推动者,必然坚持教育公平理念,其中最为基础的便是尊重特殊学生的受教育权利,保障其与普通学生平等享有受教育机会。正如其中一位受访巡回指导教师所言:

"支撑着我一步一步去发展的这个力量主要来自教育公平理念,我觉得每一个学生都有被尊重、被爱护的权利。"

尊重学生。尊重是处理教师与学生关系的基础,对于巡回指导教师而言,尊重学生至少具有两方面的含义。其一,尊重学生个体差异,主动了解特殊学生身心发展的特殊需要;其二,尊重学生人格尊严,用爱引领学生成长。正如受访教师所言:

"理念上首先应该尊重每个孩子的差异,因为不论是从身体状况,还是从家庭环境等来看,每一个孩子都是有差异的,这种差异应该放在首位。讲到特殊教育,其实我们有些时候有意无意地将其与普校教育作比较,那么特殊教育最明显的特征就是尊重差异,每个孩子,在学习能力、发育水平,以及家庭环境或者生长的环境上都有很大的差异,所以尊重差异应该是我们首先要准确去认识以及清晰把握的一点。

除此之外,我们肯定是要尊重学生,我觉得不光是爱,爱里边应该包括尊重,尊重学生才是真正的爱。"

职业认同感。职业认同感在极大程度上影响巡回指导教师的专业发展,职业认同度高,其专业发展态度越积极,专业发展动机越强;反之,职业认同度低,则其专业发展态度与动机越消极。正如一位受访教师提及:

"从事特殊教育以后,我就觉得别人可能对特殊教育存在误解,我在从事特教之前,对特殊教育也是一无所知。但是从事以后我就觉得这个工作挺好的,在这个社会比较浮躁的时候,这个工作会让人觉得内心非常地平静。如果有机会或者说有能力为这些孩子和家长做更多一些事情,那就更好了。我觉得这个工作很不错,看到孩子有进步,我就觉得很开心。"

爱心与耐心。爱心体现了特殊教育事业的人道主义精神,耐心则反映了特殊教育事业的难度。2015年出台的《特殊教育教师专业标准(试行)》要求特殊教育教师应富有爱心、责任心、耐心、细心和恒心,而对于巡回指导教师来说,爱心与耐心的重要性则更加突出,并将其作为巡回指导教师理应发展的专业内容之一。

特教专业态度。专业态度是指出于对专业负责的态度,进而做出某些行为。这里强调巡回指导教师应具备特殊教育专业态度,一言一行体现出特教人的专业性,用自己的专业理念、专业知识与专业能力为特殊学生提供支持服务。如同其中一位巡回指导教师所说:

"我觉得首先就是爱心加专业。一个是爱心,如果你没有这种爱心,不能接纳小朋友的话,我觉得你很难全身心地去投入这份工作;但其实现在有爱心,可能也做不好特教,不能仅仅有爱心,还要有特教专业态度。"

职业效能感。通过自己的努力、付出而收获的职业效能感、成就感能在极大程度上促进巡回指导教师的专业发展。如同一位受访教师提及:

"我觉得我当初的这个职业选择还是很有意义的,因为从他们身上我看到了一些积极的变化,我的工作给他们的学习、生活等各个方面都带来了积极的影响。"

热爱工作。对巡回指导工作的热爱是教师专业发展态度与动机中的重要组成部分，只有内心热爱，才能主动积极地去精进自己的业务能力，提升自己的专业素养。因此，巡回指导教师应该热爱巡回指导工作，积极投入。正如一位巡回指导教师所言：

"其实新入职的这两三年的确是很重要的，如果在这个阶段你形成一个非常好的积极向上的内在机制的话，那么你后面的发展相对来说会比较顺，而且可能发展得比较好，我觉得大概是这样的，就是自己在头两三年要比较积极、比较勤快、比较投入一点。"

2. 专业知识

巡回指导教师是一份实践性极强的职业，当巡回指导教师处于生涯进入期、稳定期时，更多考虑的是自身专业能力是否足够，可能较为忽略专业知识的积累。但当巡回指导教师专业发展到一定阶段时，就不仅需要关注自身专业能力的提升，还要积极关注自身专业知识的储备。对于试验与再评估期的巡回指导教师来说，其专业知识的积累主要包含四个方面，即特殊学生发展知识、特殊教育专业知识、普通教育学科知识及跨学科知识。

特殊学生发展知识。与前文所提的特殊学生发展知识相似，在这一阶段的巡回指导教师同样需要具备一定的特殊学生发展知识，了解特殊儿童生理、心理发展规律与特征。如同一位受访教师所言：

"有些时候，特别是对于多重障碍的学生，可能你感觉对他挺了解的，但是有些时候，特别是碰到他情绪状态不好，或者说他处于青春期等一些特殊的阶段，你感觉对他好像又不是很了解，有时候也会有束手无策的感觉。这个可能是因为自己对每个孩子还不够了解。对于多重障碍孩子，我们平时除了掌握一些基本的理论，还需要更加深入地去了解每一个孩子，与他们建立一种长期的信任关系。要引导孩子，也要引导家长，帮助他们树立一种比较正确的教育观。"

特殊教育专业知识。由于巡回指导教师的服务对象是各类特殊需要的学生，因此必须掌握特殊教育专业知识，具体包含三大方面：第一，巡回指导教师应掌握特殊教育基本理论，了解特殊教育基本概念；第二，具备特殊教育专业背景知识；第三，熟悉特殊教育法律法规及相关政策。正如受访教师所说：

"巡回指导教师首先要具备最基础的特殊教育专业知识，因为我们的对象有别于普通的孩子，所以这个专业知识一定是需要的。

当然也必须对这些特殊教育政策、特殊教育的事情都很清楚，因为普教老师对这些不清楚的时候，他知道你是巡回指导老师，第一时间肯定是问你，关于各种政策，你都要了然于心，比如说，什么时候去做鉴定，什么时候可以撤销，反正对各种各样的事情都要了然于心。"

普通教育知识。巡回指导教师主要服务于普通学校参与随班就读的教师与学生，因此除了必备的特殊教育专业知识外，普通教育学科知识也是其应掌握的专业知识之一,否则难以开展随班就读指导工作。具体而言,巡回指导教师一方面应掌握普通学科教学知识与方法,另一方面也应了解普通学校教育管理知识、办学特色及其教育现状等。如其中一位受访教师所言:

"巡回指导教师还应该对普校的学科教学,包括教学的流程,以及每个学校的办学特色等,都要有清晰的认识,这样才有可能将自己的巡回指导工作与普校的常规教学工作有机结合在一起,有利于自己开展工作。所以巡回指导教师不仅要具备特教的相关知识背景,还要具备普校一些学科的相关知识背景。"

跨学科知识。跨学科知识是多位受访巡回指导教师所提及的必备的专业发展内容之一,了解跨学科、多学科知识有利于巡回指导教师有效开展随班就读指导工作。

3. 专业能力

经历了生涯进入期、稳定期,处于试验与再评估阶段的巡回指导教师开始重新积极思考自身专业发展问题,对自身专业发展有了新的更高的要求。通过整理访谈资料发现,试验与再评估阶段的巡回指导教师的专业发展内容在能力方面主要聚焦于八大能力,分别为沟通协调能力、随班就读指导能力、制订个别化教育计划、评估与设计能力、康复教育能力、宣传融合教育与问题解决能力。

沟通协调能力。巡回指导教师是连接特殊学生及其家长、随班就读教师、普校领导、各区县资源中心的中坚力量,时常面临与各方力量沟通协调问题。因此,沟通协调能力是多位巡回指导教师反复提及的教师专业能力之一。巡回指导教师的沟通协调主要体现在以下三个方面:第一,与普通学校领导、教师、学生沟通,开展随班就读工作;第二,与特殊学生及其家长沟通,及时获取并反馈学生信息;第三,与各区县特殊教育指导中心、资源中心沟通,寻求支援与支持力量。正如一位巡回指导教师所言:

"我觉得巡回指导教师最需要具备的就是沟通协调能力。因为这个工作涉及家长、学生,还有各个区县的康复指导中心,包括主管我们随班就读工作的上级部门领导,这就需要有很好的沟通协调能力。很重要的是你要学会去跟外校包括各个区县的康复指导中心的老师去建立一个良好的合作关系,那么在这个过程中你的沟通能力就会非常重要,这是一个方面。除了平时的一些工作安排,或者参加一些会议,还会碰到一些针对随班就读的小孩子的问题,这需要我们在一起去研讨,去想对策或者寻找资源等,还有跟家长沟通。比如说,有个随班就读的有些轻度脑瘫的孩子,关于他的一些生活技能主要就是跟家长沟通,有时还要去看下他的生活环境,因为他也是视障,低视力嘛,也要指导下他的家庭环境的布置。

关于沟通能力的重要性,我们之前就深有体会,第一批随班就读的学生去的是初中,当时的学校对他们是很排斥的,他们觉得'这些孩子就应该在你们特教学校,为什么到我们这边来?给我们增添了很多的负担'。此外,当时市里有规定,比方说,那个地方教育计划要求有特别辅导,他们其实对此是有抵触情绪的。现在我们区域中心要和各个学校包括随班就读的打交道，和他们沟通，要推进各项工作，这也涉及沟通能力。因为我们中心是全新的，没有经验可借鉴，所以要推进工作，就要具备沟通能力，这是一个重点。"

随班就读指导能力。试验与再评估期的巡回指导老师要求发展并提升其随班就读指导能力，这一能力与生涯进入期、稳定期的巡回指导老师所提的课堂教学指导策略相互关联。处于前期阶段的巡回指导教师仅提及对随班就读教师的课堂教学策略进行指导或支持，而试验与再评估时期的巡回指导教师逐渐认识到随班就读指导对象还包含特殊学生及其家长。也就是说，巡回指导教师的随班就读指导能力要求在三方面得到进一步发展与提升，其一为指导普通学校教师调整课堂教学策略、教学方法与教学材料等；其二为根据特殊学生的需求指导其学业、融合适应、同伴关系等问题；其三为协助特殊学生家长树立正向积极的教育观及指导家庭环境的布置等。如同一位受访教师所说：

"主要提供一些专业与技术上的指导和支持，包括一些资源的提供，对普校教师的教学策略的指导与调整，对教学内容的适度调整，还有家长教育观念的树立，家庭环境的布置，以及帮助学生去建立一种比较恰当的人际交往，如在班级中与其他小朋友之间的同伴关系，还有对他们自信心的培养，等等。"

制订个别化教育计划。个别化教育计划是根据每位特殊学生的现状与需求而制订的，其目的在于有针对性地、合理地改善学生各方面状况，对于随班就读学生而言，更应拟订适合其身心发展的个别化教育计划。值得注意的是，个别化教育计划的拟订并非某一方之职责，而是协同各方力量共同制订，巡回指导教师则在个别化教育计划的制订过程中发挥着重要的联结、推动与主导作用。正如一位巡回指导教师所言：

"对于部分孩子，他可能不仅在学习方面存在困难，在整个学校的环境适应、人际关系处理方面也会碰到问题，那么这个时候就需要针对他的各方面状况制订个别化教育计划，要跟家长、普校的老师、各个区县的康复指导中心的老师一起商讨、制订。"

评估与设计能力。无论生涯进入期、稳定期，还是试验与再评估阶段的巡回指导教师均认为评估能力是巡回指导教师专业发展的重要能力，由此可见其重要性。通过观察、访谈或其他专业评估工具对特殊学生进行评估，了解其发展现状，分析其优势与劣势，全面掌握特殊学生的各种信息，有助于拟订教育计划，促进其身心发展。访谈中有巡回指导教师说：

"巡回指导老师都要有评估的能力，至少得有初步评估能力，要能够对孩子有初步评估，把握他的一个新起点。因为后来你去学校的时候就会发现，其实老师都要有初步评估能力。"

康复教育能力。巡回指导教师的主要服务对象为各类存在身心障碍的学生，为了更好地为他们提供教育与服务，巡回指导教师应当具备一定的康复教育能力，一方面通过一系列有效策略改善特殊学生的问题行为、情绪问题或其他问题,另一方面为普通学校随班就读教师矫正特殊学生的现有问题提供指导与帮助。正如一位受访教师所言:

"我从盲校到现在一共十年,整整十年就一直在多重班。从一些毕业的孩子身上,还是看到了在多重残疾孩子当中开展康复教育,特别是这种个性化的康复教育,非常重要,而且迫在眉睫,不仅给孩子带来了积极的变化,对他的整个家庭也是一个很大的帮助。"

宣传融合教育。 为顺应国际融合教育潮流,推进教育公平,我国实施以随班就读为主要形式的融合教育。但融合教育在实际开展过程中,面临诸多问题与挑战,尤其是普通学校融合教育环境的形成与接纳氛围的营造。甚至存在融合教育环境尚未形成,但特殊学生已然进入普通学校进行随班就读的情况,这就难免产生形式上的融合问题,从而影响融合教育质量。不可否认的是,营造融合教育环境与师生接纳氛围的核心在于改变大众对融合教育的态度,使融合教育理念深入人心,因此加大宣传融合教育的力度就显得格外重要,这也成为巡回指导教师的重要能力之一。如同访谈中巡回指导教师所言:

"在普校的教学或者管理等方面,还有一个重要的工作,就是怎么与普校的主管领导沟通,让他们清晰地认识到随班就读工作对每一位随班就读的孩子,包括班级里的普通孩子所带来的影响,在他们看来可能会有一些不利的影响,甚至消极的影响,但是也应该看到给普通孩子带来的积极影响,比如说,孩子们的感恩教育、孩子们的接纳能力,或者对社会更加全面的认识等,这对普校的孩子也会产生很大的促进作用,这可能是普校在常规的教学当中所缺失的一个环境。因为只有校级领导有这样一个正确的观念或者意识,这个工作才能够持续深入下去。

我觉得还需要提升的,就是我们要把'特殊学生和其他学生是一样的'这种理念传递给普校老师。现在我们就是在推动这一块,首先大家形成共识,也不是说特殊学生不会给你增加多少工作,最主要的还是改变观念。比如说,有的学校可能老是会有这种感觉,就是我全校就一个这样的学生,我要为这一个学生做很多的事情,这对其他学生不公平,他们会有这样的想法。所以,我的任务就是慢慢地去改变这种观念。"

问题解决能力。 巡回指导教师在工作中可能会遇到各种各样的问题与挑战,包括应急问题、资源寻求问题、协调自身角色冲突问题等。因此,要求具备一定的问题解决能力,具体表现在三方面,其一为保持克服困难的信心与勇气,解决问题与挑战;其二为合理寻求各方资源解决问题;其三为合理分配时间,协调可能出现的角色冲突问题。正如某位受访的巡回指导教师所说:

"在这个过程当中其实会碰到很多困难,我们现在也遇到了很多困难,但就是在不断碰到困难、解决困难的过程中,我们才可能获得成长。在学校的话,主要困难是局限在学校里面，说到区特教中心的话，就要站在一个区域的视角，那么工作什么的可能都会不一样。

另外，在这三方面工作上时间分配会有一个变化，相比较来讲，在教学上投入的时间可能比之前最开始的时候少，最开始的时候，相较于科管、巡回指导工作，重点还是集中在教学上，后期因为涉及了其他两个方面的工作，教学就受到了一定影响。"

终身学习。终身学习是当代广泛提及的一种学习理念，对于巡回指导教师来说更是如此。首先，应坚持终身学习理念，贯彻终身学习行为；其次应通过看书、阅读材料等方式进行自主学习；最后巡回指导教师应以实践为导向，寻求理论与实践的结合。

自主科研。自主参与科研，通过科研工作促进自身专业发展是当前巡回指导教师颇为重视的一个方面，尤其是巡回指导教师应针对巡回指导工作中的现实需要与问题，积极主动开展科研项目工作，带动区域的内涵式发展。正如其中一位巡回指导教师所言：

"自己在不断地做很多科研工作，科研其实也是学习，我们经常定期讨论课题，在讨论过程当中，对特教的发展趋势、学校的教育教学有所了解。所以，还有一个能力就是教科研的能力。你要起到引领的作用，就要思考怎么样通过教科研促进区域的内涵式发展。那么，最近的话，例如，绘本教学或者融合教育绘本的研究，对我来说可能是一种新的工作或可能，对我们中心的老师来说也是。在科研方面，可以说比以前有一定的进步，之前可能只是一个学校的科研，现在可能是一个区域，我们现在甚至还做全国重点课题，在全国范围内开展，也在组织研究子课题，通过这些工作我们不断提升科研方面的能力。"

自我反思。学会自我总结，反思经验教训是促进巡回指导教师专业发展的重要方式。

表6.5 试验与再评估期的巡回指导教师专业发展内容

阶段		专业发展内容	
试验与再评估期（7—25年）	专业理念与师德	1. 坚持教育公平	坚持教育公平，尊重特殊学生受教育的权利
		2. 尊重学生	a. 尊重学生个体差异，主动了解学生身心发展特殊需要 b. 尊重学生人格尊严，以爱引领学生成长
		3. 职业认同	认同巡回指导教师职业，肯定巡回指导工作的意义
		4. 爱心与耐心	对学生充满爱心与耐心，呵护其身心发展
		5. 特教专业态度	以强烈的特殊教育专业态度做好特殊教育工作
		6. 职业效能感	学生的成长与进步激励巡回指导教师进一步实现专业发展
		7. 热爱工作	热爱巡回指导工作，积极投入

续表

阶段		专业发展内容	
	专业知识	1. 特殊学生发展知识	了解特殊儿童生理、心理发展知识
		2. 特殊教育专业知识	a. 掌握特殊教育基本理论，了解特殊教育基本概念 b. 特殊教育专业背景知识 c. 熟悉特殊教育法律法规及相关政策
		3. 普通教育知识	a. 掌握普通教育学科知识 b. 了解普校教育管理知识、办学特色及其教育教学现状
		4. 跨学科知识	跨学科知识（心理学、医学康复、儿科医学等其他相关学科知识）
	专业能力	1. 沟通协调能力	a. 与各区县特殊教育指导中心沟通 b. 与普校领导、老师沟通，开展随班就读工作 c. 与特殊学生家长沟通，及时反馈
		2. 随班就读指导能力	a. 根据需求指导随班就读学生的学业、融合适应、同伴关系等 b. 指导普校教师调整课堂教学策略、教学内容 c. 帮助家长树立正确的教育观，指导家庭环境布置
		3. 制订个别化教育计划	针对学生障碍类别与实际需要，与各方力量（含普校老师、学生家长、学生、特殊教育指导中心等）协商合作制订个别化教育计划
		4. 评估与设计能力	对特殊学生进行初步评估，把握其欠缺之处
		5. 康复训练能力	对特殊学生进行基本康复训练的能力
		6. 宣传融合教育	宣传融合教育观念，形成普通学生与特殊学生平等享受教育权的共识，营造接纳环境
		7. 问题解决能力	a. 克服困难并解决问题 b. 寻求资源解决问题 c. 合理分配时间，协调可能出现的角色冲突
		8. 终身学习	a. 坚持终身学习理念，贯彻终身学习行为 b. 以看书、阅读材料等方式自主学习 c. 以实践为导向，理论与实践相结合
		9. 自主科研	针对巡回指导工作中的现实需要与问题，积极主动开展科研项目工作，带动区域内涵发展
		10. 自我反思	学会反思，总结优秀经验与教训

(四) 平淡和保守期 (26—33 年教龄)

平淡和保守期是指教龄为 26—33 年的巡回指导教师，处于这一时期的巡回指导教师的教学转向平静和程序化，但教学态度更轻松，或者心理上与学生疏远，有许多的抱怨。通过梳理访谈结果发现，平淡和保守期的巡回指导教师的专业发展内容主要聚焦于知识、能力、态度与动机、自我专业发展意识和需要四大方面（见表6.6）。

1. 专业理念与师德

平淡与保守期的巡回指导教师在专业发展的态度与动机方面考虑较少，认为应该始终对特殊学生怀抱爱心与耐心，热爱学生，帮助学生成长。如同该阶段的一位受访巡回指导教师所言：

"做这一块工作你对学生必须要有爱心、耐心，最初我不太接纳他们，因为可能不习惯，从不习惯到习惯，从不喜欢到喜欢，就这样。所以说我到普校去给随班就读学生上课，我也没有任何违和感，我特别喜欢他们，在师德方面，就是说要爱学生，现在更需要这样的爱心。"

2. 专业知识

对于教学经验相当丰富、正处于平淡和保守期的巡回指导教师来说，巡回指导工作已是驾轻就熟，其专业发展在知识方面的内容主要体现为普通教育学科知识。

普通教育学科知识。巡回指导老师在其随班就读指导工作中需要与普通学校教师沟通交流，探讨适合随班就读学生的最佳教学方法、教学材料或教学策略等，这就要求巡回指导老师必须具备普通教育学科知识。正如一位巡回指导教师所言：

"涉及学科教学时，还需要你储备一定的学科知识，如果做巡回的话，普校的一些学科知识你也必须要知道。做特殊教育十多年了，我现在对普校就不熟悉了。我在普校的时候还熟悉，但现在不知道，包括普通中学和小学的，我都要去了解。"

3. 专业能力

平淡与保守期的巡回指导教师在专业发展能力方面更多地谈到沟通能力、学科教学能力、康复能力。

沟通能力。通过梳理不同专业发展阶段的巡回指导教师在能力方面的要求，不难发现，沟通能力贯穿巡回指导教师各专业发展阶段的始终，受到广大巡回指导老师的关注，他们努力提升自己的沟通协调能力。如同一位巡回指导教师在访谈中提及：

"与人沟通的能力，包括与领导的沟通、与普校老师的沟通，你怎样去跟他们沟通，怎样让他们配合你的工作、接受你、接纳你？一开始做这块工作时人家根本不接受你，'你凭什么进我们校园？'对吧？你要凭你自己的能力去沟通，对吧？第三个就是说你要有和家长沟通的能力。"

此外，**学科教学能力**、**康复能力**也受到平淡和保守期的巡回指导教师的强烈关注，认为这两种能力同样是巡回指导教师专业发展内容中的重要组成部分。

顺应角色变革与转型。当前，我国特殊教育学校功能的转变及特殊教育生态环境的变化，促使特殊教育学校教师面临角色职责与功能的重新定位，部分特殊教育学校教师已然转型为巡回指导教师，这是基于我国特殊教育发展国情与特殊教育师资力量而做出的角色转岗抉择。因此，巡回指导教师在自我专业发展需要和意识的驱动下，理应认识教师角色变革与转型的需要，接纳巡回指导新角色。正如一位老师所言：

"也是学校变革，那个时候学校要转型，变革时期需要巡回指导老师和资源教师，那么我就到普校里去了，这是学校的需要，也是变革的需要。"

此外，**参与科研、自我反思**也是平淡和保守期的巡回指导教师专业发展的重要方面，贯穿各阶段的巡回指导教师专业发展始终。如同其中一位巡回指导教师所言：

"在特殊教育方面不仅要关注到教学，也要关注到科研，要通过研究促进教学，对吧？那个时候做科研，也搞不清，对吧？不清楚，近几年来，知道了怎么去搞研究，对不对？也发表过论文，对吧？那个时候如果发表过论文，自身也能在学校这种氛围中得到提升。"

表 6.6 平淡和保守期的巡回指导教师专业发展内容

阶段	专业发展内容		
平淡和保守期（26—33 年）	专业理念与师德	爱心与耐心	热爱学生，以爱心、耐心帮助学生成长
	专业知识	普通教育学科知识	熟悉普通学科知识体系
	专业能力	1. 沟通能力	a. 与普校领导、老师沟通的能力 b. 与特殊学生家长沟通的能力
		2. 学科教学能力	掌握学科教学能力
		3. 康复能力	通过个性化课程对普校随班就读学生进行基本康复，如孤独症、智力障碍等
		4. 顺应角色变革与转型	认识教师角色转型与变革需要，接纳巡回指导新角色
		5. 参与科研	具备科学研究能力，运用科研促进教学
		6. 自我反思	坚持自我反思，总结经验与教训

总体而言，以休伯曼（1989）提出的教师职业生涯发展循环理论为基础，以叶澜等学者提出的教师专业发展理论为分析框架，分析梳理了不同专业发展阶段的巡回指导教师专业发展的具体内容，研究发现，不同专业发展阶段的特殊教育专业教师所关注的专业发展内容具有相似之处，也各有其独特性。

二、巡回指导教师培训内容体系

北京市特殊教育巡回指导教师培训包括专业理念与师德、专业知识和专业能力等内容，切实培养巡回指导教师的师德师风、职业认同和特殊教育情怀，重点探索特殊教育知识技能与普通教育教学融合培养模式，按照必修、选修和校本研修三个部分有针对性地进行课程设计。见表 6.7。

（一）必修内容

必修课内容包括公共必修课和专业必修课两个方面。

公共必修课内容聚焦巡回指导教师师德师风的培养，加强教师对特殊教育法律法规、融合教育推进的认识，提高教师的专业发展意识和专业能力，具体包括"信息技术应用能力"、"资源社会主义核心价值观与中华优秀传统文化"、"法治教育"、"特殊教育教师专业标准与师德师风建设"，以及特殊教育改革专题（特殊教育法律法规、融合教育推进政策与形势）等。

专业必修课内容旨在夯实巡回指导教师的专业基础，提高教师的特殊教育专业素养和教学能力，具体包括"特殊学生身心发展与管理""学科教学内容与教学方法""特殊教育专业知识与专业能力"三个部分。

（二）选修内容

选修课内容重在开阔巡回指导教师的视野，拓展教师的知识面，提升教师的核心素养，具体可涵盖通识类（国内外特殊教育发展、国内外特殊教育课程改革和教学创新），"特殊教育教学改革与实验"，"特殊教育研究与专业发展"，"特殊教育教师职业所需的个人生活修养（人文、艺术和科学素养）"，"特殊教育教学与康复专业能力"等，以及教育行政部门认定的优秀培训机构开设的课程（培训项目）。

三、特殊教育资源教师培训内容体系

北京市特殊教育资源教师培训包括特殊教育专业理念与师德、专业知识和专业能力等内容，切实培养资源教师的师德师风、职业认同和特殊教育情怀，重点探索特殊教育知识技能与普通教育教学融合培养模式，按照必修、选修和校本研修三个部分有针对性地进行课程设计。

（一）必修内容

必修课内容包括公共必修课和专业必修课两个方面。

公共必修课内容聚焦资源教师师德师风的培养，加强教师对特殊教育法律法规、融合教育推进的认识，提高教师的专业发展意识和专业能力，具体包括"信息技术应用能力"、"社会主义核心价值观与中华优秀传统文化"、"法治教育"、"特殊教育教师

表 6.7　巡回指导教师培育模块课程方案[1]

模块名称	模块简介	专题名称	专题简介	要点	主要学习方式
1. 融合教育理论	包括融合教育基本理念、基本概念框架、发展模式、评价体系以及融合教育在教学中的应用。	专题一：融合教育基本理论	通过此专题的学习，帮助巡回指导教师理解融合教育的内涵、价值与基本理论；知道融合教育的基本理论以及国内外融合教育的发展，树立坚定的融合教育信念。	1. 融合教育的内涵与价值 2. 融合教育的基本理论 3. 融合教育的发展模式（国内、国外） 4. 融合教育的质量与评价 5. 融合教育相关政策法规解读	讲授
		专题二：融合教育实践知识技能	通过此专题的学习，帮助巡回指导教师明确自身融合教育专业发展要求，根据不同特殊需要学生的需求灵活进行融合教育的课程调整、差异教学，并运用合作教学等方式促进学生融入课堂。	1. 融合教育师资队伍的角色与价值 2. 融合教育中常用教学策略（差异教学、通用教学、合作教学等） 3. 融合教育中的课程调整与支持（营造融合教育课堂环境）	讲授
2. 特殊教育知识与能力	包括系统的特殊儿童的教育评估与筛查方法、个别化教育干预的课程实施与理论、工作流程、康复训练的理论、工作方法与内容以及案例介绍。	专题一：特殊儿童评估	旨在让教师掌握特殊儿童常用正式筛查和非正式筛查的方法；学会解读正式诊断评估报告；学会正确实施教育评估的类型、方法，把握各环节注意事项；能够为具有不同评估与鉴定、康复需求的特殊儿童提供专业建议与资源支持。	1. 特殊儿童非正式筛查的方法与流程 2. 常用的正式诊断评估方法及结果解读 3. 教育评估的流程、内容与方法（简单的工具与检查表） 4. 为特殊需要儿童提供专业评估与鉴定、康复训练的资源及相应的支持	讲授
		专题二：个别化教育计划的制订与实施	学习个别化教育计划的相关理论。知道个别化教育计划制订过程中的要求和注意事项，能够在融合教育环境中实施个别化教育计划提供支持，并能根据需要对个别化教育计划进行评价与调整。	1. 个别化教育计划的基本理论 2. 个别化教育计划的制订要求与注意事项 3. 融合环境中的个别化教育计划的实施与支持 4. 个别化教育计划的评价与调整	理论讲授 个案分享

[1] 来源：北京市教育委员会. 北京市巡回指导教师培育项目方案. 2021 年.

续表

模块名称	模块简介	专题名称	专题简介	要点	主要学习方式
3. 孤独症儿童融合教育指导	包括孤独症儿童的发展特点、常见问题行为的干预训练方法，以及问题行为功能分析与干预等融合教育课堂技能指导。	专题一：孤独症儿童发展与教育	通过此专题的学习，巡回指导教师可根据孤独症儿童的发展特点对常见问题行为进行功能分析和干预。	1. 孤独症儿童的发展特点 2. 应用行为分析在孤独症儿童教育中的应用（问题行为功能分析、行为矫正原理等）	理论讲授 案例分析
		专题二：孤独症儿童融合教育指导	通过此专题的学习，帮助巡回指导教师明确孤独症学生在融合教育课堂中的需要，并为其提供融合教育课堂支持方法。	1. 适合孤独症儿童的融合教育课堂环境调整方法（如结构化教学等） 2. 为孤独症儿童创设融合教育课堂环境提供资源支持（如家校合作的教学支持等）	案例分析 实操
4. 智力障碍儿童融合教育指导	包括智力障碍儿童的发展特征以及个别化教育计划制订的融合教育技能指导。	专题一：智力障碍儿童发展与教育	通过此专题的学习，巡回指导教师了解智力障碍儿童的发展特点，并能依据特点发展出智力障碍儿童某问题的解决方案。	1. 智力障碍儿童的思维、语言等的特点及学习特征 2. 针对智力障碍儿童某问题的解决方案的案例分析	理论讲授 案例分析
		专题二：智力障碍儿童融合教育的指导	通过此专题的学习，帮助巡回指导教师明确智力障碍学生在融合教育环境下所需要的支持，并能指导班级教师提供相应的资源支持。	1. 智力障碍儿童在融合教育环境下所需要的支持 2. 针对某智力障碍儿童的案例分析（环境调整或课程调整） 3. 智力障碍儿童的个别化教育计划的制订案例	案例分析 实操
5. 注意力缺陷与多动障碍（ADHD）儿童融合教育指导	包括ADHD儿童的发展与教育特点，以及融合教育环境中的干预教育指导。	专题一：ADHD儿童的发展与教育	了解识别ADHD儿童的基本发展特点、行为表现以及影响因素，学习针对ADHD障碍儿童的干预知识。	1. ADHD儿童的分类、发展特点与问题表现 2. 影响ADHD儿童注意力与多动问题的因素 3. 社交技能与情绪管理干预知识、认知—行为干预知识	讲授 个案呈现

续表

模块名称	模块简介	专题名称	专题简介	要点	主要学习方式
6. 学习障碍儿童的干预与融合教育指导	包括学习障碍儿童的概念、分类与发展特点，以及针对不同学习障碍类型儿童的融合教育指导。	专题二：ADHD儿童的融合教育指导	帮助巡回指导教师明确ADHD学生在融合教育环境中所需要的支持，以及知道解决相关问题的策略。	1. ADHD儿童在融合教育环境下所需要的支持 2. 帮助学生建立自我管理学习技能（Self-regulated learning, SRL）的策略 3. 班级行为管理及其问题解决策略的案例分析	讲授 案例分析
		专题一：学习障碍儿童的发展与教育	通过该专题的学习，巡回指导教师能够认识各类学习障碍学生，并了解其发展特点。	1. 学习障碍儿童的概念、界定与分类 2. 不同学习障碍类型儿童的特征与发展特点 3. 不同学习障碍类型儿童的主要干预内容	讲授
		专题二：学习障碍儿童的融合教育指导	通过此专题的学习，帮助巡回指导教师明确学习障碍学生在融合教育环境中所需要的支持，并能针对不同学习障碍类型的学生制订相应的干预计划。	1. 学习障碍学生在融合教育环境下所需要的支持 2. 认知与学习策略教学，培养学生的适应性学习习惯 3. 对支持某类学习障碍学生在融合教育环境下学习的案例分析	讲授 案例分析
7. 感官障碍儿童的干预与融合教育指导	包括不同感官障碍儿童的基本发展特点，以及针对不同感官障碍儿童的融合教育指导。	专题一：听觉障碍儿童的发展与融合教育指导	了解听觉障碍儿童发展的基本特点与差异，能够指导班级教师支持听障学生在融合课堂中学习。	1. 听觉障碍儿童的基本特征与发展特点 2. 听觉障碍儿童在融合教育课堂学习的支持策略（环境创设、教师的教学行为等）	讲授
		专题二：视觉障碍儿童的发展与融合教育指导	了解视觉障碍儿童发展的基本特点与差异，能够指导班级教师支持视障学生在融合课堂中学习，包括如何运用辅具支持。	1. 视觉障碍儿童的基本特征及发展特点 2. 适合视觉障碍儿童学习的支持策略及辅具支持	讲授 案例分析

续表

模块名称	模块简介	专题名称	专题简介	要点	主要学习方式
8. 巡回指导教师的沟通与合作能力	包括基本人际沟通能力的提升，与家长、教师、普通学校、特殊教育学校、康复机构等不同机构沟通合作能力的提升。	专题一：人际沟通与获取支持的策略	通过学习人际沟通的基本知识与策略，提升巡回指导教师的人际沟通能力。具体是指通过学习倾听、转变其在与家长、领导等群体沟通中的言行举止，共情及表达的相关知识、策略，塑造安全的沟通氛围，提升情感理解与分享能力，能有效倾听和解读对方表达内容、价值观、情感态度和意图等并能有效表达，使人际沟通顺利进行。	1. 有效倾听和解读对方表达的价值观、情感态度和意图等内容 2. 共情与移情的知识与策略 3. 有效表达与游说的知识与策略	理论讲授 情境活动体验
		专题二：巡回指导工作中的沟通合作能力建设	通过此专题的学习，帮助巡回指导教师明确工作中涉及沟通合作的具体内容、过程及有效沟通策略，包括与家长、普通学校、特殊教育学校、康复机构、政府等不同群体的沟通与合作，能够将人际沟通的策略运用于实际长期有效的沟通合作中，与沟通对象建立长期有效的沟通合作关系。	1. 巡回指导教师沟通中的角色和基本职责 2. 各个沟通对象的特点，学会制订有针对性的沟通计划 3. 能够通过沟通参与教育决策，合作教学，合作咨询，机构参与巡回指导教师提供相应的资源	理论讲授 任务故事 案例分析
9. 巡回指导教师咨询与指导能力	包括巡回指导工作的基本方式和策略，以及针对随班就读教师咨询、指导进行	专题三：巡回指导工作的内容与方式	旨在让教师明确巡回指导工作的具体内容，以及掌握服务个案的基本流程和工作思路，学习巡回指导工作开展各个环节的有效策略。	1. 巡回指导工作的内容与特征 2. 接受与服务个案的基本流程和工作思路，制订支持方案 3. 实施接案、评估个案、巡回指导等环节的有效策略	理论讲授 案例分享

续表

模块名称	模块简介	专题名称	专题简介	要点	主要学习方式
	针对家长进行教育咨询与指导，针对学校进行融合教育咨询与指导的工作方式及策略。	专题四：巡回指导教师指导能力的提升（指导随班就读教师、家长及学校）	旨在帮助巡回指导教师学会运用已有的特殊教育知识、普通教育教学知识与技能、融合教育支持策略等内容开展巡回指导工作，能制定有效的家长指导、随班就读指导、学校指导的有效策略。	1. 指导随班就读教师设计融合教育课堂教学的策略 2. 进行教育咨询与家庭心理疏导工作的策略 3. 进行随班就读政策宣导与咨询，指导普校规划融合教育工作，进行学校调整的策略	案例分析 情境活动体验
10. 巡回指导能力教师研究能力提升	巡回指导教师能够运用基本的教育科学研究方法，围绕融合教育相关问题开展调查研究、行动研究，提升巡回指导工作质量。同时提升教师实践用研究的能力（基于研究的实践能力），使教师能在工作中运用研究的工作思路，灵活地运用各种知识与技能解决与服务个案相关的实际问题。	专题一：基本教育科学研究方法	掌握文献分析、行动研究、调查研究等基本的教育科学研究方法，能够运用这些方法围绕融合教育中的重要问题制订简单的研究计划，并实施研究。	1. 学会搜集、整理与分析文献 2. 掌握行动研究、调查研究等基本教育科学研究方法 3. 学会根据工作实践中的问题制订研究方案	理论讲授
		专题二：基于研究的教学实践与个案问题解决	通过学习分析教育问题的科学方法，问题解决的实践性知识解决问题。提高利用自身的专业素养觉察问题情境，分析问题情境特征，辨别真实性问题的能力，以及依据问题搜集资料，对资料进行逻辑分析，提出解决方案的能力。	1. 掌握分析教育问题的一般思维方式和问题解决的有效策略 2. 使用上述方法分析情境问题、辨别真实性问题，并制订问题解决方案	理论讲授 案例分析 问题解决式研讨

专业标准与师德师风建设",以及特殊教育改革专题(特殊教育法律法规、融合教育推进政策与形势)等。

专业必修课内容旨在夯实资源教师的专业基础,提高教师的特殊教育专业素养和教学能力,具体包括"特殊学生身心发展与管理""学科教学内容与教学方法""特殊教育专业知识与专业能力"三个部分。根据资源教师的专业发展需求,设计分类、分层、分岗培训课程体系。

(二)选修内容

选修课内容重在开阔资源教师的视野,拓展教师的知识面,提升教师的核心素养,具体可涵盖通识类(国内外特殊教育发展、国内外特殊教育课程改革和教学创新),"特殊教育教学改革与实验","特殊教育研究与专业发展","特殊教育教师职业所需的个人生活修养(人文、艺术和科学素养)","特殊教育教学与康复专业能力"等,以及教育行政部门认定的优秀培训机构开设的课程(培训项目)。

(三)校本研修

根据《北京市教育委员会关于加强中小学教师校本培训工作的意见》(京教函〔2015〕190号),普通学校以中小学教师专业发展标准、学校发展目标和教师队伍的实际为依据,根据学校和教师的实际需要,以学校课程资源开发与教育活动组织(管理)为主线,由学校设计校本研修的内容和教学实践,具体课程内容领域包括"校本课程建设与实施""校本教学观摩与课例研讨""学校内部教师学习共同体的构建"等。资源教师的校本研修按照普通中小学校的校本研修组织,并增加特殊教育、融合教育专题内容。见表6.8。

表6.8 特殊教育资源教师培训课程内容体系

课程领域	课程内容	具体内容
特殊儿童身心发展与管理	特殊需要儿童身心发展规律 特殊需要儿童教育策略和方法 特殊需要儿童观察与评价 特殊需要儿童问题行为处理和危机干预 特殊需要儿童安置和转衔	● 特殊需要儿童身心发展规律 ● 特殊需要儿童教育策略和方法 ● 特殊需要儿童观察与评价的方法 ● 特殊需要儿童问题行为处理、危机干预、安全防护与救助的基本知识与方法 ● 特殊需要儿童安置和转衔
学科教学内容与教学方法	盲、聋、培智学校国家课程标准 学科课程标准 学科教学内容 学科教学方法	● 掌握所教学科的课程标准、知识体系的基本内容、基本思想和方法 ● 掌握所教学科基于标准的教学调整策略与方法 ● 掌握在学科教学中整合情感态度、社会交往与生活技能的策略与方法

课程领域	课程内容	具体内容
特殊教育专业知识与专业能力	特殊教育教学基本理论 康复训练基本知识与方法 特殊教育评估 个别化教学的理论与实践 环境创设与利用 教育教学设计 特殊教育组织与实施 特殊教育反思与专业发展	●初步掌握特殊需要儿童教育需求多元评估的方法 ●初步掌握个别化教学的理论与实践 ●掌握个别化教育计划制订的技术和方法 ●掌握特殊教育教学目标、方法、实施、评价等方面的知识 ●能立足学情设计教学方案并实施 ●初步具备融合教育的理念，能为特殊需要儿童提供教学、康复等方面的支持和服务

四、特教学校教师培训内容体系

北京市特殊教育教师继续教育培训包括特殊教育专业与师德、专业知识和专业能力等内容，切实培养特殊教育教师的师德师风、职业认同和特殊教育情怀，重点探索特殊教育知识技能与学科教育教学融合培养模式，按照必修、选修和校本研修三个部分有针对性地进行课程设计。

（一）必修内容

必修课内容包括公共必修课和专业必修课两个方面。

公共必修课内容聚焦特殊教育教师师德师风的培养，加强教师对特殊教育法律法规、融合教育推进的认识，提高特殊教育教师的专业发展意识和专业能力，具体包括"信息技术应用能力"、"社会主义核心价值观与中华优秀传统文化"、"法治教育"、"特殊教育教师专业标准与师德师风建设"，以及特殊教育改革专题（特殊教育法律法规、融合教育推进政策与形势）等。

专业必修课内容旨在夯实特殊教育教师的专业基础，提高教师的特殊教育专业素养和教学能力，具体包括"特殊学生身心发展与管理""学科教学内容与教学方法""特殊教育专业知识与专业能力"三个部分。根据特殊教育教师工作岗位和专业成长阶段，结合不同岗位、不同层次教师的发展需求，设计分类、分层、分岗培训课程体系。

（二）选修内容

选修课内容重在开阔教师的视野，拓展教师的知识面，提升教师的核心素养，具体可涵盖通识类（国内外特殊教育发展、国内外特殊教育课程改革和教学创新），"特殊教育教学改革与实验"，"特殊教育研究与专业发展"，"特殊教育教师职业所需的个人生活修养（人文、艺术和科学素养）""特殊教育教学与康复专业能力"等，以及教育行政部门认定的优秀培训机构开设的课程（培训项目）。

（三）校本研修

根据《北京市教育委员会关于加强中小学教师校本培训工作的意见》（京教函〔2015〕190号），特殊教育学校以中小学教师专业发展标准、学校发展目标和教师队伍的实际为依据，根据学校和教师的实际需要，以特殊教育学校课程资源开发与教育活动组织（管理）为主线，由特殊教育学校设计校本研修的内容和教学实践，具体课程内容领域包括"校本课程建设与实施""校本教学观摩与课例研讨""学校内部教师学习共同体的构建"等。见表6.9。

第3节 特殊教育专业教师培养方式设计

一、不同发展阶段的特殊教育专业教师培养方式

前期研究发现，不同专业发展阶段的特殊教育专业教师均十分重视自身专业发展，试图通过各种有效方式丰富自身专业知识，提升专业能力，进一步实现专业发展。具体而言，特殊教育专业教师的专业发展路径主要包含两大取向，其一为基于"自我更新"取向的自主专业发展路径，其二为外在力量的补充与支持。具体见图6.2。

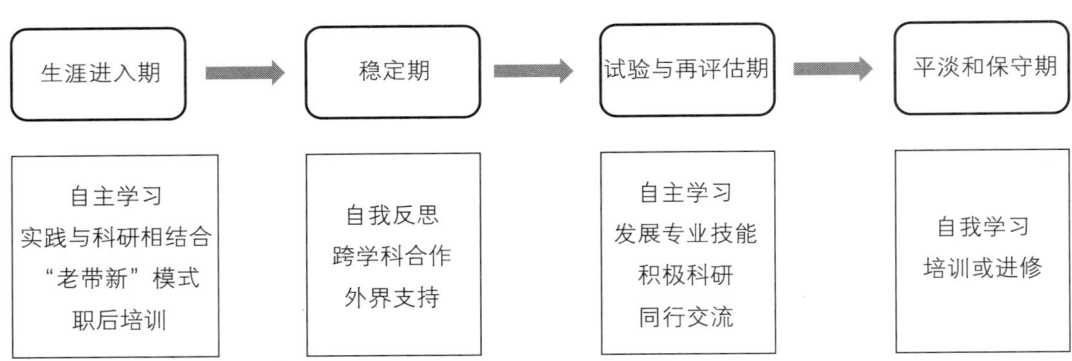

图6.2 各阶段的巡回指导教师专业发展路径

（一）生涯进入期教师的培养方式

生涯进入期教师的专业发展主要依靠四种路径，分别为自主学习、实践与科研相结合、"老带新"模式、职后培训，其中自主学习、实践与科研相结合属于"自我更新"取向的自主专业发展路径，而"老带新"、职后培训属于外在力量的补充与支持。

表6.9 特殊教育学校教师分类、分层培训课程内容体系

课程领域	主要课程内容	培训层级/培训目标		
		特殊教育学校新教师及非专业教师	特殊教育学校骨干教师	特殊教育学校卓越教师
特殊需要儿童身心发展与管理	特殊需要儿童身心发展规律 特殊需要儿童教育策略和方法 特殊需要儿童观察与评价 特殊需要儿童问题行为处理和危机干预 特殊需要儿童安置和转衔	了解不同类型特殊需要儿童的身心发展特点和规律 了解促进特殊需要儿童全面发展的策略与方法 尊重特殊需要儿童的个体差异 了解特殊需要儿童发展中容易出现的问题及应对策略与方法 培养特殊需要儿童的良好学习习惯、生活习惯和卫生习惯 掌握观察和评估特殊需要儿童的基本方法 掌握初步的班级课堂管理方法	深入了解特殊需要儿童身心发展规律 全面掌握特殊需要儿童教育策略和方法 掌握特殊需要儿童观察与评价的方法 特殊需要儿童问题行为处理、危机干预、安全防护与救助的基本知识与方法 了解特殊需要儿童安置和转衔政策	特殊需要儿童身心发展规律 特殊需要儿童教育策略和方法 特殊需要儿童观察与评价的方法 特殊需要儿童问题行为处理、危机干预、安全防护与救助的基本知识与方法 特殊需要儿童安置和转衔
学科教学内容与教学方法	盲、聋、培智学校国家课程标准 学科课程标准 学科教学内容 学科教学方法	了解盲、聋、培智学校国家课程标准 掌握所教学科课程的基本内容、基本思想和方法 掌握所教学科基于课程标准的教学调整策略与方法 了解所教学科与其他学科及社会生活的联系 掌握在学科教学中整合情感态度、社会交往与生活技能的策略和方法	深入了解所教学科课程的逻辑体系和本质 应用信息技术促进特殊教育课堂活动方式的变革与创新 优化所在学科的活动设计、实施和活动评价	了解国内外特殊教育发展、课程改革、教学变革的现状与趋势 能够把自己在课程建设、教材开发、教学实践等方面的经验结构化

续表

课程领域	主要课程内容	培训层级/培训目标		
		特殊教育学校新教师及非专业教师	特殊教育学校骨干教师	特殊教育学校卓越教师
特殊教育专业知识与专业能力	特殊教育教学基本理论 康复训练基本知识与方法 特殊教育评估 个别化教学的理论与实践 环境创设与利用 教育教学组织与实施 特殊教育反思与专业发展	掌握特殊教育教学基本理论 了解康复训练的基本知识与方法 掌握特殊教育评估的技术和方法 初步掌握个别化教育的理论和方法 掌握个别化教育计划制订的知识与方法 掌握特殊教育教学目标、方面的知识 能立足学情设计教学方案并实施 掌握特殊教育与康复相互渗透的策略	系统掌握特殊学生教育需求多元评估的理论和实践 掌握个别化教学的技术和方法 系统掌握特殊教育教学目标、方法、实施和评价等方面的知识 能立足学情设计并实施合理的教学方案 灵活应用教学技能，实施有效的教学活动 采用合理的方法检测学生的学习过程与学习结果 掌握教育与康复相互渗透的策略	系统掌握特殊学生教育需求多元评估的方法 熟练掌握个别化教学的理论和实践 系统掌握特殊教育教学目标、方法、实施和评价等方面的知识和技能 能立足学情设计并实施合理的教学方案 熟练掌握特殊教育与康复相互渗透的策略 能够开展特殊教育教学改革项目，深入研究特殊教育教学规律，形成一定的教育教学思想和风格

首先，自主学习。通过看书、阅读材料、查阅文献等方式实现自主学习以丰富自身专业知识，是个体在内部动机的驱使下主动寻求专业发展的方式，正如一位巡回指导教师所言："自主学习也是很重要的，要解决各类孩子的各种问题，还有家长的问题，也要去了解家长的一些心理状态。"

其次，实践与科研相结合。当前，教师的职责不仅在于教学，也在于科研，在教学中积累素材、资料用于科学研究，反之，用科研促进教学，对于巡回指导教师更是如此，如同一位受访教师所说："我个人会觉得，如果说能够支持老师自己在实践中做研究的话，会好一些。比如，做个案的研究，我觉得也是挺不错的，但好像没这样做过。可能是对很多教育问题感兴趣吧，会觉得这些教育问题很奇妙，就很想深究下去，所以特别希望自己能够把实践和一线的科研结合起来做，会觉得那样更有意义一些。"

再次，"老带新"模式。老教师带领新教师的学习模式越来越受到大众欢迎，二者结合既可以相互学习，也可以相互促进，一方面，老教师将自身工作经验分享给新教师，另一方面，新教师的新思想也为老教师带来新的活力，正如其中一位教师所言："进步最快的就是实践技能，开始我都不知道该怎么办，就慢慢地跟着老教师一点一滴地学，经常跟他们讨论，比如，这个学生这样子，可以用一些什么方法，我觉得在这个过程当中，我学到了很多。"

最后，职后培训。参加职后培训是促进教师专业发展的重要外部支持力量，也是实现教师专业发展的重要路径，如同一位教师所言："如果要做巡回指导工作的话，我在这个岗位上可能需要获得更多的类似这样的系统的、有针对性的培训。"

（二）稳定期教师的培养方式

对于稳定期的教师而言，其专业发展路径主要有三项，分别为自我反思、跨学科合作、外界支持，其中自我反思属于"自我更新"取向的自主专业发展路径，而跨学科合作、外界支持属于外在力量的补充与支持。

首先，自我反思。总结经验，反思教训有助于教师改善和提升自己的专业能力，没有经历反思的经验是不成熟的经验，只有经过反思，不断地审视、修正、强化、反思原有经验，总结优秀之处，改正不足之处，如此方能使经验成为促进自身专业发展的有力支撑。如同一位巡回指导教师所说："真的，如果讲专业发展的话，我觉得要给自己多一些时间，因为这些东西一定是沉淀出来的，慢慢去积累这方面的经验。我觉得也要去做一些记录，要有教学反思，说实话我自己可能也没做到位。本来每节课后应该有个反思，至少也应该一个月就反思一下自己的教学。"

其次，跨学科合作。特殊教育不只是特殊教育领域的事，更是整个社会系统的重要组成部分。它涉及教育、心理、医学、康复、社会等各个领域，需要与各个领域相互沟通、协同合作，共同促进特殊教育的发展。正如一位受访教师所言："我觉得需要多学科的交流，这种交流的意义可能对于每个老师都是不一样的，对于我来说就是开阔了视野。以前我都不懂这些技术方法的，但多学科交流让我知道了医教结合，知道了更多康复方面的知识，以及如何在学校里运用这些知识。多学科的交流对我们的专业发展其实还是有促进作用的。"

最后，外界支持。寻求外界各方力量的支持是促进巡回指导教师专业发展的重要外部路径，正如一位巡回指导教师所言："我觉得我们中心给予的支持，在物质条件和经济上基本上还可以，我们也有很多专业发展的机会。但政府方面我觉得对我们的支持还是不够的，有时候这让我感觉我们在关起门讲话，所以我还是希望能够加大这种宣传力度，让大家更加认可特殊教育专业。在师资方面需要配备更多的教师，不然的话，说实话，有时候心有余而力不足，老师的压力其实很大的，所以我觉得还是需要更多的支持，现在不是很多人讲影子老师嘛？我觉得这个需要由政府负担起责任，不然家长的压力很大。"

（三）试验与再评估期教师的培养方式

通过梳理分析访谈资料发现，处于试验与再评估期的特殊教育专业教师善于采用多种方式实现自身专业发展，例如，自主学习、发展专业技能、积极科研、同行交流、"老带新"模式、"请进来"与"走出去"相结合，其中自主学习与发展专业技能属于"自我更新"取向的专业发展路径，其他方式则主要借助外部力量促进自身专业发展。

第一，自主学习。通过访谈可知，多数巡回指导教师均十分注重自主学习能力，期望通过自主学习丰富自身专业知识，夯实专业能力，如一位受访教师所言："我觉得看书肯定是需要的，因为现在老师看书看得太少了，当你看多了这些书并能串起来的时候，你会觉得很开心。"

第二，发展专业技能。专业技能不仅包含特殊教育领域的技能，同时还涉猎其他领域，掌握基本技能，从而更好地开展巡回指导工作，正如一位巡回指导教师所言："我利用周末的时间与假期时间，考取了眼科方面的一些证书。"

第三，积极科研。以日常工作为契机，积极参与各项科研项目，通过科研促进自身专业发展，如同其中一位教师所说："做很多科研工作，科研其实也是学习，我们经常定期讨论课题，在讨论过程当中，对特教的发展趋势、学校的教育教学有所了解。"

第四，同行交流。同行、同事之间定期或不定期地开展交流活动，互相分享经验，讨论疑点、难点，共同探索有效的解决策略，正如受访教师所言："教研组里的一些老师，还有学校其他部门的一些老教师，他们都有多年的经验，我们一起来学习讨论，慢慢就有一点教学经验了。"

第五，"老带新"模式。老教师带领新教师适应教育工作的方式已经得到多次应用并取得较为理想的效果，如同一位巡回指导教师所言："我们每一位新入职的教师都会有一位固定的带教老师，这对我帮助挺大的，我和我的带教老师是一个教研组的，他是一个很有教学经验的老师，在平时备课、教案撰写、学生学情分析以及处理班上小朋友的情绪问题或管理问题等，我都会跟他请教，收获多多。"

第六，"请进来"与"走出去"相结合。"请进来"是指邀请特殊教育专家或其他领域专业人员来教师工作地进行演讲或讲座，丰富教师的专业知识，拓宽视野，而"走出去"则强调为教师创造外出参加各级各类培训的机会，二者相辅相成，共同促进教师专业发展，如同其中一位教师所言："特别是医学专家和特教专家，比方说，关于孤独症领域的 PRT 培训，华师的老师过来，他会先给我们示范一下怎么样去上课，之后我们老师再上手训练孩子，他再指导。因为我这学期带的是无语言的孩子，我可能会比较关注这方面的培训。另外，学校会提供一些外出培训的机会，包括去国外，参加国内的其他地方的学术交流，或者参观访问其他学校等，这些都大大开阔了我的眼界，还有就一些具体的问题跟相关的老师沟通交流，这也让我学到了很多教学经验。"

（四）平淡和保守期教师的培养方式

平淡和保守期的教师主要通过两种方式实现自身专业发展，即自主学习、培训或进修。如同一位受访教师所言："主要是会议学习，还有培训，我们那个时候校长还让我们读研究生课程班，来促进我们的专业化发展。"

二、特殊教育专业教师培养的组织实施

特殊教育专业教师培养实施中，既要考虑教师的兴趣，重视实践体验，又要避免完全的实践导向，帮助教师认识到理论知识的重要性，并能够根据所学理论知识自主解决实践中遇到的难题。此外，还需要积极提升教师的专业发展自主性，让教师能够贯通所学理论知识与实践能力，生成具有特定情境效应的实践性知识指导日常课程与教学生活[①]。

（一）集中面授

积极整合特殊教育学校、高校与科研院所、社会机构等优质教育资源，建设一批具有针对性、引领性、前沿性且能够满足教师需求的精品课程。特殊教育学校教师公共必修课中的"特殊教育改革专题"、专业必修课中的"特殊学生身心发展与管理""特殊教育专业知识与专业技能"专题的集中面授培训由北京市特殊教育研究与指导中心及各区特殊教育中心、相关教师培训机构组织实施。

（二）网络授课

创新培训模式，依托"北京市特殊教育支持平台"设立"北京市特殊教育教师培训平台"，提供培训通知公告、在线培训课程、在线学习辅导、课程考核认定等内容，

---

① 杨茹，王雁，徐思思. 基于培训需求调查的特教教师专业发展及困难探析——以云南、甘肃两省为例 [J]. 现代特殊教育，2019（20）：25-32.

创新特殊教育教师培训模式，提高教师研修的针对性和实效性。

（三）实践观摩

建立市级特殊教育教师实践培训基地，重点选派乡村特殊教育学校教师、城区普通学校资源教师到市级教师实践培训基地，在优秀教师的指导下开展伙伴式研修、跟岗培训，通过听评课、观摩、教学研究等方式强化教师的主体参与和学习体验，提升教师自主学习的意识和成效。

（四）教研活动

开展研训一体培训模式实践，结合各类教研活动，利用常态教研活动开展侧重课程实施、教学策略等专题培训，促使教师在教学实践中感悟、习得先进的特殊教育理论与方法。

（五）送培入校

充分利用特殊教育学校联盟、教育集团、教育集群、学区内的优质资源，加强学校之间的信息交流与资源共享，引导优秀教师走进特殊教育学校与课堂，通过专题讲座、协同研究等方式送培入校，对教师实践进行校本指导，提升教师的专业能力。

（六）开放型教学实践

依托"北京市中小学教师开放型教学实践活动计划"，开展特殊教育教师开放型教学实践活动，采取自主选学、团体预约、送课到校等方式，构建开放型教师培训模式，利用优质教育资源为教师提供更加精准、个性化的研修服务，切实提高教师学习的主动性、针对性和实效性。

三、特殊教育专业教师培养保障机制

（一）学分管理

根据北京市教育委员会关于印发《北京市"十三五"时期中小学教师培训学分管理办法》的通知（京教人〔2017〕20号）规定，所有特殊教育教师在五年内必须完成累积不少于36学分的培训。学分由三个部分构成：必修课程16学分（公共必修课6学分、专业必修课10学分），选修课程10学分，校本研修课程10学分。

1. 必修课程（16学分）

公共必修课（6学分）。"北京市中小学教师信息技术应用能力提升工程"培训，参训教师计50学时，计2.5学分，辅导教师计58学时，3学分。"社会主义核心价值观与中华优秀传统文化"主题计2学分，"法治教育"主题计0.5学分，"特殊教育教师专业标准和师德师风建设"主题计0.5学分，"特殊教育改革专题"计0.5学分。教师按规定完成相应的学习内容即可获得相应的学分。学分由承担培训任务的各级培训机构认定。

专业必修课（10学分）。"特殊学生身心发展与管理"，计2学分，"学科教学内容与教学方法"，计4学分，"特殊教育专业知识与专业能力"，计4学分。教师参加专业必修课学习，累计学分超过10学分的，超出部分的学分可折抵选修课学分。"学科教学内容与教学方法"的学分由承担培训任务的各级培训机构认定，"特殊学生身心发展与管理"与"特殊教育专业知识与专业能力"的学分由北京市特殊教育研究指导中心认定。

2. 选修课程（10学分）

选修课程由专题选修、自主选修和教科研活动构成，原则上自主选修课程不超过2学分、教科研活动不超过3学分。

3. 校本研修课程（10学分）

教师参加所在学校组织的校本研修活动需要根据区教师培训管理机构审定的培训方案，组织研修活动，按照20学时折合1学分计算。原则上，教师每年的校本研修课程最高计为4学分。

各类培训原则上按10学时折合1学分计算，实践类课程、教研、科研、研讨交流、观摩诊断、追踪指导、网络学习、校本研修等原则上按20学时折合1学分计算。

（二）考核要求

参加培训教师必须在规定的时间内完成规定的培训内容，参加考核并合格后，取得相应学分。

特殊教育学校教师和巡回指导教师参加培训获得的学分，由各级培训机构和所在学校通过"北京市特殊教育教师培训管理系统"上报，北京市特殊教育研究与指导中心对"培训管理系统"上报的学分进行审核和认定。

特殊教育资源教师参加培训获得的学分，由各级培训机构和所在学校通过"北京市中小学教师培训管理系统"（以下简称"培训管理系统"）上报，区教师培训办公室（以下简称"区师训办"）审核，北京市特殊教育研究与指导中心对"培训管理系统"上报的学分进行认定和达标审核。

（三）组织领导

为保障特殊教育教师全员培训工作的顺利实施，成立相应工作组：

第一，在市教委成立培训工作领导小组，负责培训的顶层设计、经费保障和组织领导，领导小组成员由市教委办公室、人事处、基础教育二处、财务处、北京教育科学研究院北京市特殊教育研究指导中心、北京教育学院、北京教育网络和信息中心等部门组成。

第二，成立特殊教育教师培训工作执行办公室，执行办公室设在北京教育科学研究院北京市特殊教育研究指导中心，负责：

（1）制订全市特殊教育教师培训规划。

（2）研究设计特殊教育教师分类别、分层次、分岗位培训课程体系。

（3）设计与实施公共必修课中"特殊教育教师专业标准和师德师风建设""特殊教育改革专题"的培训课程。

（4）组织特殊教育教师专业必修培训课程开发。

（5）组织与实施特殊教育学校教师全员培训项目。

（6）组织与实施市级示范性特殊教育资源教师培训项目。

（7）指导区级教师培训机构开展面向特殊教育资源教师的培训、考核和咨询等工作。

（8）负责全市特殊教育教师继续教育的学分认定和达标审核。

第三，成立专家组，专家组由各领域专家、培训机构负责人和特殊教育学校校长及教师组成，负责培训课程内容设计、指导和咨询等工作。

第四，成立课程开发与审核组，负责公共必修课中"特殊教育教师专业标准和师德师风建设""特殊教育改革专题"培训课程的开发，特殊教育教师专业必修培训课程的审核等工作。

第五，成立网络信息安全与技术保障组，负责依托"北京市教师管理服务平台"设立"北京市特殊教育教师培训专栏"，负责网络学习平台的信息安全、网络运行监控与维护以及网络技术保障等工作。

第六，区教委与区级干部教师培训机构、区特殊教育中心负责配合落实公共必修课和专业必修课培训，配合协同市级专项培训工作，实施本区特殊教育资源教师培训和适合本区教育需要的专项培训，并配合执行办公室（北京教育科学研究院北京市特殊教育研究指导中心）开展培训实施、考核等相关工作。

各特殊教育学校积极配合和支持市、区级培训机构实施的各种培训，并结合市、区培训项目的内容，从特殊教育学校的实际需求出发，制订有针对性的校本培训计划并组织有效实施，保证市、区、校三级协同培训成效落到实处。

（四）质量保障

建立培训的全过程质量管理制度。将培训方案设计、培训活动策划和组织、培训资源整合、培训绩效评估、培训信息宣传等纳入质量管理范围，加强对培训效果的自我评估，形成满意度、学习结果、行为转化等多层面的考核体系，突出教师行为的转化，不定期进行培训效果的追踪与调查，并不断完善教师培训工作。

第4节 特殊教育专业教师培养实施案例

一、北京市巡回指导教师培育方案设计与实施

新时代下,以《北京市特殊教育提升计划》中提出的分层分级培养融合教育相关专业人员为依据,满足融合教育进入质量提升的内涵式发展的要求,解决融合教育师资队伍中高专业度的巡回指导教师不足及其专业化发展的问题,开展"北京市融合教育巡回指导教师培育"项目,通过项目培养一批师德高尚、理念先进、融合教育信念坚定、视野开阔、善于研究、专业能力强、具有一定影响力的骨干型巡回指导教师。

(一)方案设计的特点

1. "循证"导向的能力诊断

以循证思想为指引,通过问卷调查、实地访谈、案例诊断等形式,围绕巡回指导教师的核心素养等方面,对巡回指导教师的专业知识、能力等进行"会诊",为制订培训方案及设置课程提供依据。

根据问卷调查及访谈调查的数据进行分析发现,当前的巡回指导教师需要在以下方面进行专业发展:一是坚定融合教育信念。一方面要深切理解融合教育意义,认同融合教育理念,贯彻融合教育政策,同时坚持普融互促,推动普通教育与融合教育相互促进。另一方面要坚持教育公平,尊重学生,能站在学生的角度思考和处理问题。二是补充、更新特殊教育基本知识与技能。三是需要补充普通教育相关经验与融合教育相关知识与技能。四是需要提升指导能力、沟通能力及自我发展能力。五是秉持融合教育的态度与激发专业发展的动机。接纳、认同巡回指导教师的身份,肯定巡回指导工作的意义并热爱之,并以积极的特殊教育或者专业态度做好融合教育工作。

2. 学习型集体的建立

建立学习型集体,以加强学员之间的交流,发挥学员即资源的作用。如集体授课、组织召开主题读书会、专题融合教育论坛、个案"会诊"等,让学员教师通过任务驱动,展开自主学习,发挥学习的主观能动性,营造团队学习氛围,形成专业发展共同体。

3. 问题解决型活动设计

结合学习任务和开展融合教育的实际问题,让学员教师探索解决问题的方法,在解决问题过程中得到锻炼,提高问题解决能力、研究能力等综合素养。比如,让学员教师发现问题,基于问题,进行项目式学习等。

4. 双导师制指导的实践情境中学习

方案60%的课时是用于结合学员教师的融合教育实际情境的学习,并且配备学术

导师及实践导师的指导。在导师指导下，一方面是在实践中运用融合教育技能，另一方面是发现融合教育实践中的问题，探索解决问题的方略并实施，开展基于研究的融合教育实践。

（二）培育目标

该项目的总体目标是：每年（连续两年）从北京市各区级资源中心、特殊教育学校等的融合师资队伍中选拔 50 名左右认同融合教育理念、专业发展意愿强烈和发展潜力大的巡回指导教师进行重点培养。

以习近平新时代中国特色社会主义思想为引领，立足于北京市融合教育发展对融合教育师资队伍建设提出的要求，结合北京市融合教育师资队伍建设的实际，面向全国、放眼世界，遵循教师专业成长规律，培育具有人道主义精神，有坚定融合教育信念、理论涵养丰富，具备突出的融合教育的专业知识、能力，并能发挥融合教育辐射作用，在北京市融合教育领域具有较高知名度，能指导、善指导的巡回指导教师。具体培育目标如下：

1. 形成坚定的融合教育信念和高尚的师德风尚

理解融合教育工作的重要意义及价值，认同融合教育理念，并形成坚定的融合教育信念；理解残疾是人类多样性的一种表现，尊重个体差异，期待包括残疾学生在内的所有学生的成长；热爱融合教育工作，忠实履行教师职业道德规范；对巡回指导教师角色具有理性的价值评价和积极的情感体验，并认可融合教育巡回指导教师的身份，对工作具有强烈的责任心和使命感；对教育事业有明确的向往和追求，牢固树立自觉、坚定的教师职业理想。

2. 培养丰富的、实践导向的理论涵养

学习思维发展的基础知识和理论，熟悉学生身心发展的一般规律和特点；了解与融合教育相关的法律法规，熟悉各类特殊儿童的身心发展特征；了解国内外融合教育、特殊教育的基本理论和主要观点；对普校课程与教学领域基础知识和理论形成框架性认识，并知晓普通教育管理知识、办学特色及其教育教学现状；基于融合教育、特殊教育和特殊学生发展的相关理论指导学生成长和改进自身的融合教育实践；系统总结和提炼融合教育实践经验，探索规律。

3. 具有突出的融合教育能力和实践创新力

具有发现实践问题的意识，并能行动解决，形成解决融合教育中实践问题的解决力；形成整合资源、统筹规划区域推进融合教育的管理能力；形成个别化教育计划制订、课程调整、积极行为支持、沟通合作、寻求支持等融合教育能力；将融合教育、特殊教育理论应用于融合教育实践，开展持续的融合教育改进及创新，形成系统性的改革实践和创新力；通过实践导向的探索，提炼总结融合教育实践中的经验，辐射所在区域，发挥示范和引领作用。

（三）培育形式

融合教育巡回指导教师培育周期为一年，采取依托北京师范大学作为培育基地，为培养对象配备导师的方式进行。每 5—8 名学员配备学术导师 1 名，实践导师 1 名。根据学员教师自身专业发展的需求、时代发展的趋势、本区域融合教育的实际等制订培育方案，并通过理论学习、实践研修、示范观摩、学术拓展等多种方式加强对学员的培育。

1. 理论学习

理论是实践的升华，同时也为行动提供指导和帮助。由于融合教育的重要性和独特性，需要学员教师既具备普通教育的知识技能，同时还需要具备一定的融合教育的素养及相应的能力，指导并带动区域融合教育的发展。因此，需要学员教师掌握教育教学方面的专业知识和专业理论，熟悉当前教育改革的趋势和最新科研成果以及现代信息技术的成果，了解课程改革中的热点与难点问题，更需要学习融合教育、特殊教育的基本理论，便于不断更新理念、优化融合教育实践、提高融合教育质量。同时作为跨领域者，需要具备更为广泛的专业基础，还需要涉猎管理、文化、历史等领域以助于更深刻认识融合教育的本质内涵。理论知识的学习采用专题讲座和专题研讨方式集中进行。

2. 实践研修

通过名师的问题解决示范、对学员教师的个性化指导，指导学员教师将所学理论应用于融合教育实践；组织开展融合教育实践案例分析、分享活动。在导师指导下，每个学员教师至少提交 1—2 个融合教育实践案例分析（需要针对融合教育实践技能的运用、区域融合教育教研指导、融合教育团队带领等，解决融合教育实践中的问题），并筛选出 1 个经典案例分享交流；建立实践导师与学员教师定期交流机制、研讨融合教育实践中的问题，并邀请区资源中心具有丰富经验的特教名师参与相关活动，在问题解决中指导学员教师的融合教育实际工作，通过专家反馈的意见逐步完善和精进其专业能力。

3. 基于研究的实践

骨干型巡回指导教师不仅具有高专业度的融合教育核心素养，还要勇于跳出以往融合教育工作中的"舒适区"，具有发现融合教育实践中真问题的能力、在实践中边研究边解决问题的能力，即基于研究的实践能力。因此，学员教师需要接受一定研究能力方面的培养，通过组织学员教师参加学术导师、实践导师的研究课题，或在导师指导下撰写学员教师所在区域（区、学区或集团区）融合教育推进的诊断报告，以及推进融合教育行动的方案，并直接推动方案的实施；或者开展个案研究，形成个案研究报告，并研讨交流。

4. 示范观摩

为进一步拓展学员教师的视野，在一年的培养过程中，要组织至少 2 次融合教育现场观摩活动。选择具有代表性的并有鲜明特色的融合教育推进好的区域、学校，组织学员教师赴学校进行听课观摩、参观交流，全面了解融合教育的实施过程、积累典型经验，开阔眼界和深入认识。

5. 学术拓展

北京师范大学拥有丰富的学术资源，经常邀请国内外的专家学者来讲学，同时每年会组织举办一系列的国内外学术会议，每年前来讲学的国内外知名学者超过 100 名，每年举办十余场大型的高端学术会议等。学员教师可以充分共享这些学术资源，及时获知相关学术报告的信息，参加相关学术活动，了解学科领域的前沿成果和研究动态，开阔视野和丰富学术经验，促进全面的高质量的专业发展。

（四）学习年限与总体安排

骨干型巡回指导教师的学习年限为 1 年，共计 2 个学期，每个学期的安排各有侧重点，覆盖理论学习、实践研修、基于研究的实践、个性化指导、成果产出与展示、绩效考核各环节。各学期总体安排见表 6.10。

表 6.10 巡回指导教师培育方案各学期安排

学期	学习内容	学习方式	考核方式
第一学期	教育类： 专题 1. 融合教育基本理论及前沿 专题 2. 特殊教育基本理论及发展	采取专题讲座和专题研讨方式集中授课	撰写学习心得体会
	案例类：围绕融合教育的"教育教学与管理"典型案例专题	采取专题讲座和专题研讨方式集中授课	撰写学习心得体会
	方法类：行动研究方法专题	采取专题讲座和专题研讨方式集中授课	撰写与行动相关的研究报告
	融合教育实践技能类：融合教育专业能力培养专题	采取专题讲座和专题研讨方式集中授课，每两周一次（半天）	撰写学习心得体会或学术论文
	导师指导	读书；诊断学员教师所在学校融合教育推进中的问题，并寻找解决问题的策略	提交诊断报告和行动方案
	实践	实践导师指导融合教育实际工作，并指导学员教师进行案例分析；小组进行案例研讨与分享	提交 1—2 个案例分析报告

续表

学期	学习内容	学习方式	考核方式
第二学期	文化类：了解通识文化	专题讲座	
	学生发展类： 专题1. 发展障碍类学生的心理发展特征与诊断专题 专题2. 感官障碍类学生的心理发展特征专题 专题3. 情绪与行为问题学生的发展特征专题	采取专题讲座和专题研讨方式集中授课，每两周一次（半天）	撰写学习心得体会
	导师指导	实施行动方案，并修正，再实施	提交行动研究报告
	实践	实践导师指导融合教育实际工作，即指导行动方案的实施	提交行动研究报告
	案例分享课	以小组为单位，进行案例研讨与分享	最终提交1个典型案例分析报告
	技能考核	选择融合教育的某项技能，设定情境并展示应用此技能解决问题的过程	市教委、市教科院特教中心等组成的专家组

学员入校后，将在双向选择的基础上确定学术导师和实践导师，由学术导师、实践导师根据每一位学员的需求和特点为其量身定做具体的学习方案和学期具体计划。通过授课、自学、讨论等方式，学员及时获得融合教育领域的前沿成果和研究动态，结合自身的融合教育实践经验，提高实施融合教育的专业力，提高基于研究的实践能力水平。学员既有公共性的学习活动，也有个性化的学习计划。

二、北京市特教学校教师体验式培训设计与实施

（一）体验式培训实施背景

《北京市特殊教育提升计划（2017—2020年）》提出："为促进特殊教育优质均衡发展，在城乡、区域特教学校间建立相互帮扶、相互带动的联盟发展机制。"依据这一文件，北京市16个区的17所特殊教育学校在2018年成立了以四所城区优质学校（东城、西城、朝阳、海淀）为引领的四个特殊教育联盟（见图6.3），以提升特殊教育质量为主要任务，通过研讨、交流、观摩、测评等形式，促进联盟校协调、均衡发展，优化资源配置、分享优质教育资源、缩小校际教育差距，加强学校过程性管理，使各校的教学工作在互助合作之中谋求更大的发展空间。通过办学理念的传播、办学经验的交流、学校文化的影响等，以实现联盟校在办学思想、管理水平、教学质量等各方面共

同研究、共同学习、共同进步。

依托联盟，各优质资源校以教师队伍建设为抓手，以教师专业水平提升为目标，探索在联盟内部开展多种形式的教师专业发展活动，形成教学跟岗培训、中层以上干部开展的主题培训、专业康复专家指导的课题研究和线上康复专业培训等系列体验式培训模式，切实发挥了辐射、支持、互助、共进作用，实现资源共享、优势互补、共促发展的特教联盟的发展目标。

东城联盟（五所学校）
东城区特教学校
房山区特殊教育学校
平谷区特殊教育学校
大兴区特殊教育学校
东城培智中心学校

西城联盟（五所学校）
西城区培智学校
丰台区培智中心学校
怀柔区培智中心学校
通州区培智中心学校
顺义区特殊教育学校

海淀联盟（四所学校）
北京健翔学校
石景山培智中心学校
门头沟培智中心学校
昌平特殊教育学校

朝阳联盟（三所学校）
朝阳安华学校
密云特殊教育学校
延庆区特殊教育学校

图 6.3　北京市特殊教育联盟分布情况

（二）体验式培训模式

1. 基本理念

一是尊重与倾听。"以人的发展为本""以学定教"。全面分析教师需求，设计有助于教师专业发展和学习兴趣的培训课程，激发、挖掘教师的个人智慧，从而达到更好的培训效果。

二是引领与交流。通过跟岗培训、主题培训、专家指导等多种形式，满足教师的专业发展需求，在专家及指导教师的引领下深度合作、良性沟通，共同开发专业课程，形成群体资源，促进教师的专业成长。

三是体验与实践。通过指导团队的示范、支持，让教师在体验中学习，享受学习的过程，且能够学以致用，在自己所在的学校做进一步实践，不断学习、不断进步，在学无止境中不断提升自己的教育教学能力。

2. 东城特教联盟"三个提升"互利师资培训模式[①]

东城区特殊教育学校携手平谷、房山、大兴和东城培智四所学校，在互学、互研、互促中实现"四个提升""一个双赢"的目标。"四个提升"，即管理水平进一步提升；

---

① 案例来源：东城区特殊教育学校.北京市特教发展联盟及体验式培训总结.在北京市 2018 年特殊教育工作会议上的发言，2018 年 12 月 26 日.

干部教师专业能力进一步提升；教师科研水平进一步提升；教育教学质量进一步提升。"一个双赢"即在此过程中，有效促进联盟校教师的专业及办学能力提升，进一步提高东城特教学校干部教师队伍的专业水平，从而达到培训互利双赢的目的，最大限度地实现优质教育资源共享。

一是坚持集体下校，共同调研，提出整体规划的建议。下校调研是每个联盟校必做的工作之一。北京市特殊教育联盟东城组（东城区特殊教育学校、房山特教、平谷特教、大兴特教中心、东城培智学校）先后走进房山特教、平谷特教、大兴特教及东城培智四所学校，开展了以"调研、诊断、指导、发展"为主题的研讨活动。调研活动以参观校园，观看学校宣传片，听取四所学校校长进行学校情况介绍，与会专家和教师们听课、评课、研讨为主要内容。通过交流，大家了解了四所特教学校的历史沿革、教学特色、活动开展以及取得的成绩等内容；了解了各校校园建设、教育康复工作、融合教育、师资培训和家校合作等方面的工作以及学校近些年来的发展和改革情况。此外，联盟东城组成员还走入了四所学校的课堂，结合授课精准把脉，共促提高。通过研讨活动，与会的专家及各校干部、教师对四所特教学校的发展给予了高度评价，并针对学校成长环境、以往工作特色、发展的特点分别提出了具体的、突出特色发展的建议。

二是坚持深入主渠道，在提升课堂教学实效性中，提高教师专业水平。课堂是提升教师专业水平的主渠道，课堂教学永远是大家关注和研究的核心。根据联盟校干部教师的需求，开展了扎实有效的课堂研讨活动，以"落实新课标提升特殊教育质量"为主导，联盟校开展了课堂教学研讨活动。在进入课堂听课中教师对教学中发现的普遍问题进行了研讨。针对教学目标的设计和活动的设计以及教学评价等问题提出了：教学目标一定要结合新课标去设计，要有针对性、要具体、要可行可检测；课堂教学活动的设计要符合学生的认知能力，要有趣，要有学习过程，要突出个性化和个别化，要有效果展示；教学评价是课堂教学的重要组成部分，要坚持目标导向，用好评价语和强化物等，同时提出教师要不断加强教学反思，为接下来的教学提供更科学的依据，不断提高教学质量。

三是坚持打开多种渠道，做到平等互利、资源共享。"联盟"的主旨就是加强团结，抱团取暖，相互学习，共促共赢，充分利用资源，整合资源。联盟以"个别化教育计划"有效落实为核心，通过模块培训、下校指导、跟岗实践等方式促进四所特教学校的整体发展。模块培训的内容包括建构主义思想、个别化教育、融合教育及先进特殊教育技术等特教前沿理论，新课标、个别化教育计划的制订与实施、融合教育指导、课程构建、课题指导、康复训练等专题研究，以及班主任管理、个案研究、论文撰写等班主任建设工作。同时，三所特教学校每学期分别派一名干部、若干名教师，到东城区特教学校进行如影随形的跟岗实践学习和体验。

3. 西城特教联盟跨校合作师资培训模式①

北京市西城区培智中心学校坚持问题导向，聚焦特殊教育改革的重点任务，解决好增量、提质、均衡、公平问题，以教师专业发展为切入点，凝聚干部教师力量为重点，加强培训与岗位练兵，积极实践探索"西通柔顺丰"（西城、通州、怀柔、顺义、丰台）特教联盟内部合作办学模式，不断提升培智学校教师队伍水平，努力缩小城乡和区域之间特殊教育发展差距，促进联盟校特教教师专业能力整体提升。

秉承按需制定、发展特色的原则，学校分析各校的优势与不足，以"夯实基础、稳扎稳打"为项目推进原则，从最实际的问题入手，以点带面，开展需求调研、建立师资专业发展培训机制。

第一步：开展需求调研。 深入调研是制订合作办学方案的基础。在项目推进的初始阶段，学校通过教师问卷、入校摸底、班子座谈等多种形式进行深入调研，通过"摆难处、说困惑、想办法"的形式，共同诊断、探讨合作办学中的发展需求和主要合作形式，达成共同的发展愿景。调研内容包括：一是对联盟校现有的课程建设、师资队伍、教育教学管理等方面进行摸底，了解学校基本情况，分析学校的优势和存在问题。二是了解联盟校的未来发展需求，包括组织管理理念、干部教师专业发展、学校已经形成的制度文化等。

第二步：建立师资专业发展培训机制。 结合合作项目学校师资培养的需求，建立跨校师资培训机制，形成专业发展愿景小组。在导师带领下，定期培训，提升专业水平，凝聚实践研讨合力，互促互进，促进合作办学项目校间的内涵式发展。主要内容包括：

一是开展动作治疗、言语训练、学习障碍、自主交往、行为干预等五个专题系列的培训，加强教师的基本功，提升教师的专业水平。

二是组建教师研究互助组，聚焦教学实践中的核心问题，共同开展个案研究、联合教研、科研课题研究，提升联盟校教师团队的研究能力。

三是通过影随、驻校、轮换、互换等方式，实行教师跨校授课、集体备课、相互听课等制度，加大校级间教师的交流力度。

第三步：积极推进课程建设发展。 召开专题研讨会、教学评优课等活动，针对国家培智课程标准落实、教材校本实践、个别化教育计划的制订与实施、教学评估、课堂教学策略方法等问题进行深入探索实践，总结现有实践经验，探索适合联盟校的课程规划，并通过推进家长学校、创新教育实践课程等形式，提升家校共育的意识，打造联盟校校本特色课程。

2018—2020 年，西城区培智中心学校与联盟内部的四所学校分别制订了跨校合作项目年度计划（见表 6.11）。

---

① 案例来源：西城区培智中心学校. 西城区培智中心学校与联盟学校合作办学联盟实施方案.

第6章 特殊教育专业教师培养内容和方式 | 217

表6.11 "西通柔顺丰"联盟内跨校合作项目年度实施计划

项目名称	年度	年度实施计划	年度推进措施
"西城—丰台"合作项目	2018年	1. 依托市级培训平台，加强专业培训校际交流。 2. 互派教师跨校授课，开展校际教学研讨活动。 3. 进行专题教研交流，提升教学质量。 4. 开展支持教师入驻普校工作。	1. 配合北京市专业培训，以培训平台和支持教师的培训，引导鼓励全体老师参加市、校内基础性的专业培训，夯实教师的理论基础，提高教师的专业化水平。 2. 进行校际的参观、交流学习，建立长效机制，使交流常态化。以综合课程和自主交往课程为重点进行制定和实施教学研讨活动。 3. 加强新课标的学习，深入教学课堂，每学期依据主题开展专题教研讨论活动。学校课程建设与实践等专题，探索适合的课同研讨个别化教育计划的制订与实施，程规划，提升教学能力。 4. 在丰台区需要支持教师进驻的普通小学设立特殊教育班或资源教室，西城培智支持教师与丰台培智教师联合开展普校特殊儿童及特需儿童的教育教学工作。
	2019年	1. 推进两校一体化管理模式，加大校际交流、培训工作。 2. 互派干部轮换、挂职交流，深化校际教育教学教研管理工作。 3. 开展校际课堂教学交流活动，提升教师课程意识与课堂教学实践能力，促进教学质量提升。 4. 进一步推进支持教师进驻普校工作。	1. 开展教师团队活动，促进学校"GR"文化深入人心，形成良好的团队精神。 2. 继续开展新课标和五个模块的培训，组织优秀老师参加培训，打造骨干教师力量。 3. 深入开展课堂教学研究，围绕课堂教学策略方法的专题，梳理教学经验，提升教学实效。 4. 在全区内选择一所随班就读点成立辅读班；选择1—2名教师到普通学校试点支持教师工作。
	2020年	1. 总结合作办学经验、特色，做好考核验收工作。 2. 继续开展五个模块的系统师资培训工作，促进教师专业水平的提升。 3. 聚焦教学实践核心问题，进一步开展课堂教学实践，研究活动。 4. 总结、推广支持教师进驻普校工作。	1. 总结提炼办学特色，初步形成大家认可的校园文化，对照级类评估标准，通过考核验收。 2. 结合培训内容，立足学校实际，开展边学边实践的培训机制，逐步培养创新研究型骨干教师及团队。 3. 围绕新课标，依托教研组，开展教研活动，组织集体备课、磨课，推优等活动，形成教学特色。 4. 进一步推广对支持教师进入普通学校进行指导的力度，总结经验，扩大影响。

续表

项目名称	年度	年度实施计划	年度推进措施
"西城—通州"合作项目	2018年	1. 建立学校教师专业素质发展领导小组，着手设计学校发展规划，为教师的专业发展指明方向。 2. 组建攻坚型康复学习队伍。 3. 加强新课标学习，掌握所教学科的知识体系。	1. 组织学习《特殊教育提升计划（2017—2020年）》《特殊教育教师专业标准（试行）》等特殊教育文件，推进教师明确努力方向，制订个人三年发展规划。 2. 结合市级模块的学习和联盟内教师专业化培训等，根据个人意愿和能力，组建改攻坚型康复学习队伍。 3. 以"集体教学下实现个别化教学的实践探索"作为课堂教学的主要研究点，开展丰富多样的教科研活动，确定小组或个人相关研究课题，写出研究方案。
	2019年	1. 初步完成学校发展顶层设计。 2. 继续打造改坚型康复工作中发挥中坚力量。 3. 继续打造名师工作室，培养教学骨干，引领骨干在课程改革、教学示范等方面发挥作用。	1. 检查、督促、落实教师个人发展规划，建成稳定、全面、高水平、高质量的校内外"专家人才库"。 2. 科学使用新教材，总结使用新教材的方法、策略。 3. 逐步收集、整理老师们在"集体教学下实现个别化教学的实践探索"研究中的成果（课例、论文、案例、教学设计等），给老师们创造展示、提高、交流的平台。
	2020年	1. 逐步落实学校发展规划，推进教师的专业素质发展。 2. 广大教师基本完成向一专多能的转变，初步成为满足一流特教学校建设的师资储备。	1. 教师总结个人发展规划的完成情况，调整前进目标。 2. 收集、整理，形成学校特色的教育教学思想，编写本校的《康复评估与训练指导手册》。 3. 总结提炼出具有本校实践特色的教育教学思想。
"西城—怀柔"合作项目	2018年	1. 以北京市特教学校评估类评估工作为抓手，依托合作办学平台，推动项目校建立健全各项章程、制度，推动规范化办学、高质量办学进程。	1. 建立虚拟交流平台，立足学校实际，开展"学校规范化管理"专题交流与研讨，协助牵手校完善学校规章制度。

续表

项目名称	年度	年度实施计划	年度推进措施
	2019年	2. 开展五个模块的教师专业培训，以基础性培训为主，夯实理论。 3. 学习新课标，抓常规，上好常态课，提升课堂质量。 4. 以点带面，结对1—2所普通中小学试点开展融合活动，显现活动效果。 1. 以北京市特教学校级类评估工作为抓手，依托合作办学平台，广泛宣传，统一思想，改变教育教学，管理行为，提升办学质量。 2. 鉴于教师的层次和能力不同，提供不同专业培训，促进教师专业水平的普遍进步。 3. 协助项目校梳理校本课程思路，经验优化教学策略，上好校内研究课。 4. 争取上级主管部门的政策支持，总结融合活动的成功经验，扩大影响力。	2. 教师培训建立负责制，落实负责人，培训者的责任，培训过程监控，加强培训的切入点，加强培训与岗位练兵，促进项目校教师的专业能力整体提升。 4. 立足特教中心现阶段发展需求，建立以特教学校为核心，以普通中小学为主的融合教育支持体系，促进融合教育质量的提升。 1. 以民主研讨—转变行为为主要策略，依托联盟平台，协助项目校开展专题活动，提升广大教师对学校办学理念和规章制度的认同感。 2. 以人为本，按需培训。促进不同层级、能力不同层级教师的专业提升。 3. 延续教育教学交流定期展示机制，以新课标、新教材校本实践为主题，经验分享，互促互进。 4. 建立边实践边总结的机制，及时总结融合活动的经验，扩大活动开展范围。
	2020年	1. 推动学校规范办学进程，调整各项规章制度，促进学校的规范化建设与持续发展。 2. 以发展性培训为方向，培训与实践相结合，培养专业型骨干教师。 3. 发挥教研组作用，确定教研专题，集体备课，推选优质课。 4. 拓展融合学校数量，拓宽活动范围，深入开展融合实践活动。	1. 依托实体、虚拟交流平台，以规范化学校的推进情况为基础，开展专题交流，进行总结、调整，促进项目校对学校办学达到级类评估预期目标。 2. 开展校内二期培训，将培训与实践经验及时进行分享，为教师成长搭设平台，促进青干教师的定向发展。 3. 继续延续教育教学交流展示机制，依托教研组平台，切实提高课堂教学质量，与项目联动，提升区域融合教育质量。 4. 立足校情，开展各具特色融合活动，促进牵手校的品牌效应，提升区域融合教育质量。

续表

项目名称	年度	年度实施计划	年度推进措施
"西城—顺义"合作项目	2018年	1. 立足学校实际，开展学校办学理念具体内涵的专题研讨。 2. 依托市级平台及牵手校联合培训项目，开展五个模块的教师培训，另开展学前融合、支持教师的师资培训，开展干部、骨干教师的一对一影随，培养"种子"骨干教师。 3. 立足牵手校新课标，落实新课标，开展专题研讨。 4. 调研顺义区学前残障幼儿的教育康复需求等基本情况，落实融合幼儿园资质、地点等问题，为后续学前融合工作做好准备。	1. 搭建实体、网络虚拟交流平台，协助牵手校进行学校办学理念内涵的研讨。 2. 以教师的专业提升为目标，通过专业模块培训，影随、联合教研等多种途径，开展各层级师资队伍建设，提升学校内涵式发展的软实力。 3. 开展两次联合教研活动：4—5月份以"落实新课标"教学研讨活动为重点，10月份结合学校"建立生命课程体系，提高综合课堂教学质量"为重点，梳理学校课程体系、教学主题体系，核心目标和教学主题的对接进行研讨。 4. 启动学前融合专项，与残联、编办等部门协商幼儿园相关问题，将特殊教育康复覆盖范围向学前延伸，进一步推动扩大学校特色的内涵发展。
	2019年	1. 明确学校文化内涵，打造学校品牌。 2. 继续开展五个模块的系统师资培训。通过理论学习、工作坊、视频督导等形式强化管理，促进教师专业能力的提升，培养专业骨干力量。 3. 继续开展影随学习和驻校交流工作。结合新课标、新教材梳理校本课程建设路径经验，优化教学策略，提升课堂教学质量。 4. 学习牵手校经验，启动并推进学前融合项目，提高早期干预与融合教育工作实效，构建顺义融合教育工作体系。 5. 学习牵手校经验，选择1—2所普通中小学启动支持教师项目，发挥特教师资优势，推动区域融合教育质量的提升。	1. 搭建实体、网络虚拟交流平台，协助牵手校明确校园文化品牌定位。 2. 依托联盟培训平台，以专题培训细化培训内容，切实提升专业能力。 3. 以探索适合校情的课程建设与实施方式为切入点，通过联合教研、驻校交流等方式，4—5月份以"规范个别化教育计划制订流程，满足区域特教发展需求，提升课堂教学质量"为主题开展研讨活动，探索具有学校特色的课程建设工作。 4. 立足区域实际，以跟岗培训、一一帮带的形式推动学前融合及支持教师项目，推动区域融合教育的持续发展。

续表

项目名称	年度	年度实施计划	年度推进措施
	2020年	1. 形成明确、清晰的学校办学理念和学校特色，完成学校办学品牌定位，并初见成效。以发展性培训为方向，结合培训内容，立足学校实际，开展边学边实践的培训机制，逐步培养研究型、专家型骨干教师及团队。 2. 继续开展五个模块的系统师资培训。以发展性培训为方向，结合培训内容，立足学校实际，开展边学边实践的培训机制，逐步培养研究型、专家型骨干教师及团队。 3. 发挥教研组作用，以新教材、新课标的实践为教研组专题，通过集体备课、磨课，推选优质课，积累课改经验，推动学校课程建设的深入发展。 4. 取得上级主管部门支持，扩大融合人园范围，总结学前融合工作的成功经验，扩大影响力。 5. 选派优秀教师进驻普通中小学，边学习边实践，开展支持教师工作，初步总结工作经验，推动区域融合教育质量的持续提升。	1. 搭建实体、网络虚拟交流平台，协助牵手校以办学理念引领推动学校特色建设。 2. 建立学用结合的联盟培训机制，注重学员间的交流与研讨，进一步培养骨干教师及团队。 3. 建立教研组研究平台，依托每年一次的课堂教学研讨，开展教学质量研究。10月进行学校生命课程体系下的主题教学，新课标落实成果总结研讨会。形成本校特色经验。 4. 依托总结会，初步总结学前融合与支持教师专项工作，在总结中提升，进一步推动区域融合教育质量的不断提升。

4. 朝阳特教联盟十步闭环师资培训管理模式①

依托朝阳区安华学校,"朝延密"(朝阳区、延庆区、密云区)联盟在十年的体验式培训实践中探索形成了区域联盟开展体验式培训工作的十步闭环管理模式。

第一步:调研需求。为精准开展培训,培训前向教师以问卷形式开展调研,全面了解教师的专业背景情况、近五年来参加特殊教育相关专业培训情况、专业知识和专业能力掌握情况以及对专业发展的需求情况等。基于问卷分析结果,为教师量身定制培训方案,满足教师学习需求,可以更好地激发教师的学习动力,挖掘教师的发展潜力。

第二步:编制课程方案。制定"通识+特色"的培训课程,以"跟岗面授培训+线上混合式研修+回校实践+师徒结对负责"的培训方式开展培训,满足受培学校及教师的培训需求。

第三步:遴选培训团队。遴选跟岗培训指导教师团队、面授主题培训团队、线上指导专家团队三支培训团队人员。从联盟输出的学校校级及以上骨干教师中遴选骨干教师担任跟岗培训指导教师,从联盟输出的学校中层及以上干部中遴选出各项培训能力的干部组成面授主题培训团队,开展教育教学管理方面的主题培训。同时,依据前期的调研结果,确定专业康复方向的指导专家为线上指导专家团队,对教师开展"线上+线下"的"培训+督导"的专业康复方面的培训。

第四步:确定培训模式。依据教师需求,培训模式以轮岗制接受跟岗培训为主,学校提供"通识+特色"的培训课程,以"跟岗面授培训+线上混合式研修(集中培训+视频督导+远程一对一指导)+回校实践+师徒结对负责"的培训方式开展培训,满足学校及教师的培训需求。

第五步:开发课程资源。培训课程资源的开发从两个方面开展:一是瞄准需求,自主开发;二是资源共享,合作开发。由三支培训队伍依据教师需求,在输出学校统一协调下,确定团队负责人,组建课程开发团队,确定培训框架,由骨干自下而上自主开发培训内容,再经团队研讨,合作整合培训内容,理实共进,形成培训课程资源。

第六步:审核课程材料。由输出学校课程发展中心组织"领导+专家+骨干教师"组成的评审团共同对课程资源进行审核,审核遵循高质量(保障培训优质)、科学性(符合成人的学习规律)、体系化(课程层次符合各阶段教师的发展需要)、特色化(创新特殊教育培训特色)、精品化(打造精品培训课程)、定制化(满足受训教师培训需求)的原则,严把课程关。

第七步:指导培训过程。体验式跟岗培训期间,安排特定指导教师全程依据培训计划指导参训教师跟岗培训,并依据参训教师的基础给予一对一指导。

---

① 案例来源:李霞. 以区域化教育联盟为实体的特教教师体验式培训模式构建. 2021 年北京市特殊教育(融合教育)优秀论文征文集,2021.

第八步：监控培训效果。 对参训教师参加体验式培训期间的表现，按照《体验式培训跟岗学员守则》中的各项要求进行考核和评价，分别由跟岗培训指导教师、专家团队、校长对参训教师的学习表现进行评价。跟岗培训结束后，由培训指导教师与参训教师结成互助组，实行师傅负责制，指导教师指导参训教师回本校后开展培训实践工作，及时解答参训教师实践中遇到的问题，进一步确保参训教师获得良好的学习效果。

第九步：收集反馈信息。 向参训教师所在学校收集教师回校后的实践效果，进一步全面了解培训效果及参训教师在实践中遇到的问题，如因学生差异、本校实际工作等带来的挑战。

第十步：调整培训方案。 依据参训教师及其所在学校其他相关教师对培训的反馈材料，反思培训各个环节及培训形式、培训内容等，及时调整培训方案，以便能够更好地满足学校及教师的培训需求，增强培训效果。

（三）体验式培训实施过程

以朝阳区安华学校组织的"朝延密联盟"为例，联盟内特教学校教师参加体验式培训大致经历了以下过程：跟岗并参加面授培训、参加线上线下混合式研修、回校实践。在整个过程中，学校会给每位参训教师安排一位特定的"师傅"，全程结对负责对参训教师的指导，由"师傅"全面对参训教师的课程学习、考勤、完成任务等情况进行一对一监管，了解参训教师的专业培训需求及生活中的问题需求，向学校反馈并及时解决。

1. 跟岗面授培训

参训教师在跟岗体验式培训期间接受的面授培训包括"主题报告+教育教学实践+专业康复实践"等内容，依据参训教师的学习需求，由联盟输出学校统一安排专题培训，并在培训结束后与参训教师开展座谈会，解答、指导具体问题；依据参训教师本校教学年级安排学校相应年级的骨干教师团队开展课堂教学展示课，将各个学科的教学活动经年级教研团队集体研讨后展示给参训教师，供其学习，同时与参训教师开展课后说课、评课活动，交流教学活动设计及班级学生个别化教育计划目标的落实和评价等工作的开展情况；依据参训教师个人的康复方向及康复学习需求，经参训教师指定的培训指导教师与学校康复团队沟通，吸收参训教师参加相关教研活动、观摩康复课教学，提升参训教师的专业康复教学水平。

体验式跟岗培训期间，参训教师每天在《体验式培训学员记录手册》中记录学习内容、总结及反思，需上一节培训汇报课，并在培训结束时与学校校长进行交流，汇报培训体会。学校也为每位参训教师安排特定指导教师，全程依据培训计划指导参训教师跟岗培训，并依据参训教师的基础和需求给予一对一指导，跟岗培训期间培训指导教师每天使用电子表格记录对参训教师开展的培训内容安排和指导内容。

2. 线上线下混合式研修

组织参训教师进行线上"集中培训+视频督导+远程一对一指导"的混合式研修。其中,"集中培训"是指依据参训教师的专业康复方向及教师的专业需求,购买培训课程,提升参训教师的专业能力。上半年派各校 1 名教师参加线上言语语言沟通的专业培训;"视频督导"指每位参训教师在学习线上理论培训后回校开展教学实践的过程中,定期以视频的形式向专业指导专家展示学习效果,由指导专家对参训教师的实践给予问诊式督导;"远程一对一指导"指专业指导专家针对参训教师上交视频中的问题通过微信、腾讯会议、钉钉等软件平台继续开展线上一对一连线视频指导、答疑、辅导,参训教师结合自己在实践中的问题和困惑与专家再沟通、再请教,更好地将理论应用于教学实践中。

3. 回校实践

参训教师接受完学校的跟岗体验式培训之后,回校开展教育教学实践的过程中,学校继续从课堂教学活动开展、康复课教学等方面提供指导,创设团队联动机制,离岗不离线,通过微信、腾讯会议、钉钉等软件平台继续追踪辅导,将培训的效果落实到参训教师的教育教学活动中。此外,通过调研了解参训教师回校后教育教学活动开展情况的表现。

(四)体验式培训的保障措施

1. 加强组织领导

学校成立特教联盟工作领导小组(校长室、教导处、德育处各派一名成员),具体负责联盟的组织、实施和协调工作。特教联盟工作领导小组定期召开联席会议,研究解决相关教育教学教研事宜,为联盟运行提供机制保障。

2. 落实工作职责

特教联盟各方建立工作制度,认真履行各自职责,明确义务教育阶段教师、班主任的工作职责,建立相关制度,切实规范管理。

3. 搭建交流平台

一是搭建实体交流平台,在特教联盟运行期间,不断优化组织机制、组织形态及活动内容形式,推动办学理念、管理制度、课改经验、教科研成果共享交流;二是搭建网络虚拟交流平台,以扩大交流互动的范围、时间和空间。

4. 建立激励机制

学校之间定期互派教师交流轮岗,每年进行考核,按考核结果兑现相关待遇,对在课程改革、教研实践表现突出的教师在评优评先、职称晋升等方面给予优先。

5. 加强舆论宣传

通过多种途径和方式广泛宣传体验式培训的目的意义、工作目标、具体措施、保障机制，积极营造体验式培训的舆论氛围，取得广大教师、学生家长、社区群众等各方面的理解和支持。

（五）体验式培训效果分析

总体而言，区域化教育联盟经过四年的体验式培训实践与探索，在尊重、倾听、引领、交流、体验、实践的理念指导下，"以人的发展为本"，以教师需求为导向，注重激发、挖掘受培教师的个人智慧，以达成更好的培训效果。

反思整个体验式培训过程，联盟校的活动组织与运作必须建立在平等互利的原则基础上，互相学习，取长补短，依靠集体智慧，达成共识共促，资源共享的目标，才可以得到持续有效的发展。在培训的内容方面，还需要在职业认同、人格修养、爱心奉献、心理健康等方面增加新的课程内容。在培训的实施方面，要更加注重教师发展的需要，激发、唤醒教师的内驱力和潜力，创设学习、展示的机会，更好地激发教师自身专业发展的动机与愿景。在培训的对象方面，希望有更多一定影响力的、学习愿望强烈的、有发展愿景的教师参加体验式跟岗培训，且回校后能够推动学校整体教育教学水平的提升。

本 章 小 结

特殊教育专业教师的培养对象包括巡回指导教师、普通中小学校的特殊教育资源教师和特殊教育学校教师。研究采用设计研究思路，构建了由需求分析、设计开发、实施验证、分析评价和完善优化五个环节构成的特殊教育专业教师培养模式，并按照特殊教育教师专业标准发展的规律和需求，结合特殊教育专业教师所处的不同发展阶段现状，结合北京市特殊教育干部教师队伍实际，设计了不同发展阶段、不同类型特殊教育专业教师（巡回指导教师、资源教师和特殊教育学校教师）培养的目标、内容体系、实施方式以及保障机制。

培训内容坚持师德为先、能力为重、学生为本、终身学习的理念，坚持问题导向，坚持需求导向，整体规划、统筹管理全市特殊教育教师培训工作，构建分类、分层与分岗相结合的培训模式，探索建立适合特殊教育发展需求的培训制度、培训课程与培训方式，突出特殊教育教师师德素养、特殊教育教学实践能力的提升，并以北京市特殊教育巡回指导教师培训方案和北京市特殊教育学校教师体验式培训设计方案为实例，在实践中加大对远郊区特殊教育学校教师、新任教师、骨干教师和特殊教育巡回指导教师的培养力度，培养造就一批"师德高尚、理念先进、视野开阔、善于研究的"高素质、专业化特殊教育教师。

第 7 章 特殊教育专业教师专业发展效果追踪

本章采用历时追踪调查的方式，2018 年、2019 年和 2021 年[①]连续调查北京市三类特殊教育专业教师（巡回指导教师、资源教师和特殊教育学校教师）队伍建设情况和工作情况，以此全面了解北京市特殊教育专业教师队伍发展的动态特征，既能够检验研发的教师培养机制的效果，也能够为今后进一步设计与完善北京市特殊教育专业教师相关管理制度提供事实依据。

第 1 节 研究设计

一、研究对象

本研究采用方便取样的方式，在全市 16 个区通过网络发放、平台采集等方式对三类特殊教育专业教师进行调研。各类研究对象基本情况介绍如下。

（一）巡回指导教师

本研究中巡回指导教师是指以巡回指导的方式，对一定区域内开展融合教育的普通中小学校、幼儿园就读的特殊需要学生及其教师、家长等相关人员进行定期或专项指导的专业人员，属于特殊教育教师。2018 年至 2021 年，参与本研究调查的巡回指导教师覆盖全市 16 个区，每轮调查收集到的有效问卷数据见表 7.1，巡回指导教师人数从 2018 年的 80 人增加至 2021 年的 173 人，这一结果也反映出北京市巡回指导教师数量逐年增多。

表 7.1 2018—2021 年三轮调查收集的巡回指导教师有效问卷数

数量	2018 年	2019 年	2021 年
合计	80	118	173

（二）资源教师

在本研究中，资源教师是指在开展融合教育的普通中小学校中规划、建设、运用和管理资源教室，为特殊教育需要学生、家长、教师提供特殊教育专业服务的专业人

[①] 受新冠疫情影响，2020 年未开展调查。

员，属于特殊教育教师。2018年至2021年，参与本研究调查的特殊教育资源教师覆盖全市16个区，每轮调查收集到的有效问卷数据见表7.2，资源教师人数从2018年的528人增加至2021年的627人，这一结果也反映出北京市特殊教育资源教师数量有所增长。

表7.2 2018—2021年三轮调查收集的资源教师有效问卷数

数量	2018年	2019年	2021年
合计	528	388	627

（三）特殊教育学校教师

在本研究中，特殊教育学校教师是指在特殊教育学校中为有身心发展障碍的儿童提供特殊教育的教师。2019年至2021年，参与本研究调查的特殊教育学校教师覆盖全市16个区。以2021年为例，共有1002名特殊教育学校教师参与调查，其中，聋校教师78人，占7.80%；盲校教师65人，占6.50%；培智学校教师675人，占67.37%；综合性学校教师184人，占18.36%。数据表明：北京市特殊教育学校教师以培智学校教师为主，兼含少部分聋校、盲校及综合性学校的教师。如表7.3所示。

表7.3 特殊教育学校教师的任教学校类别分布情况

任教学校类别	人数	比例
聋校	78	7.80%
盲校	65	6.50%
培智学校	675	67.37%
综合性学校	184	18.36%
合计	1002	100%

参与调查的特教教师中，在校担任校长或副校长的有34人，占3.39%；在校担任中层领导的有83人，占8.28%；是学校管理岗的有37人，占3.69%；担任学科教学教师的有725人，占72.28%；担任学校康复类专业教师的有45人，占4.49%；专职负责特教中心工作的有16人，占1.60%。特殊教育学校教师构成以学科教学教师为主。如表7.4所示。

表 7.4　特殊教育学校教师在校从事工作情况

在校从事工作	小计	比例
学校校长、副校长	34	3.39%
学校中层领导	83	8.28%
学校管理岗	37	3.69%
学科教学教师	725	72.28%
学校康复类专业教师	45	4.49%
专职负责特教中心工作	16	1.60%
其他	63	6.28%

二、研究工具

本研究采用自编的《北京市特殊教育教师专业发展问卷》进行调研。问卷包括三类：巡回指导教师调查问卷、普通学校资源教师调查问卷和特殊教育学校教师调查问卷。各类问卷的主要内容介绍如下。

（一）巡回指导教师调查问卷

对巡回指导教师的调查内容分为两个部分：第一部分是被试的基本信息，包括性别、年龄、教龄、学历、职称、专业背景、接受特殊教育培训的情况，均为单选题。第二部分是被试的工作情况，包括专兼职情况、担任巡回指导教师的年限、工作单位情况、巡回指导教师工作时间、工作内容、服务学校数量以及服务学生的数量和类别等，均为单选题。

（二）资源教师调查问卷

对资源教师的调查内容分为两个部分：第一部分是被试的基本信息，包括性别、年龄、教龄、学历、职称、专业背景、接受特殊教育培训的情况，均为单选题。第二部分是被试的工作情况，包括专兼职情况、担任资源教师的年限、工作单位情况、资源教师工作时间、工作内容以及服务学生的数量和类别等，均为单选题。

（三）特殊教育学校教师调查问卷

对特殊教育学校教师的调查内容分为三个部分：第一部分是被试的基本信息，包括性别、年龄、教龄、学历、职称、专业背景、接受特殊教育培训的情况等，均为单选题。第二部分是被试的工作情况，包括在校从事工作、任教学科数量、周课时、教学效能感等，均为单选题。其中，教师教学效能感问卷整体信度为 0.975，说明教学效能感问卷整体信度非常好。具体到各个维度，教学策略、课堂管理和学生参与维度的信度分别为 0.953、0.944 和 0.954，说明问卷具有良好的信度。如表 7.5 所示。

表 7.5　特殊教育学校教师教学效能感问卷信度分析

维度	Cronbach's alpha
教学策略	0.953
课堂管理	0.944
学生参与	0.954
教学效能感	0.975

三、研究过程

问卷调查通过"问卷星"网络平台进行。课题组通过网络平台向全市各区特教中心及所有特殊教育学校发起问卷调查邀请，各区、各校组织特殊教育学校教师、巡回指导教师和相关普通学校的资源教师参与作答，各区教师可自由安排时间，通过电脑或手机作答问卷，并通过网络提交问卷。

课题组运用 SPSS 22 对三类特殊教育教师问卷数据进行详细分析与研究。

第 2 节　北京市巡回指导教师专业发展追踪

一、巡回指导教师队伍建设发展变化

（一）性别

1. 发展现状

2021 年参与调查的巡回指导教师中，共有男教师 20 人，占比 11.56%；女教师 153 人，占比 88.44%。数据表明：男性巡回指导教师人数和比例显著低于女性巡回指导教师的人数和比例。如表 7.6 所示。

表 7.6　巡回指导教师的性别分布情况

性别	小计	比例
男	20	11.56%
女	153	88.44%

2. 发展追踪

2018 年至 2021 年，参与调查的巡回指导教师总人数增加了 93 人，增长率为 116.25%；其中男教师增加了 13 人，占比增加了 2.81 个百分点；女教师增加了 80 人，占比减少了 2.81 个百分点。数据结果表明：北京市巡回指导教师队伍规模逐渐扩大，

男女巡回指导教师的性别比例失衡问题仍存在，但有逐渐趋于平衡的趋势。如表 7.7 和图 7.1 所示。

表 7.7　巡回指导教师的性别分布变化情况

性别	2018 年		2019 年		2021 年		2021 较 2018 变化情况
	人数	%	人数	%	人数	%	
男	7	8.75%	10	8.47%	20	11.56%	增加了 2.81 个百分点
女	73	91.25%	108	91.53%	153	88.44%	减少了 2.81 个百分点
合计	80	100%	118	100%	173	100%	

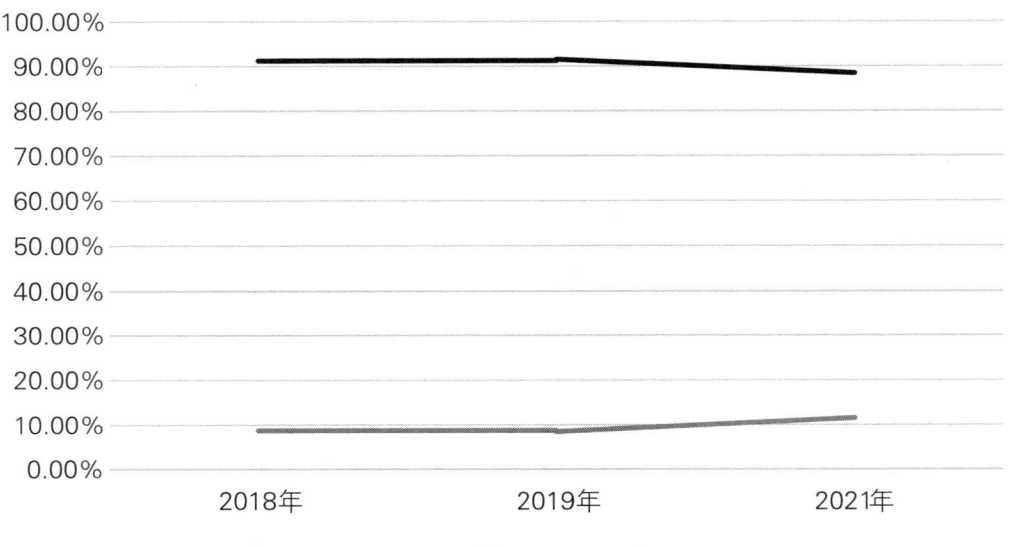

图 7.1　2018—2021 年巡回指导教师的性别分布趋势图

（二）年龄

1. 发展现状

2021 年参与调查的巡回指导教师中，30 岁及以下教师 29 人，占 16.76%；31—35 岁教师 33 人，占 19.08%；36—40 岁教师 31 人，占 17.92%；41—45 岁教师 26 人，占 15.03%；46—50 岁教师 37 人，占 21.39%；51 岁及以上教师 17 人，占 9.83%。数据表明：46—50 岁年龄段的巡回指导教师人数最多、占比最高，但整体而言各年龄段的教师人数较均衡。如表 7.8 所示。

表 7.8 巡回指导教师的年龄分布情况

年龄	小计	比例
30 岁及以下	29	16.76%
31—35 岁	33	19.08%
36—40 岁	31	17.92%
41—45 岁	26	15.03%
46—50 岁	37	21.39%
51 岁及以上	17	9.83%

2. 发展追踪

2018 年，参与调查的巡回指导教师年龄分布集中在 36—50 岁；2019 年，35 岁以下的巡回指导教师人数和比例增长明显；2021 年，除 46—50 岁的巡回指导教师人数占比较高外，其余各年龄段的人数占比差距逐渐缩小，整体而言各年龄段的教师人数较均衡。数据结果表明：北京市巡回指导教师年龄分布逐渐趋于平衡。如表 7.9 和图 7.2 所示。

表 7.9 巡回指导教师的年龄分布变化情况

年龄	2018 年		2019 年		2021 年	
	人数	%	人数	%	人数	%
30 岁及以下	5	6.25%	21	17.80%	29	16.76%
31—35 岁	9	11.25%	26	22.03%	33	19.08%
36—40 岁	22	27.50%	22	18.64%	31	17.92%
41—45 岁	21	26.25%	16	13.56%	26	15.03%
46—50 岁	19	23.75%	20	16.95%	37	21.39%
51 岁及以上	4	5.00%	13	11.02%	17	9.83%
合计	80	100%	118	100%	173	100%

（三）教龄

1. 发展现状

2021 年参与调查的巡回指导教师中，教龄 5 年以下的有 24 人，占 13.87%；教龄 5—10 年的有 33 人，占 19.08%；教龄 11—15 年的有 20 人，占 11.56%；教龄 16—20 年的有 18 人，占 10.40%；教龄 21—25 年的有 20 人，占 11.56%；教龄 25 年以上的有 58 人，占 33.53%。如表 7.10 所示。

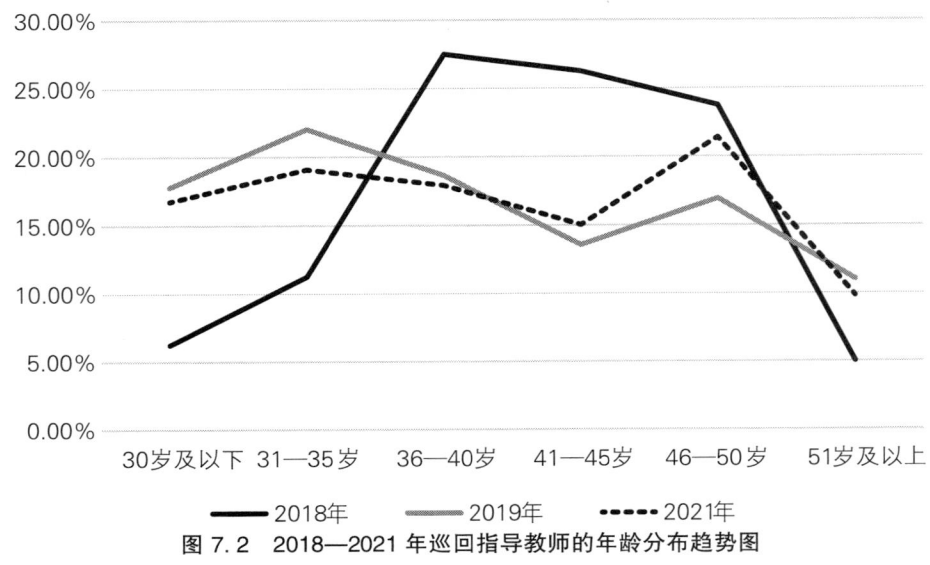

图 7.2 2018—2021 年巡回指导教师的年龄分布趋势图

表 7.10 巡回指导教师的教龄分布情况

教龄	小计	比例
5 年以下	24	13.87%
5—10 年	33	19.08%
11—15 年	20	11.56%
16—20 年	18	10.40%
21—25 年	20	11.56%
25 年以上	58	33.53%

2. 发展追踪

2018 年，参与调查的巡回指导教师教龄分布集中在 21 年以上；2019 年，教龄 10 年以下及 25 年以上的巡回指导教师人数和比例最多，教龄分布呈倒"U"字形；2021 年，除教龄 25 年以上的巡回指导教师人数占比较高外，其余各教龄段的人数占比差距逐渐缩小，整体而言各年龄段的教师人数较均衡。数据结果表明：北京市巡回指导教师中有三分之一的教师教龄超过 25 年，教育教学经验丰富，专业素质高。如表 7.11 和图 7.3 所示。

表 7.11 巡回指导教师的教龄分布变化情况

教龄	2018 年		2019 年		2021 年	
	人数	%	人数	%	人数	%
5 年以下	4	5.00%	24	20.34%	24	13.87%

续表

教龄	2018 年		2019 年		2021 年	
	人数	%	人数	%	人数	%
5—10 年	9	11.25%	23	19.49%	33	19.08%
11—15 年	14	17.50%	12	10.17%	20	11.56%
16—20 年	9	11.25%	12	10.17%	18	10.40%
21—25 年	17	21.25%	17	14.41%	20	11.56%
25 年以上	27	33.75%	30	25.42%	58	33.53%
合计	80	100%	118	100%	173	100%

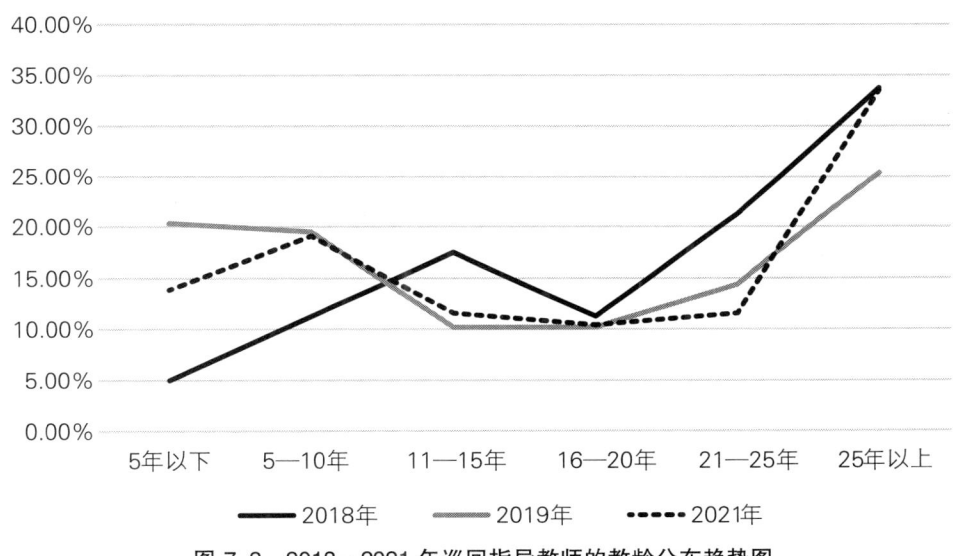

图 7.3　2018—2021 年巡回指导教师的教龄分布趋势图

（四）学历

1. 发展现状

2021 年参与调查的巡回指导教师中，大专及以下学历的有 4 人，占 2.31%；本科学历的有 144 人，占 83.24%；硕士研究生及以上学历的有 25 人，占 14.45%。数据表明：巡回指导教师的学历普遍较高，以本科学历为主。如表 7.12 所示。

表 7.12　巡回指导教师的学历分布情况

学历	小计	比例
大专及以下	4	2.31%
本科	144	83.24%

续表

学历	小计	比例
硕士研究生	25	14.45%
博士研究生	0	0

2. 发展追踪

2018年至2021年，参与调查的巡回指导教师中大专及以下学历占比逐年降低；本科学历和硕士研究生学历的巡回指导教师占比三年间小幅波动，本科学历的巡回指导教师占比平均在80%以上，硕士研究生学历的巡回指导教师占比平均为15%左右。数据结果表明：北京市巡回指导教师的学历主要为本科学历，其次是硕士研究生学历，目前全市尚未有博士研究生学历的巡回指导教师。如表7.13和图7.4所示。

表7.13 巡回指导教师的学历分布变化情况

学历	2018年		2019年		2021年	
	人数	%	人数	%	人数	%
大专及以下	3	3.75%	4	3.39%	4	2.31%
本科	68	85.00%	91	77.12%	144	83.24%
硕士研究生	9	11.25%	23	19.49%	25	14.45%
博士研究生	0	0	0	0	0	0
合计	80	100%	118	100%	173	100%

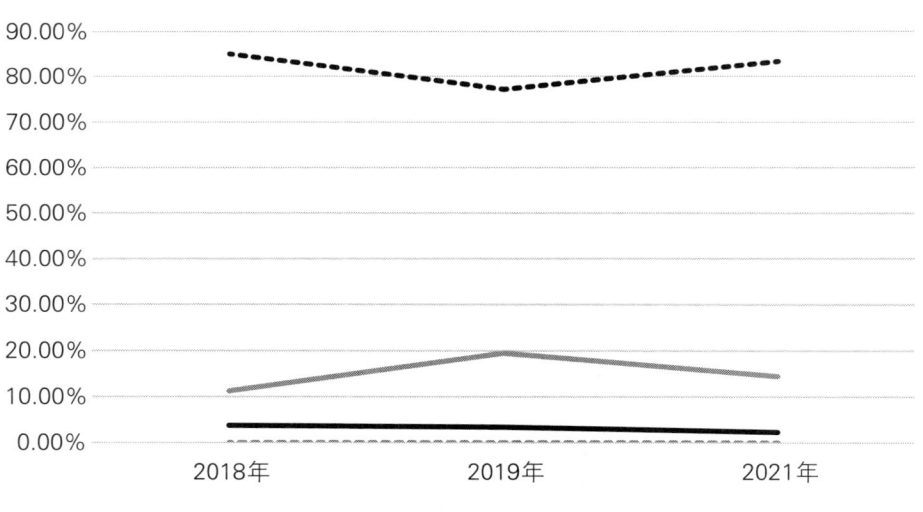

图7.4 2018—2021年巡回指导教师的学历分布趋势图

（五）职称

1. 发展现状

2021年参与调查的巡回指导教师中，高级职称教师51人，占29.48%；中级职称教师66人，占38.15%；初级职称教师45人，占26.01%；无职称教师11人，占6.36%。数据表明：中级及以上职称人数占比近七成，巡回指导教师整体专业水平较高。如表7.14所示。

表 7.14　巡回指导教师的职称分布情况

职称	小计	比例
高级职称	51	29.48%
中级职称	66	38.15%
初级职称	45	26.01%
无职称	11	6.36%

2. 发展追踪

2018年至2021年，参与调查的巡回指导教师初级职称人数占比逐年增高；中级职称和高级职称的巡回指导教师占比小幅降低，中级职称的巡回指导教师占比平均约4成，高级职称的巡回指导教师占比平均约3成。数据结果表明：北京市巡回指导教师的整体职称结构分布合理，但目前全市尚未有正高级职称的巡回指导教师。如表7.15和图7.5所示。

表 7.15　巡回指导教师的职称分布变化情况

职称	2018 年		2019 年		2021 年	
	人数	%	人数	%	人数	%
高级职称	27	33.75%	32	27.12%	51	29.48%
中级职称	34	42.50%	44	37.29%	66	38.15%
初级职称	18	22.50%	30	25.42%	45	26.01%
无职称	1	1.25%	12	10.17%	11	6.36%
合计	80	100%	118	100%	173	100%

（六）专业背景

1. 发展现状

2021年参与调查的巡回指导教师中，特殊教育专业背景的有58人，占33.53%；医学康复类专业背景的有2人，占1.16%；教育学类专业背景的有53人，占30.64%；

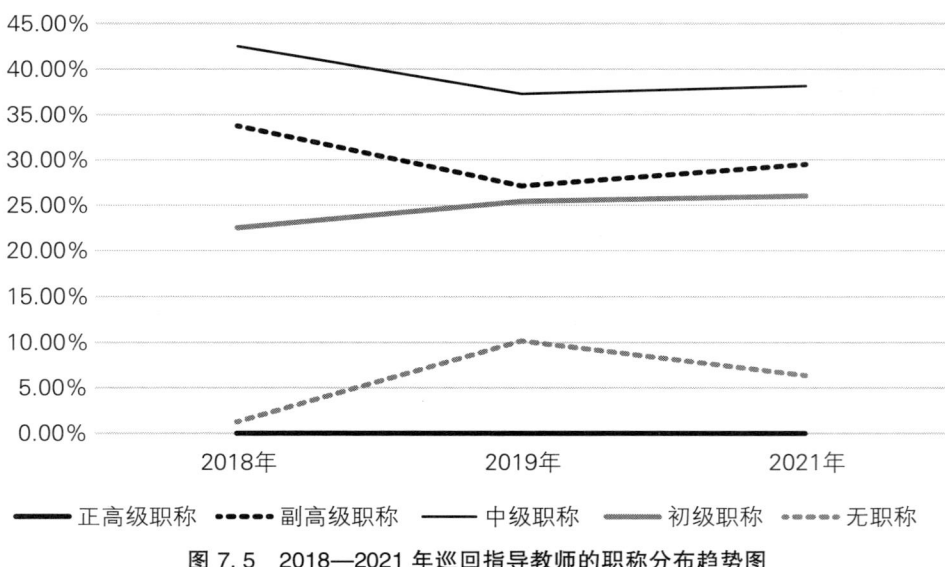

图 7.5　2018—2021 年巡回指导教师的职称分布趋势图

学科类专业（如中文、数学、生物、物理等）背景的有 24 人，占 13.87%；艺术和体育专业背景的有 5 人，占 2.89%，心理学专业背景的有 16 人，占 9.25%；其他专业背景的有 15 人，占 8.67%。数据表明：巡回指导教师的专业背景较丰富，并以特殊教育和教育学类专业为主。如表 7.16 所示。

表 7.16　巡回指导教师的专业背景分布情况

专业背景	小计	比例
特殊教育	58	33.53%
医学康复类	2	1.16%
教育学类	53	30.64%
学科类专业（如中文、数学、生物、物理等）	24	13.87%
艺术和体育	5	2.89%
心理学专业	16	9.25%
其他	15	8.67%

2. 发展追踪

数据表明：2018 年至 2021 年，北京市巡回指导教师的专业背景主要为特殊教育和教育学类。其中，学科类专业（如中文、数学、生物、物理等）背景的教师占比逐年降低；教育学类专业背景的教师占比呈降低趋势，特殊教育专业背景的教师占比呈增加趋势。如表 7.17 和图 7.6 所示。

表 7.17 巡回指导教师的专业背景分布变化情况

专业背景	2018年 人数	2018年 %	2019年 人数	2019年 %	2021年 人数	2021年 %
特殊教育	19	23.75%	41	34.75%	58	33.53%
医学康复类	1	1.25%	1	0.85%	2	1.16%
教育学类	33	41.25%	27	22.88%	53	30.64%
学科类专业（如中文、数学、生物、物理等）	14	17.50%	17	14.41%	24	13.87%
艺术和体育	0	0	3	2.54%	5	2.89%
心理学专业	3	3.75%	17	14.41%	16	9.25%
其他	10	12.5%	12	10.17%	15	8.67%
合计	80	100%	118	100%	173	100%

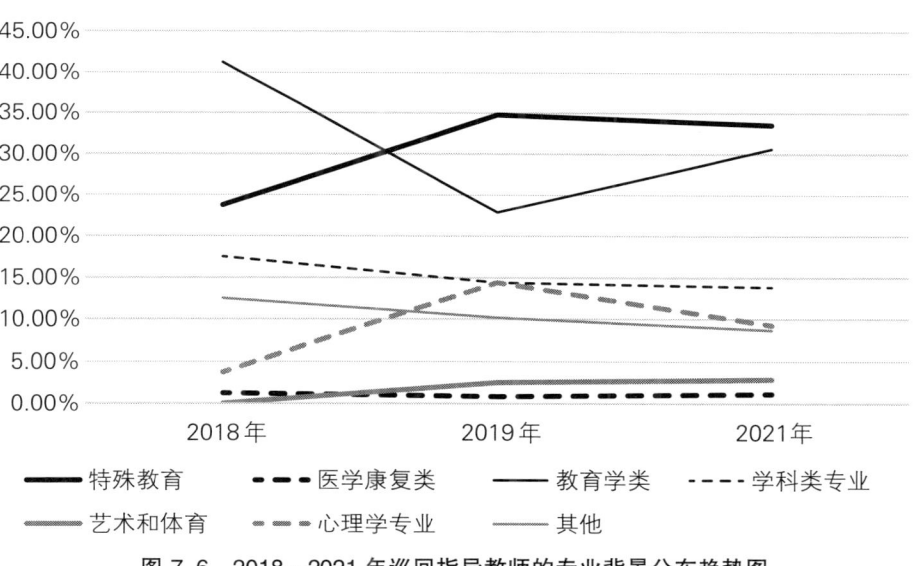

图 7.6 2018—2021 年巡回指导教师的专业背景分布趋势图

（七）特殊教育专业背景

1. 发展现状

2021年参与调查的巡回指导教师中，在职前阶段，共有 72.25% 的巡回指导教师系统学习过特殊教育相关专业课程，其中 40.46% 的巡回指导教师为特殊教育专业毕业，31.79% 的巡回指导教师非特殊教育专业毕业，但系统学习过特殊教育相关专业课程；还有 27.75% 的巡回指导教师非特殊教育专业毕业，而且从未学习过特殊教育相关专业课程。如表 7.18 所示。

表 7.18 巡回指导教师的职前学习情况

职前学习情况	小计	比例
特殊教育专业	70	40.46%
非特殊教育专业，但系统学习过特殊教育相关专业课程	55	31.79%
非特殊教育专业，且从未学习过特殊教育相关专业课程	48	27.75%

2. 发展追踪

数据表明：2018 年至 2021 年，特殊教育专业毕业的巡回指导教师和非特殊教育专业毕业，但系统学习过特殊教育相关专业课程的巡回指导教师人数和占比呈逐年增长的趋势；非特殊教育专业毕业，且从未学习过特殊教育相关专业课程的巡回指导教师占比呈逐年降低的趋势。说明北京市巡回指导教师的专业素养逐渐增强，职前专业培养培训工作趋于完善。如表 7.19 和图 7.7 所示。

表 7.19 巡回指导教师的职前学习变化情况

学习情况	2018 年		2019 年		2021 年	
	人数	%	人数	%	人数	%
特殊教育专业毕业	29	36.25%	48	40.68%	70	40.46%
非特殊教育专业毕业，但系统学习过特殊教育相关专业课程	21	26.25%	36	30.51%	55	31.79%
非特殊教育专业毕业，且从未学习过特殊教育相关专业课程	30	37.50%	34	28.81%	48	27.75%
合计	80	100%	118	100%	173	100%

二、巡回指导教师工作情况发展变化

（一）巡回指导教师所在工作单位

1. 发展现状

2021 年参与调查的巡回指导教师中，有 18 人（10.40%）在具有独立法人资质的区特殊教育中心工作；有 30 人（17.34%）在设置在特殊教育学校的区特殊教育中心工作；有 4 人（2.31%）在设置在区教研或研修部门的区特殊教育中心工作；有 2 人（1.16%）在区级教育研究或教师研修部门工作；有 47 人（27.17%）在特殊教育学校工作；有 66 人（38.15%）在普通中小学校工作。数据表明：巡回指导教师的工作单位主要集中在普通中小学校和特殊教育学校。如表 7.20 所示。

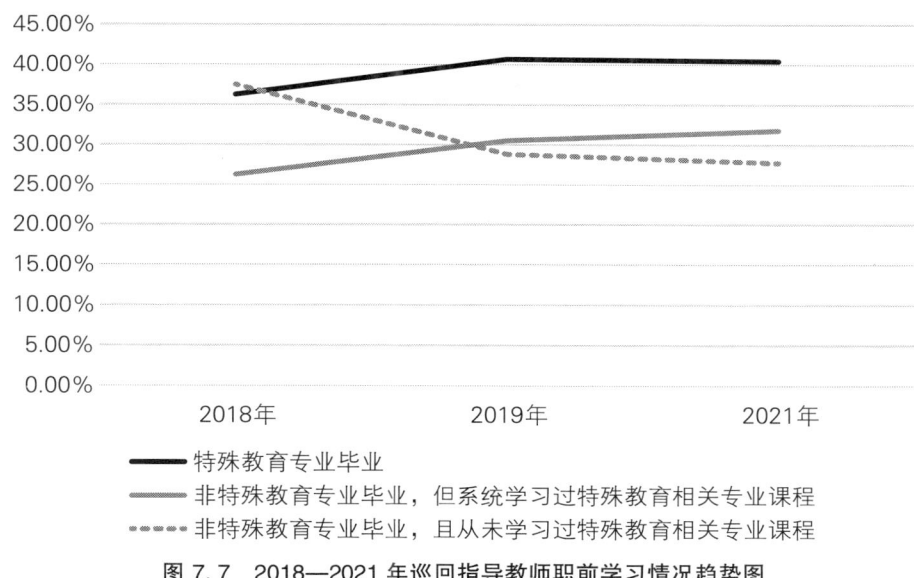

图 7.7　2018—2021 年巡回指导教师职前学习情况趋势图

表 7.20　巡回指导教师工作单位性质情况

工作单位性质	小计	比例
具有独立法人资质的区特殊教育中心	18	10.4%
设置在特殊教育学校的区特殊教育中心	30	17.34%
设置在区教研或研修部门的区特殊教育中心	4	2.31%
区级教育研究或教师研修部门	2	1.16%
特殊教育学校	47	27.17%
普通中小学校	66	38.15%
其他	6	3.47%

2. 发展追踪

数据表明：2018 年至 2021 年，工作单位在普通中小学校的巡回指导教师人数和占比显著增高，且呈继续增高的趋势；相应地，工作单位在特殊教育学校、具有独立法人资质的区特殊教育中心、设置在特殊教育学校的区特殊教育中心的巡回指导教师人数有所增加，但占比逐渐降低；工作单位为设置在区教研或研修部门的区特殊教育中心和区级教育研究或教师研修部门的巡回指导教师人数几乎不变，占比逐渐降低。如表 7.21 和图 7.8 所示。

表 7.21 巡回指导教师工作单位性质变化情况

专业背景	2018 年		2019 年		2021 年	
	人数	%	人数	%	人数	%
独立法人资质的区特殊教育中心	14	17.5%	20	16.95%	18	10.40%
设置在特殊教育学校的区特殊教育中心	17	21.25%	16	13.56%	30	17.34%
设置在区教研或研修部门的区特殊教育中心	4	5.00%	4	3.39%	4	2.31%
区级教育研究或教师研修部门	2	2.50%	3	2.54%	2	1.16%
特殊教育学校	37	46.25%	33	27.97%	47	27.17%
普通中小学校	6	7.50%	39	33.05%	66	38.15%

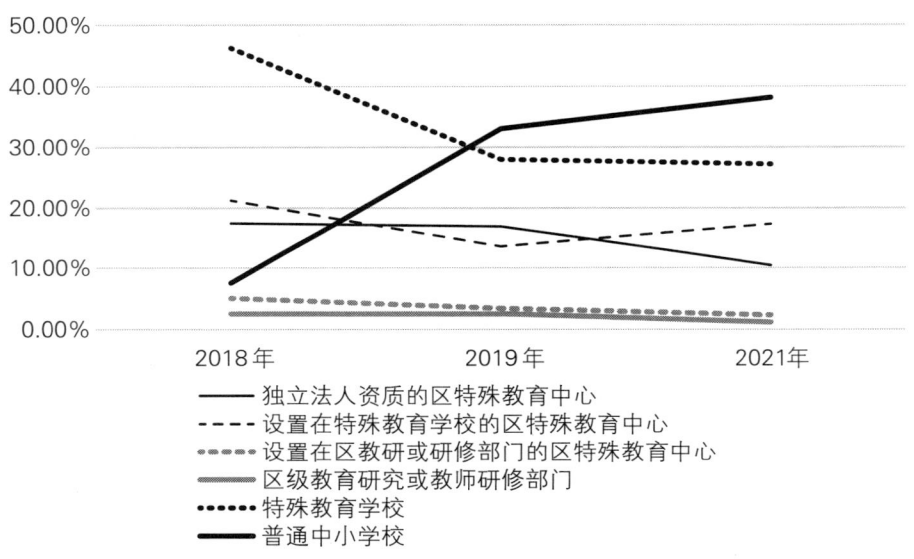

图 7.8 2018—2021 年巡回指导教师工作单位性质情况趋势图

（二）专兼职情况

1. 发展现状

2021 年参与调查的巡回指导教师中，有 4 人（2.31%）为专职的区特教中心管理人员（主任/副主任）；有 16 人（9.25%）为专职的巡回指导教师，兼有学校管理职责（校长、副校长、主任、副主任等）；有 35 人（20.23%）为专职的巡回指导教师；有 118 人（68.21%）为兼职的巡回指导教师。数据表明：只有 20.23% 的巡回指导教师为专职人员，近八成的巡回指导教师都兼有其他工作任务。如表 7.22 所示。

表 7.22　巡回指导教师专兼职情况

专兼职情况	小计	比例
专职区特教中心管理人员	4	2.31%
专职巡回指导教师，兼有学校管理职责	16	9.25%
专职巡回指导教师	35	20.23%
兼职巡回指导教师	118	68.21%

2. 发展追踪

数据表明：2018 年至 2021 年，兼职巡回指导教师人数和占比显著增高，且呈继续增高的趋势；专职巡回指导教师人数和占比显著降低，且有继续降低的趋势。兼有学校管理职责的专职巡回指导教师（校长、副校长、主任、副主任等）人数和占比呈逐渐增高的趋势，专职的区特教中心管理人员（主任/副主任）人数几乎不变，占比逐渐降低。如表 7.23 和图 7.9 所示。

表 7.23　巡回指导教师专兼职变化情况

专业背景	2018 年		2019 年		2021 年	
	人数	%	人数	%	人数	%
专职区特教中心管理人员	5	6.25%	4	3.39%	4	2.31%
专职巡回指导教师，兼有学校管理职责	4	5.00%	9	7.63%	16	9.25%
专职巡回指导教师	26	32.5%	28	23.73%	35	20.23%
兼职巡回指导教师	45	56.25%	77	65.25%	118	68.21%
合计	80	100%	118	100%	173	100%

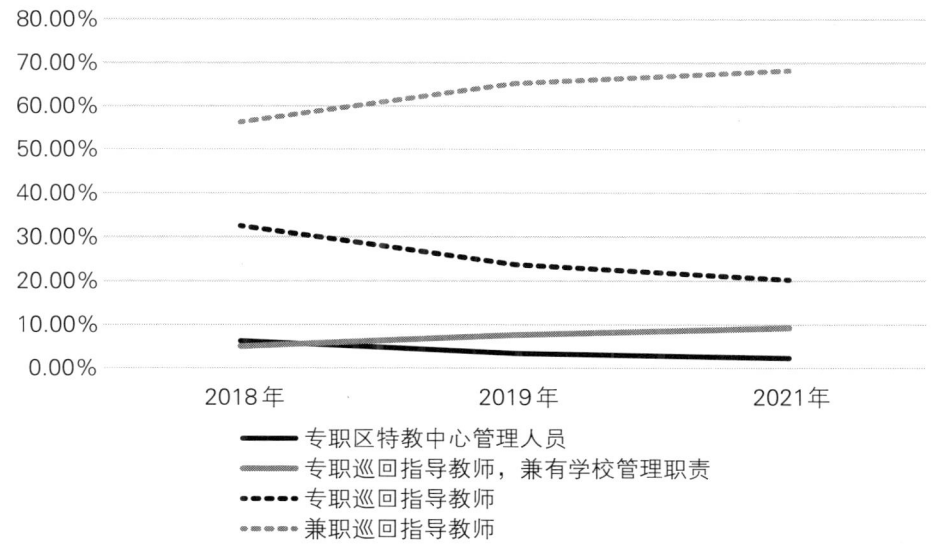

图 7.9　2018—2021 年巡回指导教师专兼职情况趋势图

(三) 每天从事巡回指导时间

1. 发展现状

2021年参与调查的巡回指导教师中，每天从事巡回指导工作的时间1个小时以下的有64人，占36.99%；每天从事巡回指导工作的时间1—3个小时的有61人，占35.26%；每天从事巡回指导工作的时间4—6个小时的有22人，占12.72%；每天从事巡回指导工作的时间7—9个小时的有16人，占9.25%；每天从事巡回指导工作的时间10个小时及以上的有10人，占5.78%。如表7.24所示。

表7.24　每天从事巡回指导工作的时间情况

日工作时间	小计	比例
1个小时以下	64	36.99%
1—3个小时	61	35.26%
4—6个小时	22	12.72%
7—9个小时	16	9.25%
10—12个小时	2	1.16%
12个小时以上	8	4.62%

将巡回指导教师的专兼职情况与每天从事巡回指导工作的时间做交叉分析，发现兼职巡回指导教师每天从事巡回指导工作的时间最短，超过八成的兼职巡回指导教师每天从事巡回指导工作的时间不足3小时；而有65.7%的专职巡回指导教师每天从事巡回指导工作的时间都超过3小时。如表7.25所示。

表7.25　专、兼职巡回指导教师每天从事巡回指导工作的时间情况

专兼职情况	1个小时以下	1—3个小时	4—6个小时	7—9个小时	10—12个小时	12个小时以上
专职区特教中心管理人员	1 (25.0%)	2 (50.0%)	0	0	1 (25.0%)	0
专职，兼有学校管理职责	5 (31.2%)	7 (43.8%)	3 (18.8%)	0	0	1 (6.2%)
专职	2 (5.7%)	10 (28.6%)	9 (25.7%)	11 (31.4%)	0	3 (8.6%)
兼职	56 (47.5%)	42 (35.6%)	10 (8.5%)	5 (4.2%)	1 (0.8%)	4 (3.4%)

2. 发展追踪

数据表明：2018 年至 2021 年，每天从事巡回指导工作 1 个小时以下、1—3 个小时和 12 个小时的巡回指导教师人数和比例有显著增加；每天从事巡回指导工作的时间 4—6 个小时、7—9 个小时和 10—12 个小时的巡回指导教师占比逐渐降低。如表 7.26 和图 7.10 所示。

表 7.26 每天从事巡回指导工作时间变化情况

时间	2018 年		2019 年		2021 年	
	人数	%	人数	%	人数	%
1 个小时以下	27	33.75%	41	34.75%	64	36.99%
1—3 个小时	22	27.50%	40	33.90%	61	35.26%
4—6 个小时	19	23.75%	23	19.49%	22	12.72%
7—9 个小时	9	11.25%	8	6.78%	16	9.25%
10—12 个小时	2	2.50%	3	2.54%	2	1.16%
12 个小时以上	1	1.25%	3	2.54%	8	4.62%
合计	80	100%	118	100%	173	100%

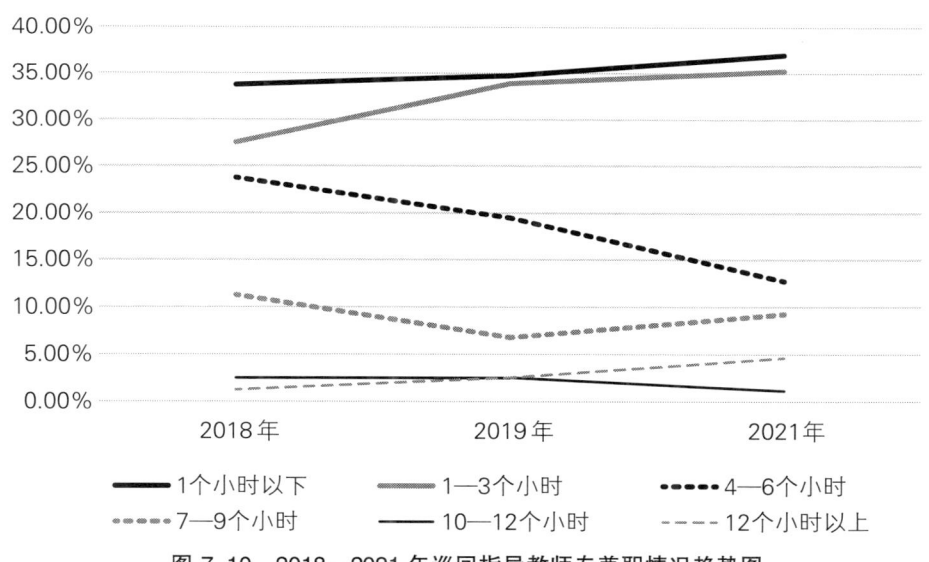

图 7.10 2018—2021 年巡回指导教师专兼职情况趋势图

（五）主要从事巡回指导工作内容

1. 发展现状

2021 年参与调查的巡回指导教师所从事的最主要的工作为课堂教学指导，排在第二位的工作是学生筛查评估，排名第三的是学生教育康复训练，排名第四的是家长咨询，排名第五的是教师培训。此外还有政策宣导、组织教研活动、资源教室建设指导等也是巡回指导教师经常开展的工作。如表 7.27 所示（平均综合得分按从高到低排序）。

表 7.27　主要从事的巡回指导工作内容情况

排序	主要从事的巡回指导工作内容	平均综合得分
1	课堂教学指导	8.55
2	学生筛查评估	8.38
3	学生教育康复训练	6.5
4	家长咨询	6.2
5	教师培训	4.94
6	政策宣导	4.66
7	学校咨询	4.12
8	组织教研活动	4.03
9	资源教室建设指导	3.14
10	进入课堂做支持教师或协同教师	2.57
11	开展课题研究	2.47
12	学生安置转衔	2.42
13	行政管理	2.28
14	学生档案管理	2.23
15	学校工作督导	1.58
16	信息/数据调查统计	1.24
17	其他	0.25

2. 发展追踪

数据表明：2018 年至 2021 年，巡回指导教师所从事的最主要的工作内容为课堂教学指导、学生筛查评估和学生教育康复训练。家长咨询、学校咨询、政策宣导等工作也逐渐变为巡回指导教师经常开展的工作。如表 7.28 所示。

表 7.28　主要从事的巡回指导工作内容变化情况

工作内容	2018 年	2019 年	2021 年
	平均综合得分	平均综合得分	平均综合得分
课堂教学指导	6.6	7.69	8.55
学生筛查评估	5.31	8.43	8.38
学生教育康复训练	6.36	6.22	6.5

续表

工作内容	2018 年 平均综合得分	2019 年 平均综合得分	2021 年 平均综合得分
家长咨询	3.28	4.08	6.2
教师培训	2.36	5.87	4.94
政策宣导	1.63	3.82	4.66
学校咨询	2.13	2.94	4.12
组织教研活动	3.36	5.02	4.03
资源教室建设指导	3.75	3.61	3.14
进入课堂做支持教师或协同教师	2.44	3.64	2.57
开展课题研究	2.68	2.75	2.47
学生安置转衔	0.6	2.23	2.42
行政管理	1.49	2.76	2.28
学生档案管理	1.33	3.12	2.23
学校工作督导	1.74	1.59	1.58
信息/数据调查统计	1.96	2.17	1.24

(六) 服务普通学校数量

1. 发展现状

自 2020 年秋季学期以来,参与调查的巡回指导教师从未服务过普通学校的有 14 人,占 8.09%;服务过 1—5 所学校的有 113 人,占 65.32%;服务过 6—10 所学校的有 24 人,占 13.87%;服务过 11—15 所学校的有 4 人,占 2.31%;服务过 16—20 所学校的有 5 人,占 2.89%;服务过 20 所学校以上的有 13 人,占 7.52%。如表 7.29 所示。

表 7.29 服务普通学校的数量情况

服务普通学校数量	小计	比例
从未服务过	14	8.09%
1—5 所学校	113	65.32%
6—10 所学校	24	13.87%
11—15 所学校	4	2.31%
16—20 所学校	5	2.89%
20 所以上	13	7.52%

将巡回指导教师的专兼职情况与服务普通学校的数量做交叉分析,发现近 85% 的兼职巡回指导教师服务过的普通学校不足 5 所,其中有 11% 的兼职巡回指导教师从未

服务过普通学校；而有超过一半的专职巡回指导教师所服务的普通学校超过5所，其中超过四分之一的专职巡回指导教师服务的普通学校在10所以上，11.4%的专职巡回指导教师服务的普通学校超过20所。如表7.30所示。

表7.30 专兼职巡回指导教师服务普通学校的数量情况

专兼职情况	从未服务过	1—5所	6—10所	11—15所	16—20所	20所以上
专职区特教中心管理人员	0	3 (75.0%)	0	0	0	1 (25.0%)
专职，兼有学校管理职责	1 (6.2%)	7 (43.8%)	5 (31.2%)	0	2 (12.5%)	1 (6.2%)
专职	0	16 (45.7%)	10 (28.6%)	3 (8.6%)	2 (5.7%)	4 (11.4%)
兼职	13 (11.0%)	87 (73.7%)	9 (7.6%)	1 (0.8%)	1 (0.8%)	7 (5.9%)

2. 发展追踪

数据表明：2018年至2021年，约80%的巡回指导教师服务学校的数量都在10所以内，巡回指导教师服务普通学校的数量20所以上的人数和比例呈逐年增加的趋势。如表7.31和图7.11所示。

表7.31 巡回指导教师服务普通学校的数量变化情况

时间	2018年		2019年		2021年	
	人数	%	人数	%	人数	%
从未服务过	9	11.25%	7	5.93%	14	8.09%
1—5所学校	50	62.50%	73	61.86%	113	65.32%
6—10所学校	12	15.00%	22	18.64%	24	13.87%
11—15所学校	6	7.50%	10	8.47%	4	2.31%
16—20所学校	1	1.25%	1	0.85%	5	2.89%
20所以上	2	2.50%	5	4.24%	13	7.51%
合计	80	100%	118	100%	173	100%

（七）服务普通学校随班就读学生数量

1. 发展现状

自2021年秋季学期以来，参与调查的巡回指导教师从未服务过普通学校随班就读学生的有6人，占3.47%；服务过1—5名学生的有73人，占42.2%；服务过6—10名

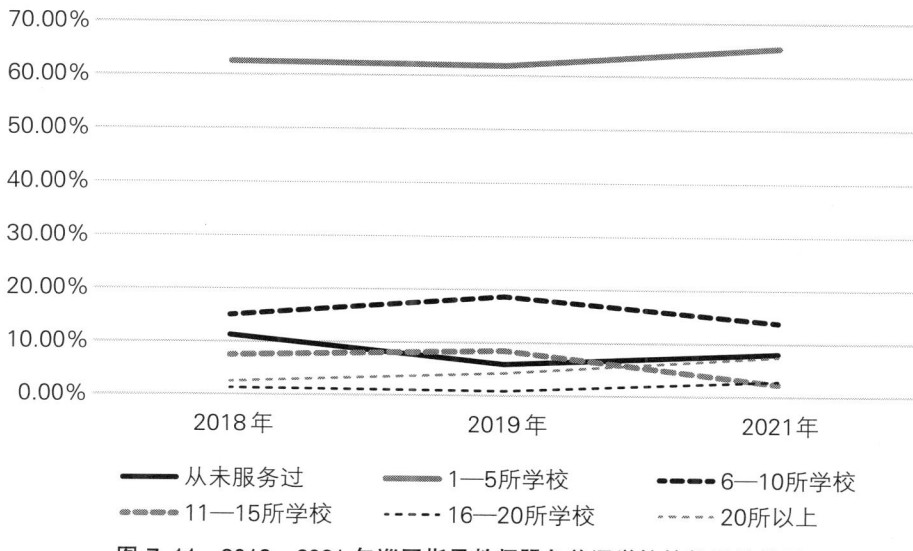

图 7.11 2018—2021 年巡回指导教师服务普通学校的数量趋势图

学生的有 34 人，占 19.65%；服务过 11—15 名学生的有 25 人，占 14.45%；服务过 16—20 名学生的有 13 人，占 7.51%；服务过 20 名以上学生的有 22 人，占 12.72%。如表 7.32 所示。

表 7.32 巡回指导教师服务普通学校随班就读学生的数量情况

服务随班就读学生数量	小计	比例
从未服务过	6	3.47%
1—5 名学生	73	42.20%
6—10 名学生	34	19.65%
11—15 名学生	25	14.45%
16—20 名学生	13	7.51%
20 名以上	22	12.72%

将巡回指导教师的专兼职情况与服务普通学校随班就读学生的数量做交叉分析，发现有超一半的兼职巡回指导教师服务的随班就读学生不足 5 名，其中 4.2% 的兼职巡回指导教师从未服务过备案的随班就读学生；而近四分之三的专职巡回指导教师服务的随班就读学生均超过 5 名，其中 48.6% 的专职巡回指导教师服务的随班就读学生超过 10 名，20% 的专职巡回指导教师服务的随班就读学生超过 20 名。如表 7.33 所示。

表 7.33　专兼职巡回指导教师服务普通学校随班就读学生的数量情况

专兼职情况	从未服务过	1—5 名	6—10 名	11—15 名	16—20 名	20 名以上
专职区特教中心管理人员	0	2（50.0%）	0	1（25.0%）	0	1（25.0%）
专职，兼有学校管理职责	1（6.2%）	5（31.2%）	4（25%）	3（18.8%）	1（6.2%）	2（12.5%）
专职	0	9（25.7%）	9（25.7%）	3（8.6%）	7（20.0%）	7（20.0%）
兼职	5（4.2%）	57（48.3%）	21（17.8%）	18（15.3%）	5（4.2%）	12（10.2%）

2. 发展追踪

数据表明：2018 年至 2021 年间，巡回指导教师服务普通学校随班就读学生的数量 16—20 名、20 名以上的人数和比例呈逐年增加的趋势。如表 7.34 和图 7.12 所示。

表 7.34　巡回指导教师服务普通学校随班就读学生的数量变化情况

时间	2018 年		2019 年		2021 年	
	人数	%	人数	%	人数	%
从未服务过	12	15.00%	3	2.54%	6	3.47%
1—5 名	44	55.00%	49	41.53%	73	42.20%
6—10 名	16	20.00%	24	20.34%	34	19.65%
11—15 名	3	3.75%	22	18.64%	25	14.45%
16—20 名	2	2.50%	7	5.93%	13	7.51%
20 名以上	3	3.75%	13	11.02%	22	12.72%
合计	80	100%	118	100%	173	100%

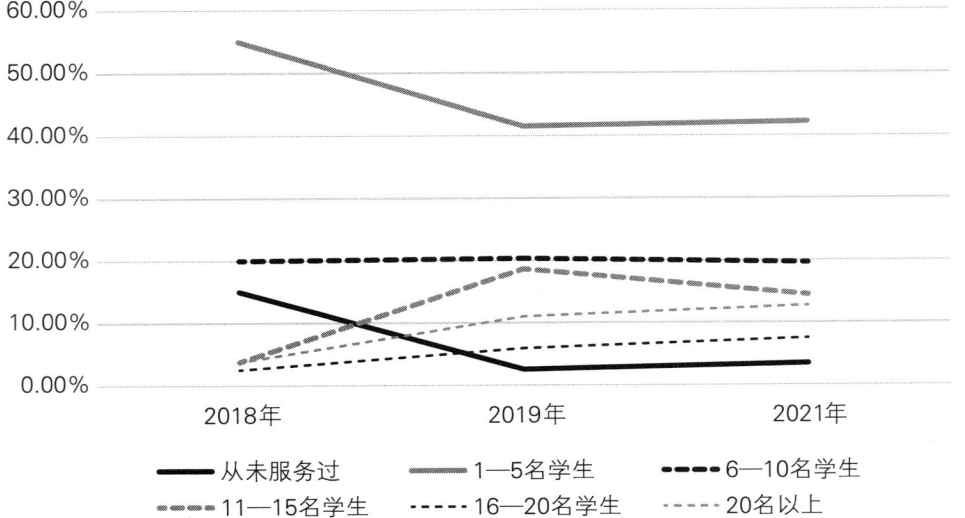

图 7.12　2018—2021 年巡回指导教师服务普通学校随班就读学生的数量趋势图

第3节 北京市特殊教育资源教师专业发展追踪

一、资源教师队伍建设发展变化

(一) 性别

1. 发展现状

2021年参与调查的资源教师中，共有男教师86人，占比13.72%；女教师541人，占比86.28%。数据表明：男性资源教师人数和比例显著低于女性资源教师的人数和比例。如表7.35所示。

表7.35 资源教师性别分布情况

性别	人数	比例
男	86	13.72%
女	541	86.28%
合计	627	100%

2. 发展追踪

2018年至2021年，参与调查的资源教师总人数增加了99人，增长率为18.75%；其中男教师增加了30人，占比增加了3.11个百分点；女教师增加了69人，占比减少了3.11个百分点。数据结果表明：北京市资源教师队伍规模逐渐扩大，男女资源教师的性别比例失衡问题仍存在，但有逐渐趋于平衡的趋势。如表7.36和图7.13所示。

表7.36 资源教师性别分布变化情况

性别	2018年		2019年		2021年		2021较2018变化情况
	人数	%	人数	%	人数	%	
男	56	10.61%	43	11.08%	86	13.72%	增加了3.11个百分点
女	472	89.39%	345	88.92%	541	86.28%	减少了3.11个百分点
合计	528	100%	388	100%	627	100%	

(二) 年龄

1. 发展现状

年龄上，30岁及以下的教师占17.54%，31—35岁的教师占14.35%，36—40岁的教师占12.76%，41—45岁的教师占21.85%，46—50岁的教师占20.26%，51岁及以上的教师占13.24%。如表7.37所示。

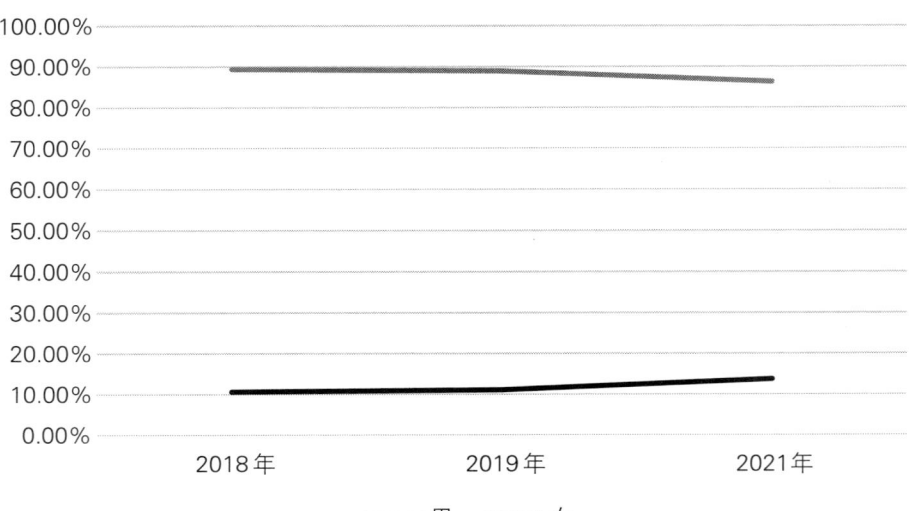

图 7.13　2018—2021 年资源教师的性别占比趋势图

表 7.37　资源教师年龄分布情况

年龄	人数	比例
30 岁及以下	110	17.54%
31—35 岁	90	14.35%
36—40 岁	80	12.76%
41—45 岁	137	21.85%
46—50 岁	127	20.26%
51 岁及以上	83	13.24%
合计	627	100%

2. 发展追踪

数据结果显示：2018 年，参与调查的资源教师年龄分布集中在 35 岁以下及 41—50 岁；2019 年，参与调查的资源教师年龄分布集中在 41—50 岁；2021 年，各年龄段的人数占比差距逐渐缩小，各年龄段的教师人数分布逐渐趋于均衡。如表 7.38 和图 7.14 所示。

表 7.38　资源教师年龄分布变化情况

时间	2018 年		2019 年		2021 年	
	人数	%	人数	%	人数	%
30 岁及以下	130	24.62%	60	15.46%	110	17.54%
31—35 岁	95	17.99%	66	17.01%	90	14.35%
36—40 岁	71	13.45%	55	14.18%	80	12.76%
41—45 岁	109	20.64%	92	23.71%	137	21.85%
46—50 岁	102	19.32%	91	23.45%	127	20.26%
51 岁及以上	21	3.98%	24	6.19%	83	13.24%
合计	528	100%	388	100%	627	100%

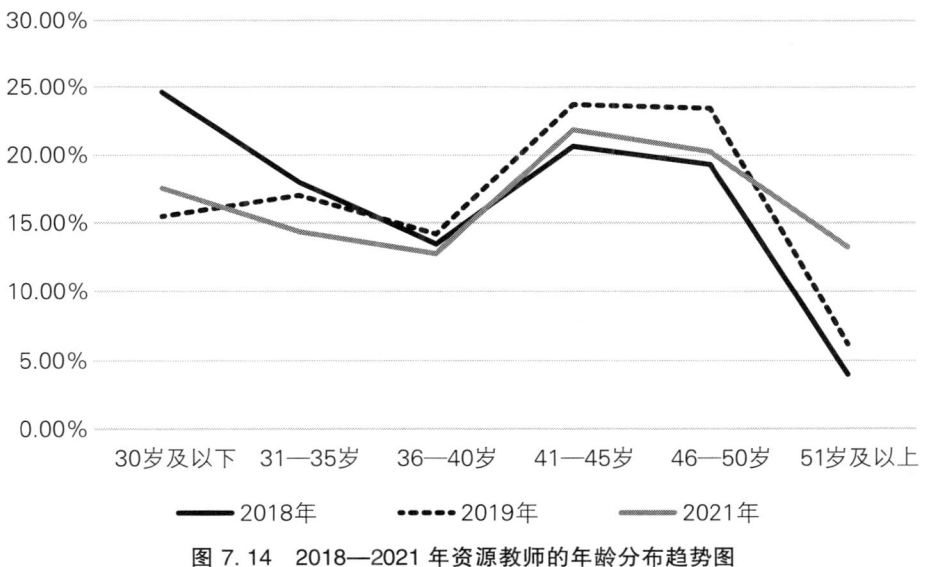

图 7.14　2018—2021 年资源教师的年龄分布趋势图

（三）教龄

1. 发展现状

教龄上，5 年以下教龄的教师占 15.15%，5—10 年教龄的教师占 16.27%，11—15 年教龄的教师占 11.00%，16—20 年教龄的教师占 11.32%，21—25 年教龄的教师占 16.59%，25 年以上教龄的教师占 29.67%。如表 7.39 所示。

表 7.39 资源教师教龄分布情况

教龄	人数	比例
5 年以下	95	15.15%
5—10 年	102	16.27%
11—15 年	69	11.00%
16—20 年	71	11.32%
21—25 年	104	16.59%
25 年以上	186	29.67%
合计	627	100%

2. 发展追踪

数据结果显示：2018 年至 2021 年，教龄 25 年以上的资源教师人数和占比呈逐年增加的趋势，说明北京市资源教师队伍中特殊教育教学经验丰富、专业素养较高的教师越来越多。其余各教龄段的人数占比有小幅波动，整体而言各年龄段的教师人数较均衡。如图 7.15 和表 7.40 所示。

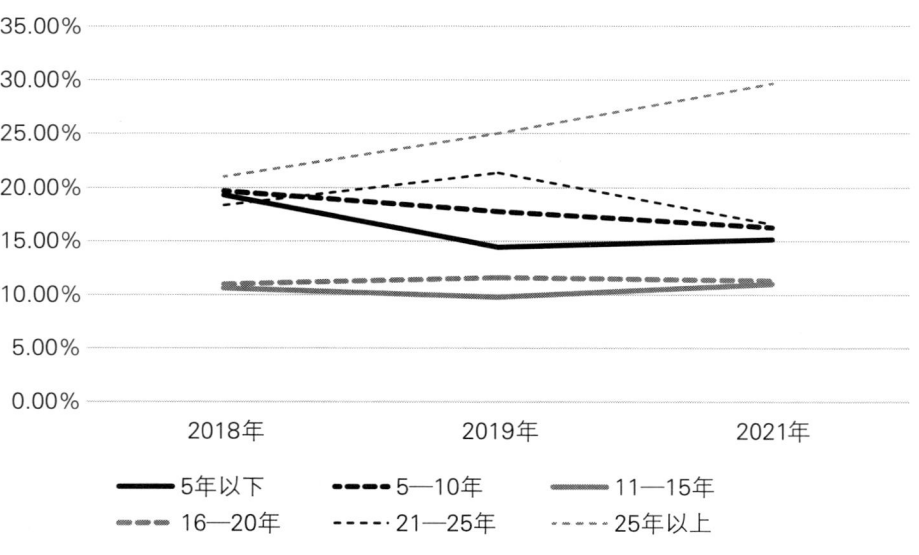

图 7.15 2018—2021 年资源教师的教龄分布趋势图

表 7.40 资源教师教龄分布变化情况

教龄	2018 年		2019 年		2021 年	
	人数	%	人数	%	人数	%
5 年以下	102	19.32%	56	14.43%	95	15.15%
5—10 年	104	19.70%	69	17.78%	102	16.27%
11—15 年	56	10.61%	38	9.79%	69	11.00%
16—20 年	58	10.98%	45	11.60%	71	11.32%
21—25 年	97	18.37%	83	21.39%	104	16.59%
25 年以上	111	21.02%	97	25.00%	186	29.67%
合计	528	100%	388	100%	627	100%

（四）学历

1. 发展现状

学历上，大专及以下学历的教师占 2.07%，本科学历的教师占 82.62%，硕士研究生学历的教师占 14.99%，博士研究生学历的教师占 0.32%。如表 7.41 所示。

表 7.41 资源教师学历分布情况

学历	人数	比例
大专及以下	13	2.07%
本科	518	82.62%
硕士研究生	94	14.99%
博士研究生	2	0.32%
合计	627	100%

2. 发展追踪

2018 年至 2021 年，参与调查的资源教师中大专及以下学历占比逐年降低，博士研究生学历的人数和占比逐年升高；本科学历和硕士研究生学历的资源教师占比三年间小幅波动，本科学历的资源教师占比均在 80% 以上，硕士研究生学历的资源教师占比约为 13%。数据结果表明：北京市资源教师的学历主要为本科学历，其次是硕士研究生学历。如表 7.42 和图 7.16 所示。

表 7.42 资源教师学历分布变化情况

学历	2018 年		2019 年		2021 年	
	人数	%	人数	%	人数	%
大专及以下	23	4.36%	10	2.58%	13	2.07%

续表

学历	2018年		2019年		2021年	
	人数	%	人数	%	人数	%
本科	448	84.85%	318	81.96%	518	82.62%
硕士研究生	57	10.8%	59	15.31%	94	14.99%
博士研究生	0	0	1	0.26%	2	0.32%
合计	528	100%	388	100%	627	100%

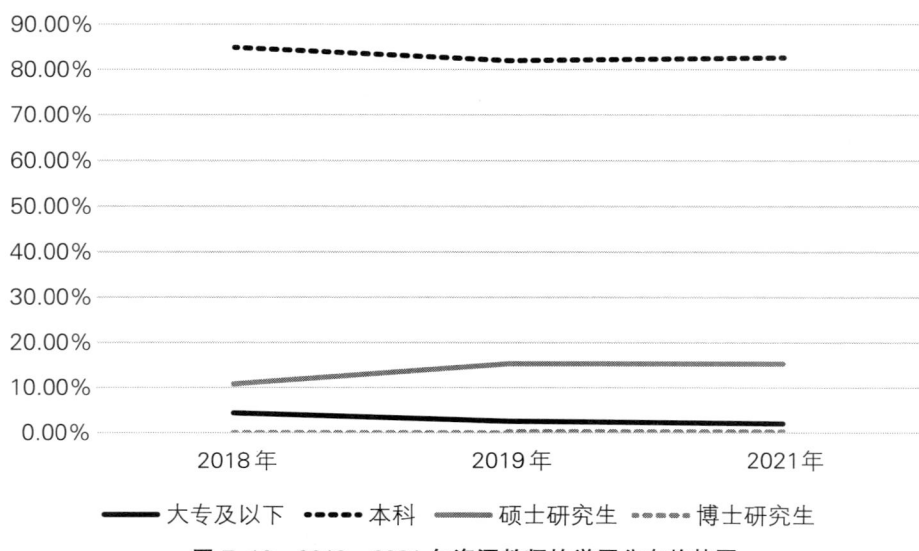

图 7.16 2018—2021 年资源教师的学历分布趋势图

（五）职称

1. 发展现状

职称上，正高级职称教师占 0.64%，副高级职称教师占 14.83%，中级职称教师占 45.61%，初级职称教师占 32.22%，无职称教师占 6.70%。如表 7.43 所示。

表 7.43 资源教师职称分布情况

职称	人数	比例
正高级职称	4	0.64%
副高级职称	93	14.83%
中级职称	286	45.61%
初级职称	202	32.22%
无职称	42	6.70%
合计	627	100%

2. 发展追踪

调查结果显示：2018年至2021年，参与调查的资源教师各级职称人数和占比小幅波动，比较稳定。资源教师整体职称结构分布合理。如表7.44和图7.17所示。

表7.44 资源教师职称分布变化情况

职称	2018年		2019年		2021年	
	人数	%	人数	%	人数	%
正高级职称	5	0.95%	0	0	4	0.64%
副高级职称	61	11.55%	57	14.69%	93	14.83%
中级职称	245	46.40%	183	47.16%	286	45.61%
初级职称	181	34.28%	121	31.19%	202	32.22%
无职称	36	6.82%	27	6.96%	42	6.70%
合计	528	100%	388	100%	627	100%

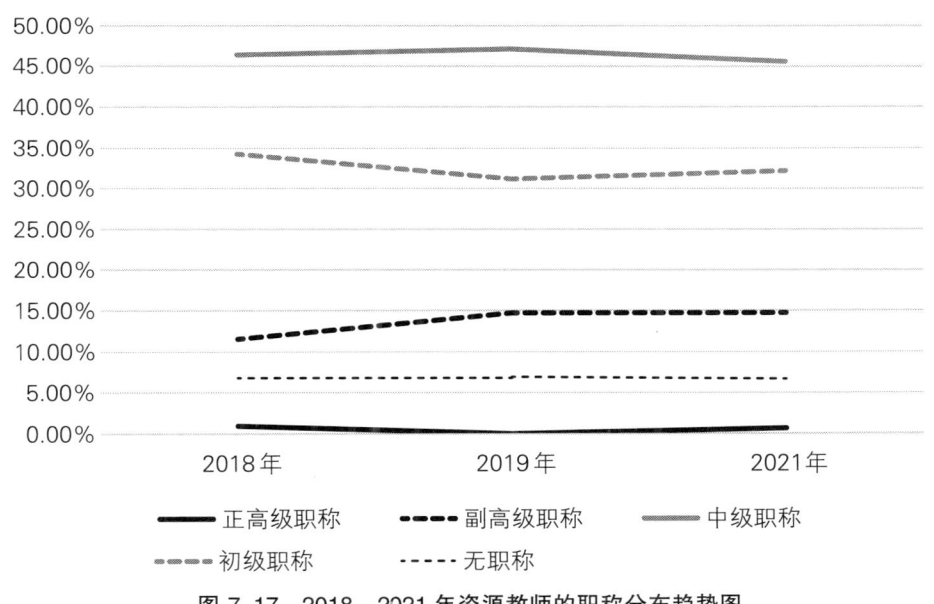

图7.17 2018—2021年资源教师的职称分布趋势图

（六）专业背景

1. 发展现状

专业背景上，特殊教育专业的教师占3.67%，医学康复类专业的教师占0.48%，教育学类专业的教师占35.73%，学科类专业（如中文、数学、生物、物理等）的教师占29.98%，艺术和体育专业的教师占8.61%，心理学专业的教师占13.88%，其他专业的教师占7.66%。如表7.45所示。

表 7.45 资源教师专业背景分布情况

专业背景	人数	比例
特殊教育	23	3.67%
医学康复类	3	0.48%
教育学类	224	35.73%
学科类专业（如中文、数学、生物、物理等）	188	29.98%
艺术和体育	54	8.61%
心理学专业	87	13.88%
其他	48	7.66%
合计	627	100%

2. 发展追踪

数据表明：2018 年至 2021 年，北京市资源教师的专业背景主要为教育学类和学科类专业（如中文、数学、生物、物理等）；其中，特殊教育专业背景的资源教师占比较低；教育学类专业背景的资源教师占比逐年降低。如表 7.46 和图 7.18 所示。

表 7.46 资源教师专业背景分布变化情况

专业背景	2018 年		2019 年		2021 年	
	人数	%	人数	%	人数	%
特殊教育	24	4.55%	15	3.87%	23	3.67%
医学康复类	4	0.76%	3	0.77%	3	0.48%
教育学类	221	41.86%	155	39.95%	224	35.73%
学科类专业（如中文、数学、生物、物理等）	150	28.41%	99	25.52%	188	29.98%
艺术和体育	44	8.33%	29	7.47%	54	8.61%
心理学专业	43	8.14%	69	17.78%	87	13.88%
其他	42	7.95%	18	4.64%	48	7.66%
合计	528	100%	388	100%	627	100%

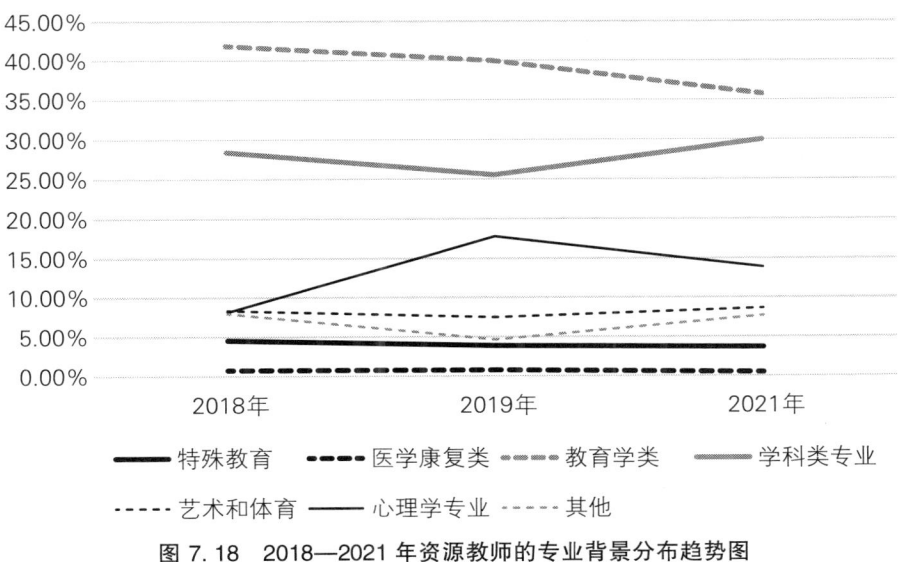

图 7.18　2018—2021 年资源教师的专业背景分布趋势图

（七）特殊教育专业背景

1. 发展现状

参与调查的资源教师在职前阶段系统学习过特殊教育相关专业课程的有 274 人，占比 43.7%。其中 30 人是特殊教育专业毕业，占比 4.78%；244 人虽然是非特殊教育专业毕业，但系统学习过特殊教育相关专业课程；还有 353 人是非特殊教育专业毕业，而且从未学习过特殊教育相关专业课程，占比 56.3%。如表 7.47 所示。

表 7.47　资源教师职前特殊教育专业课程学习情况

特殊教育专业背景	人数	比例
特殊教育专业	30	4.78%
非特殊教育专业，但系统学习过特殊教育相关专业课程	244	38.92%
非特殊教育专业，且从未学习过特殊教育相关专业课程	353	56.30%
合计	627	100%

2. 发展追踪

数据表明：2018 年至 2021 年，非特殊教育专业毕业，但系统学习过特殊教育相关专业课程的资源教师人数和占比呈逐年增长的趋势；非特殊教育专业毕业，且从未学习过特殊教育相关专业课程的资源教师占比呈逐年降低的趋势。说明北京市资源教师的专业素养逐渐增强，专业培养培训工作趋于完善。如表 7.48 和图 7.19 所示。

表 7.48　资源教师职前特殊教育专业课程学习变化情况

学习情况	2018年		2019年		2021年	
	人数	%	人数	%	人数	%
特殊教育专业	33	6.25%	26	6.70%	30	4.78%
非特殊教育专业，但系统学习过特殊教育相关专业课程	129	24.43%	132	34.02%	244	38.92%
非特殊教育专业，且从未学习过特殊教育相关专业课程	366	69.32%	230	59.28%	353	56.30%
合计	528	100%	388	100%	627	100%

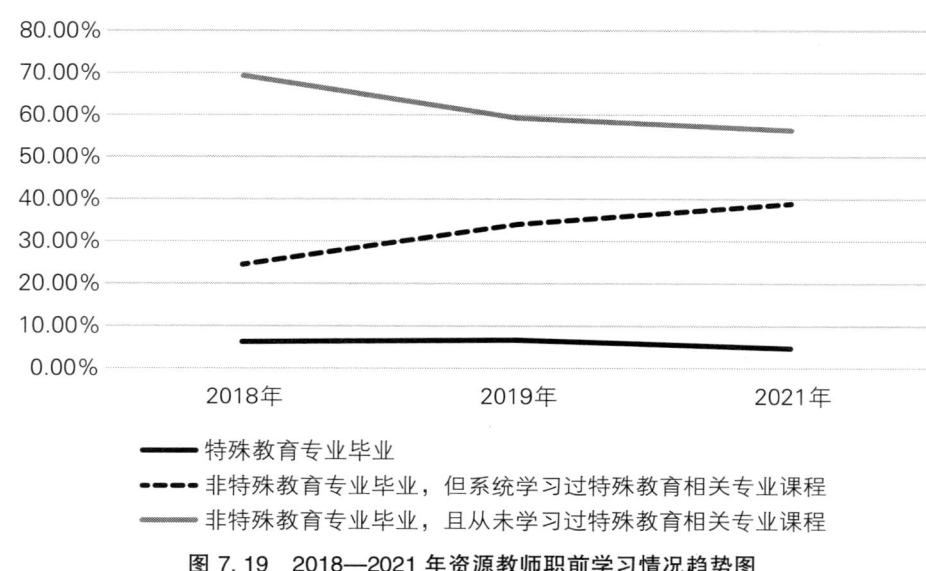

图 7.19　2018—2021年资源教师职前学习情况趋势图

二、资源教师工作情况发展变化

（一）工作身份

1. 发展现状

调查研究显示，专职资源教师占调查总人数的20.73%，兼职资源教师占调查总人数的79.27%。如表7.49所示。

表 7.49　资源教师工作身份分布情况

工作身份	人数	比例
专职资源教师	130	20.73%
兼职资源教师	497	79.27%
合计	627	100%

兼职资源教师本职工作上，文科类教师（语文、英语、政治等）占调查总人数的24.95%，理科类教师（数学、科学、物理等）占调查总人数的14.49%，德育类教师（道德与法治、思品等）占调查总人数的7.65%，音乐、体育、美术等学科的教师占调查总人数的24.95%，学校心理健康教师占调查总人数的16.70%，学校校长、副校长占调查总人数的1.01%，学校中层管理干部（教学主任、德育主任、科研主任等）占调查总人数的8.65%，其他占调查总人数的14.29%。如表7.50所示。

表7.50 兼职资源教师本职工作分布情况

专兼职教师类别	人数	比例
文科类教师	124	24.95%
理科类教师	72	14.49%
德育类教师	38	7.65%
音乐、体育、美术等学科教师	61	24.95%
学校心理健康教师	83	16.70%
学校校长、副校长	5	1.01%
学校中层管理干部	43	8.65%
其他	71	14.29%
合计	627	100%

2. 发展追踪

数据表明：2018年至2021年，专职资源教师人数和占比显著增高，且呈持续增高的趋势；兼职资源教师占比显著降低，且有继续降低的趋势。说明北京市专职资源教师配备工作取得初步成效。如表7.51和图7.20所示。

表7.51 资源教师工作身份分布变化情况

专业背景	2018年		2019年		2021年	
	人数	%	人数	%	人数	%
专职资源教师	82	15.53%	59	15.21%	130	20.73%
兼职资源教师	446	84.47%	329	84.79%	497	79.27%
合计	528	100%	388	100%	627	100%

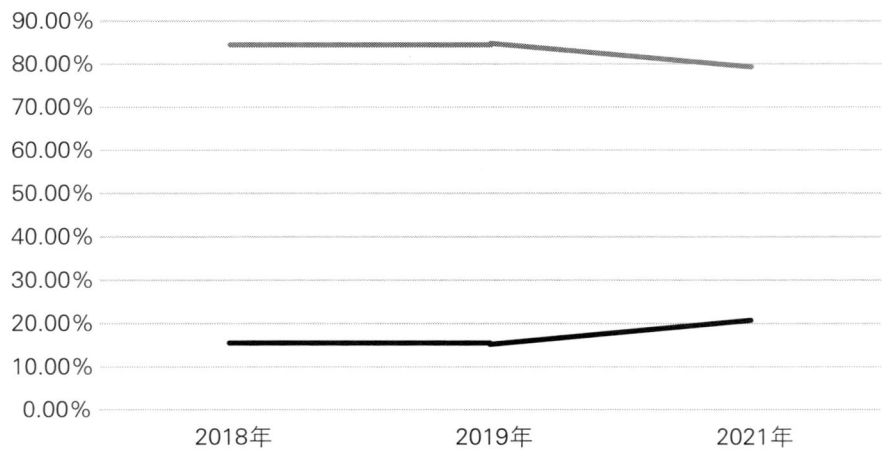

图 7.20 2018—2021 年资源教师专兼职情况趋势图

(二) 担任资源教师的工作年限

1. 发展现状

单因素方差分析结果表明，不同工作身份的资源教师工作年限存在显著差异。专职资源教师担任资源教师的工作年限显著长于兼职资源教师担任资源教师的工作年限。如表 7.52 所示。

表 7.52 专兼职资源教师工作年限差异性分析

工作身份	平均值	标准差	F
专职资源教师	2.83	1.23	6.280*
兼职资源教师	2.54	1.19	

注：*$p<0.05$；**$p<0.01$；***$p<0.001$

2. 发展追踪

单因素方差分析结果表明：2018 年至 2021 年，不同工作身份的资源教师工作年限存在显著差异。专职资源教师担任资源教师的工作年限显著长于兼职资源教师担任资源教师的工作年限。如表 7.53 所示。

表 7.53 专兼职资源教师工作年限差异性分析变化情况

工作身份	2018 年			2019 年			2021 年		
	平均值	标准差	F	平均值	标准差	F	平均值	标准差	F
专职资源教师	4.23	2.61	3.534*	4.13	1.65	3.079**	2.83	1.23	6.280*
兼职资源教师	3.16	2.03		3.37	1.79		2.54	1.19	

注：*$p<0.05$；**$p<0.01$；***$p<0.001$

（三）服务特殊学生数量

1. 发展现状

对不同教龄、学历、职称、专业背景、专兼职的资源教师服务特殊学生的数量进行独立样本 t 检验。结果发现，专职资源教师和兼职资源教师服务特殊学生的数量呈现出显著差异，专职资源教师服务的特殊学生数量显著多于兼职资源教师。如表 7.54 所示。

表 7.54 专兼职资源教师服务特殊学生数量的差异性分析

工作身份	平均值	标准差	t
专职资源教师	6.27	3.65	2.410*
兼职资源教师	5.42	3.21	

注：* p<0.05；* * p<0.01；* * * p<0.001

对不同教龄、学历、职称、专业背景、专兼职的资源教师服务特殊学生的数量进行单因素方差分析。结果表明，不同专业背景的资源教师服务特殊学生的数量呈现出显著差异。如表 7.55 所示。

表 7.55 不同专业背景资源教师服务特殊学生数量的差异性分析

专业背景	平均值	标准差	F
特殊教育	7.35	3.11	
医学康复类	10.00	1.73	
教育学类	5.13	3.27	
学科类专业（如中文、数学、生物、物理等）	5.42	3.29	6.420***
艺术和体育	4.98	2.94	
心理学专业	7.10	3.39	
其他	5.31	3.05	

注：* p<0.05；* * p<0.01；* * * p<0.001

事后检验（LSD）发现，特殊教育、医学康复类及心理学专业的资源教师均比教育学类、中文、数学、生物、物理等学科类专业、艺术和体育专业及其他专业的资源教师服务的特殊学生的数量更多（p<0.05）。单因素方差分析结果表明，不同工作单位性质的资源教师服务特殊学生的数量呈现出显著差异。如表 7.56 所示。

表 7.56　不同工作单位性质的资源教师服务特殊学生数量的差异性分析

工作单位性质	平均值	标准差	F
六年制小学	5.62	3.26	
三年制初中	4.40	2.88	9.470***
九年一贯制学校	6.43	3.65	
其他	6.59	3.28	

注：* $p<0.05$；** $p<0.01$；*** $p<0.001$

事后检验（LSD）发现，六年制小学的资源教师比三年制初中的资源教师服务特殊学生的数量少，比九年一贯制学校及其他工作单位性质的资源教师服务特殊学生的数量多（$p<0.05$）；三年制初中的资源教师比九年一贯制学校和其他学校资源教师服务特殊学生的数量多（$p<0.05$）。

2. 发展追踪

数据表明：2018 年至 2019 年，服务特殊学生 6—10 名、11—15 名和 20 名以上的资源教师人数和比例增加；相应地，从未服务过特殊学生的资源教师人数和占比显著降低。将资源教师的专兼职情况与每天从事相关工作的时间做交叉分析和独立样本 t 检验，发现专职资源教师服务的特殊学生数量显著多于兼职资源教师。如表 7.57 和图 7.21 所示。

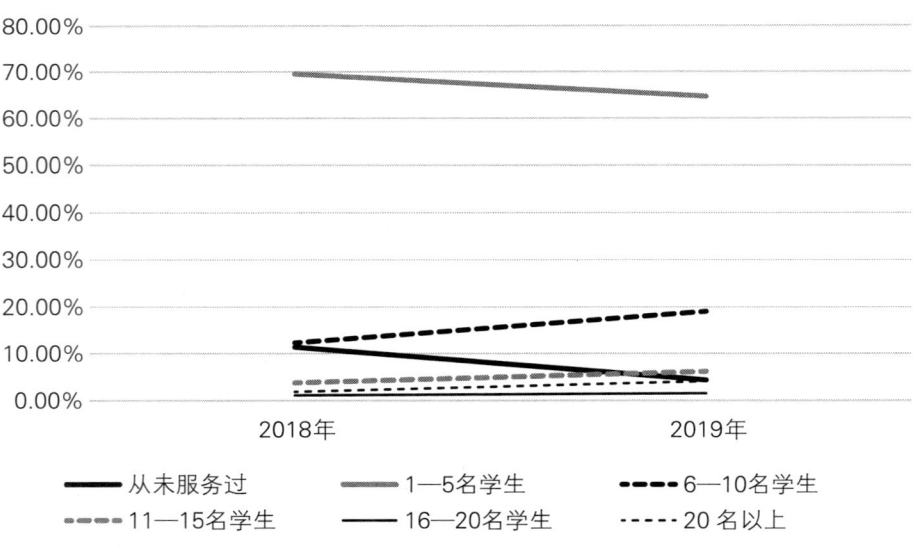

图 7.21　2018—2019 年资源教师服务特殊学生的数量情况趋势图

表 7.57　资源教师服务特殊学生的数量情况

时间	2018 年		2019 年	
	人数	%	人数	%
从未服务过	60	11.36%	17	4.38%
1—5 名学生	367	69.51%	251	64.69%
6—10 名学生	65	12.31%	74	19.07%
11—15 名学生	20	3.79%	24	6.19%
16—20 名学生	6	1.14%	6	1.55%
20 名以上	10	1.89%	16	4.12%
合计	528	100%	388	100%

第 4 节　北京市特殊教育学校教师专业发展追踪

一、特殊教育学校教师队伍建设发展变化

(一) 性别

1. 发展现状

参与调查的特教学校教师中，有男教师 217 人，占 21.64%；有女教师 786 人，占 78.36%。数据表明：北京市特殊教育学校中男女教师性别比例不平衡，应适当增加男教师的配备比例。如表 7.58 所示。

表 7.58　特殊教育学校教师性别分布情况

性别	小计	比例
男	217	21.64%
女	786	78.36%

2. 发展追踪

2019 年至 2021 年，参与调查的特殊教育学校教师总人数增加了 407 人，增长率为 68.29%；其中男教师增加了 96 人，占比增加了 1.34 个百分点；女教师增加了 311 人，占比减少了 1.34 个百分点。数据结果表明：北京市特殊教育学校教师队伍规模显著扩大，但男女教师的性别比例失衡问题仍存在，但有逐渐趋于平衡的趋势。如表 7.59 和图 7.22 所示。

表 7.59　特殊教育学校教师性别分布变化情况

性别	2019 年		2021 年		2021 较 2019 变化情况
	人数	%	人数	%	
男	121	20.3%	217	21.64%	增加了 1.34 个百分点
女	475	79.7%	786	78.36%	减少了 1.34 个百分点
合计	596	100%	1003	100%	

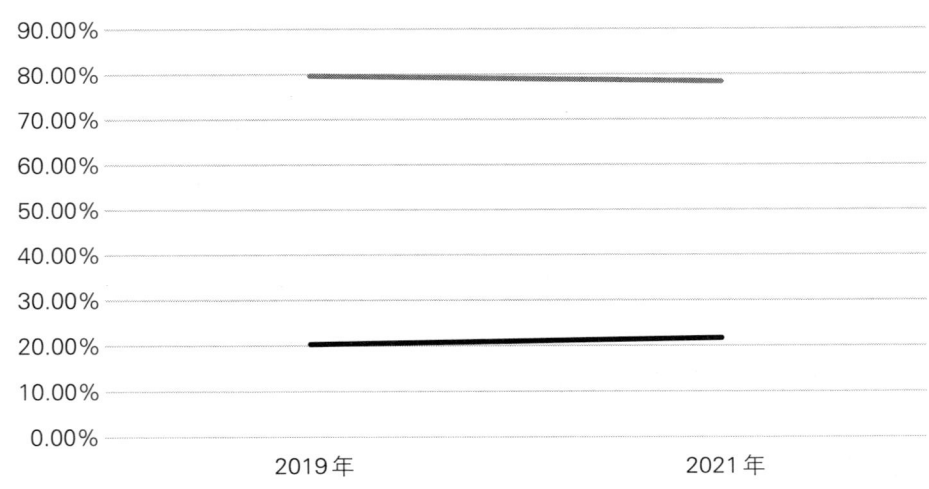

图 7.22　特殊教育学校教师的性别占比发展趋势

（二）年龄

1. 发展现状

参与调查的特教学校教师中，30 岁及以下的有 156 人，占 15.55%；31—35 岁的有 167 人，占 16.65%；36—40 岁的有 161 人，占 16.05%；41—45 岁的有 207 人，占 20.64%；46—50 岁的有 188 人，占 18.74%；51 岁及以上的有 124 人，占 12.36%。数据表明：北京市特殊教育学校教师处于 41—45 岁年龄段的较多，但整体而言各年龄段的教师人数较均衡。如表 7.60 所示。

表 7.60　特殊教育学校教师的年龄分布情况

年龄	小计	比例
30 岁及以下	156	15.55%
31—35 岁	167	16.65%
36—40 岁	161	16.05%

续表

年龄	小计	比例
41—45 岁	207	20.64%
46—50 岁	188	18.74%
51 岁及以上	124	12.36%

2. 发展追踪

2019 年至 2021 年数据调查结果显示：2019 年，参与调查的特殊教育学校教师年龄分布集中在 30—40 岁；2021 年，各年龄段的人数占比差距逐渐缩小，各年龄段的教师人数分布逐渐趋于均衡。如表 7.61 和图 7.23 所示。

表 7.61　特殊教育学校教师的年龄分布变化情况

年龄	2019 年		2021 年	
	人数	%	人数	%
30 岁及以下	139	23.32%	156	15.55%
31—35 岁	117	19.63%	167	16.65%
36—40 岁	116	19.46%	161	16.05%
41—45 岁	98	16.44%	207	20.64%
46—50 岁	94	15.77%	188	18.74%
51 岁及以上	32	5.37%	124	12.36%
合计	596	100%	1003	100%

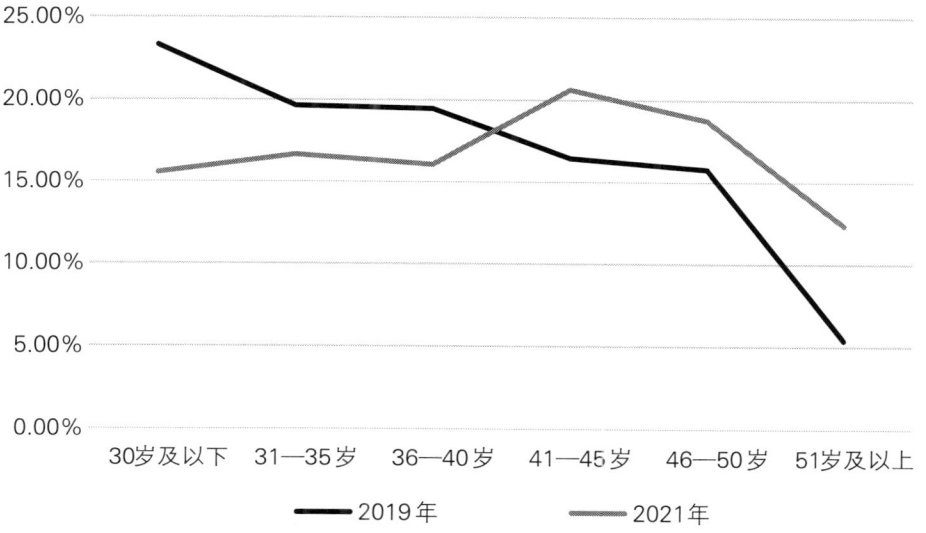

图 7.23　2019—2021 年特殊教育学校教师的年龄分布发展趋势图

（三）教龄

1. 发展现状

参与调查的特教学校教师中，教龄5年以下的有129人，占12.86%；教龄5—10年的有165人，占16.45%；教龄11—15年的有148人，占14.76%；教龄16—20年的有116人，占11.57%；教龄21—25年的有171人，占17.05%；教龄25年以上的有274人，占27.32%。数据表明：北京市特殊教育学校教龄15年以上的教师占教师总人数五成多，整体教龄结构分布均匀。如表7.62所示。

表7.62 特殊教育学校教师的教龄分布情况

教龄	小计	比例
5年以下	129	12.86%
5—10年	165	16.45%
11—15年	148	14.76%
16—20年	116	11.57%
21—25年	171	17.05%
25年以上	274	27.32%

2. 发展追踪

数据结果显示：2019年至2021年，教龄25年以上的特殊教育学校教师人数和占比呈逐年增加的趋势，说明北京市特殊教育学校教师队伍中特殊教育教学经验丰富、专业素养较高的教师越来越多。5年以下及5—10年教龄的教师人数增加，占比降低。其余各教龄段的人数占比有小幅波动，整体而言各年龄段的教师人数较均衡。如表7.63和图7.24所示。

表7.63 特殊教育学校教师的教龄分布变化情况

教龄	2019年		2021年	
	人数	%	人数	%
5年以下	101	16.95%	129	12.86%
5—10年	132	22.15%	165	16.45%
11—15年	86	14.43%	148	14.76%
16—20年	69	11.58%	116	11.57%
21—25年	103	17.28%	171	17.05%
25年以上	105	17.62%	274	27.32%
合计	596	100%	1003	100%

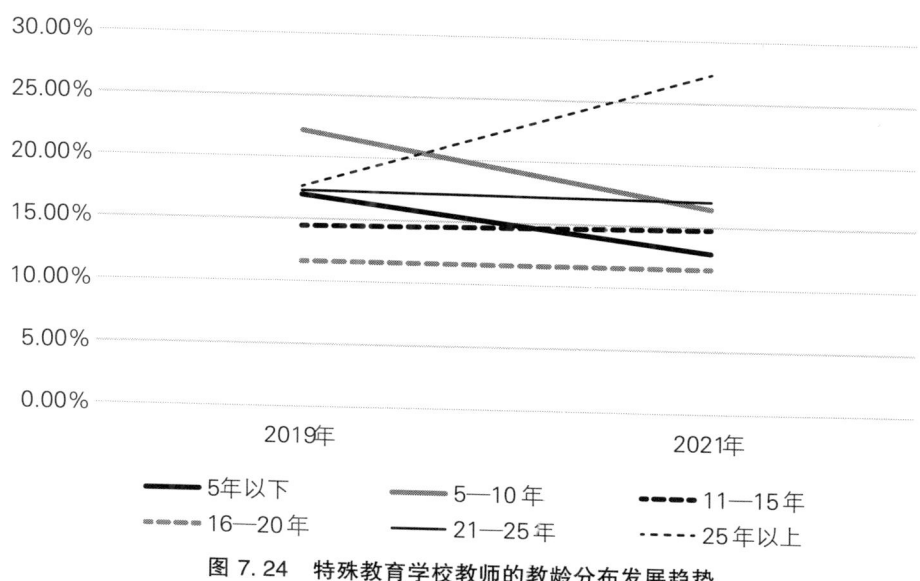

图 7.24　特殊教育学校教师的教龄分布发展趋势

（四）学历

1. 发展现状

参与调查的特教学校教师中，大专及以下学历的有 56 人，占 5.59%；本科学历的有 878 人，占 87.54%；硕士研究生及以上学历的有 69 人，占 6.88%。数据表明：北京市特殊教育学校教师学历普遍较高，以本科学历为主，同时兼含少部分大专及以下和硕士研究生及以上学历的教师。如表 7.64 所示。

表 7.64　特殊教育学校教师的学历分布情况

学历	小计	比例
中专或中师	11	1.10%
大专	45	4.49%
本科	878	87.54%
硕士研究生	68	6.78%
博士研究生	1	0.10%

2. 发展追踪

数据结果显示：2019 年至 2021 年，参与调查的特殊教育学校教师中硕士研究生和博士研究生学历的人数和占比升高，其中博士研究生学历的特殊教育教师实现了从无到有的突破；本科学历的特殊教育学校教师人数增加，占比小幅降低，本科学历的特殊教育学校教师占比均在 87% 以上。数据结果表明：北京市特殊教育学校教师的学历主要为本科学历，其次是硕士研究生学历。如表 7.65 和图 7.25 所示。

表 7.65 特殊教育学校教师的学历分布变化情况

学历	2019 年		2021 年	
	人数	%	人数	%
大专及以下	28	4.70%	56	5.59%
本科	534	89.60%	878	87.54%
硕士研究生	34	5.70%	68	6.78%
博士研究生	0	0	1	0.10%
合计	596	100%	1003	100%

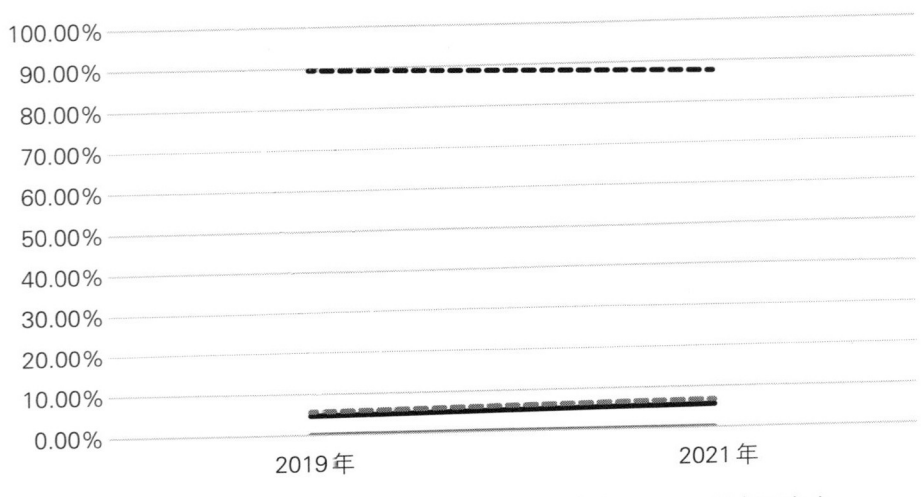

图 7.25 2019—2021 年特殊教育学校教师的学历分布趋势图

（五）职称

1. 发展现状

参与调查的特教学校教师中，正高级职称的有 5 人，占 0.50%；副高级职称的有 145 人，占 14.46%；中级职称的有 427 人，占 42.57%；初级职称的有 357 人，占 35.59%；；无职称的有 69 人，占 6.88%。数据表明：北京市特殊教育学校初级职称教师和中级职称教师总和占比近八成，整体职称结构合理。如表 7.66 所示。

表 7.66 特殊教育学校教师的职称分布情况

职称	小计	比例
正高级职称	5	0.50%
副高级职称	145	14.46%
中级职称	427	42.57%
初级职称	357	35.59%
无职称	69	6.88%

2. 发展追踪

数据结果显示：2019 年至 2021 年，参与调查的特殊教育学校教师中正高级职称和副高级职称的人数和占比升高，其中正高级职称的特殊教育教师实现了从无到有的突破；中级职称、初级职称和无职称的特殊教育学校教师人数增加，占比小幅降低。参与调查的特殊教育学校教师各级职称人数和占比稳定，特殊教育学校教师整体职称结构分布合理。如表 7.67 和图 7.26 所示。

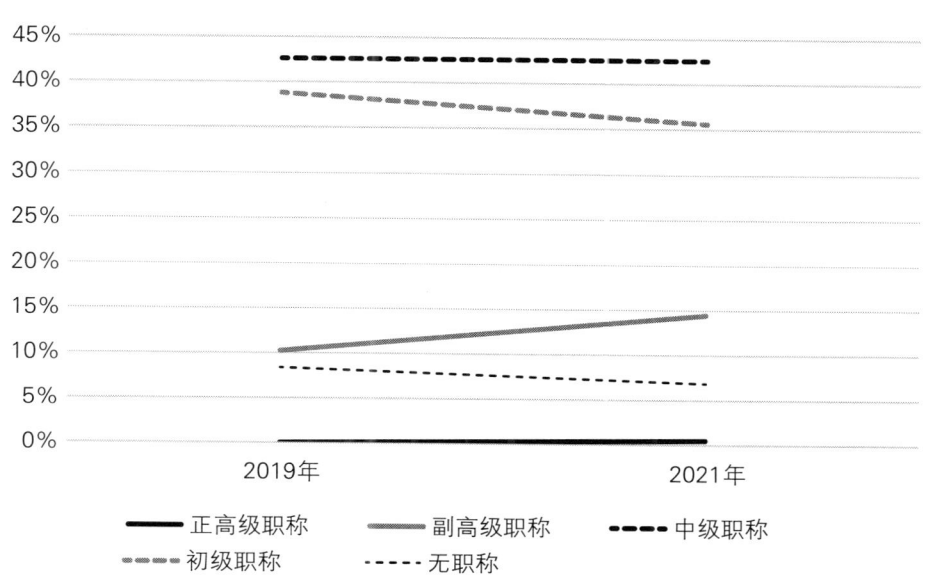

图 7.26　2019—2021 年特殊教育学校教师的职称分布趋势图

表 7.67　特殊教育学校教师职称分布变化情况

职称	2019 年		2021 年	
	人数	%	人数	%
正高级职称	0	0	5	0.50%
副高级职称	61	10.23%	145	14.46%

续表

职称	2019 年		2021 年	
	人数	%	人数	%
中级职称	254	42.62%	427	42.57%
初级职称	231	38.76%	357	35.59%
无职称	50	8.39%	69	6.88%
合计	596	100%	1003	100%

(六) 专业背景

1. 发展现状

专业背景上，参与调查的教师中，特殊教育专业教师294人，占29.31%；医学康复类专业教师26人，占2.59%；教育学类专业教师328人，占32.70%；中文、数学、生物、物理等学科类专业教师154人，占15.35%；艺术和体育专业教师85人，占8.47%，心理学专业教师20人，占1.99%；其他专业教师96人，占9.57%。数据表明：北京市特殊教育学校教师的专业较丰富，并以教育学类及特殊教育专业为主。如表7.68所示。

表7.68 特殊教育学校教师的专业背景分布情况

专业背景	小计	比例
特殊教育	294	29.31%
医学康复类	26	2.59%
教育学类	328	32.70%
学科类专业（如中文、数学、生物、物理等）	154	15.35%
艺术和体育	85	8.47%
心理学专业	20	1.99%
其他	96	9.57%

2. 发展追踪

数据结果显示：2019年至2021年，特殊教育学校教师的专业背景主要为特殊教育、教育学类和学科类专业（如中文、数学、生物、物理等）；其中，教育学专业背景的特殊教育学校教师人数和占比逐年增加；特殊教育专业背景的特殊教育学校教师人数增加，占比降低。如表7.69和图7.27所示。

表 7.69　特殊教育学校教师的专业背景分布变化情况

专业背景	2019 年		2021 年	
	人数	%	人数	%
特殊教育	207	34.73%	294	29.31%
医学康复类	7	1.17%	26	2.59%
教育学类	182	30.54%	328	32.70%
学科类专业（如中文、数学、生物、物理等）	91	15.27%	154	15.35%
艺术和体育	48	8.05%	85	8.47%
心理学专业	13	2.18%	20	1.99%
其他	48	8.05%	96	9.57%
合计	596	100%	1003	100%

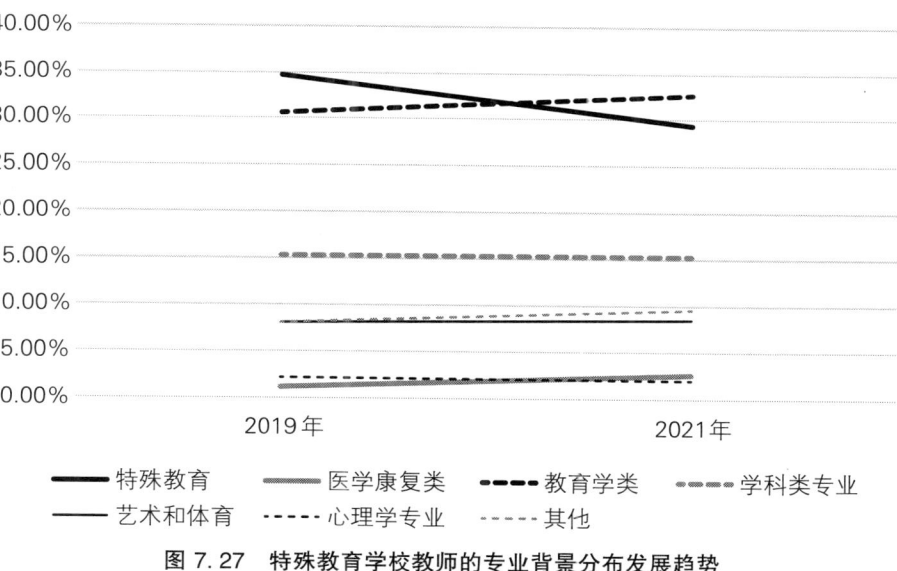

图 7.27　特殊教育学校教师的专业背景分布发展趋势

（七）特殊教育专业背景

1. 发展现状

参与调查的特殊教育学校教师在职前阶段系统学习过特殊教育相关专业课程的有 812 人，占比 81%。其中 366 人是特殊教育专业毕业，占比 36.5%；446 人虽然是非特殊教育专业毕业，但系统学习过特殊教育相关专业课程；还有 190 人是非特殊教育专业毕业，而且没有系统学习过特殊教育相关专业课程，占比 19%。数据表明：北京市特殊教育学校教师中超八成的教师拥有一定的特殊教育专业背景，说明当前特教教师具有良好的专业素养。如表 7.70 所示。

表 7.70 特殊教育学校教师职前特殊教育相关专业课程学习情况

特殊教育专业背景	人数	比例
特殊教育专业	366	36.5%
非特殊教育专业，但系统学习过特殊教育相关专业课程	446	44.5%
非特殊教育专业，且从未学习过特殊教育相关专业课程	190	19.0%
合计	1002	100%

2. 发展追踪

数据表明：2019 年至 2021 年，非特殊教育专业毕业，但系统学习过特殊教育相关专业课程和非特殊教育专业毕业且从未学习过特殊教育相关专业课程的特教学校教师人数和占比呈增长趋势；特殊教育专业毕业的特教学校教师人数增加，占比降低。如表 7.71 和图 7.28 所示。

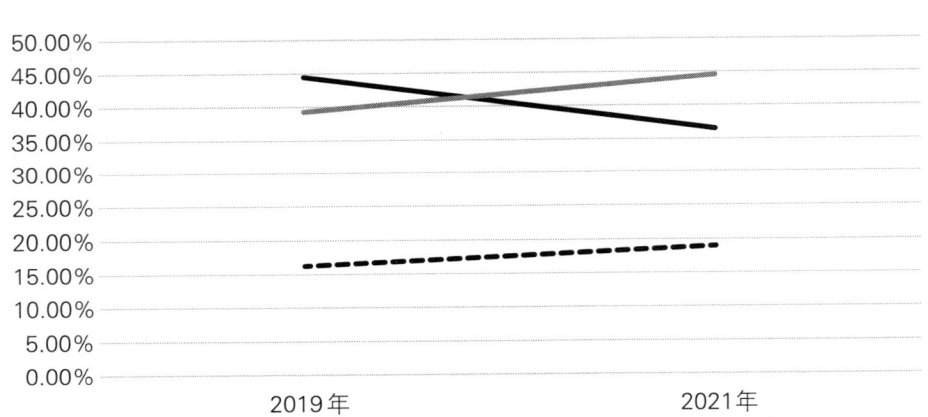

图 7.28 2019—2021 年特教学校教师职前学习情况趋势图

表 7.71 特殊教育学校教师职前特殊教育相关专业课程学习变化情况

学习情况	2019 年		2021 年	
	人数	%	人数	%
特殊教育专业	265	44.46%	336	36.50%
非特殊教育专业，但系统学习过特殊教育相关专业课程	234	39.26%	446	44.50%
非特殊教育专业，且从未学习过特殊教育相关专业课程	97	16.28%	190	19.00%

续表

学习情况	2019 年		2021 年	
	人数	%	人数	%
合计	596	100%	1002	100%

二、特殊教育学校教师工作情况发展变化

(一) 任教学科数量

1. 发展现状

调查结果显示，29.11%的特教教师在校担任 1 门学科教学工作，25.02%的特教教师在校担任 2 门学科教学工作，17.35%的特教教师在校担任 3 门学科教学工作，7.38%的特教教师在校担任 4 门学科教学工作，12.16%的特教教师在校担任 4 门以上的学科教学工作，还有 8.97%的特教教师不担任教学工作。如表 7.72 所示。

表 7.72 特殊教育学校教师任教学科数量情况

任教的学科数量	小计	比例
1 门	292	29.11%
2 门	251	25.02%
3 门	174	17.35%
4 门	74	7.38%
4 门以上	122	12.16%
没有教课	90	8.97%

2. 发展追踪

数据表明：2019 年至 2021 年，没有教课和任教 1 门学科的特教学校教师人数和比例增加；任教 3 门学科的特教教师人数增加，占比降低明显；其余任教科数的特教教师人数增加，占比小幅降低。如表 7.73 和图 7.29 所示。

表 7.73 特殊教育学校教师任教学科数量变化情况

任教科目数量	2019 年		2021 年	
	人数	%	人数	%
1 门	151	25.34%	292	29.11%
2 门	156	26.17%	251	25.02%
3 门	153	25.67%	174	17.35%
4 门	48	8.05%	74	7.38%

续表

任教科目数量	2019 年		2021 年	
	人数	%	人数	%
4 门以上	74	12.42%	122	12.16%
没有教课	14	2.35%	90	8.97%

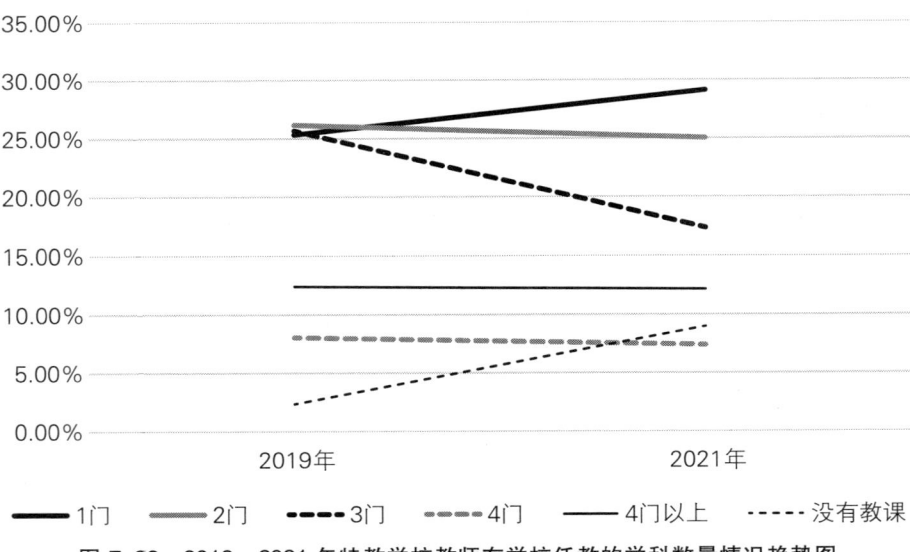

图 7.29　2019—2021 年特教学校教师在学校任教的学科数量情况趋势图

（二）周课时

1. 发展现状

调查结果显示，8.18%的特教学校教师的周课时在 5 课时及以下，13.26%的特教学校教师的周课时为 6—10 课时，26.02%的特教学校教师的周课时为 11—14 课时，37.89%的特教学校教师的周课时为 15—18 课时，2.99%的特教学校教师的周课时为 19—21 课时，3.19%的特教学校教师的周课时在 22 课时及以上，还有 8.47%的特教学校教师没有教课。如表 7.74 所示。

表 7.74　特殊教育学校教师的周课时数量情况

周课时	小计	比例
5 课时及以下	82	8.18%
6—10 课时	133	13.26%
11—14 课时	261	26.02%
15—18 课时	380	37.89%
19—21 课时	30	2.99%

续表

周课时	小计	比例
22 课时及以上	32	3.19%
没有教课	85	8.47%

2. 发展追踪

数据表明：2019 年至 2021 年，5 课时及以下、6—10 课时、19—21 课时、22 课时及以上和没有教课的特教学校教师人数和比例增加；每周任教 11—14 课时、15—18 课时的特教教师人数增加，占比降低。如表 7.75 和图 7.30 所示。

表 7.75 特殊教育学校教师的周课时数量变化情况

周课时	2019 年		2021 年	
	人数	%	人数	%
5 课时及以下	41	6.88%	82	8.18%
6—10 课时	59	9.90%	133	13.26%
11—14 课时	194	32.55%	261	26.02%
15—18 课时	267	44.80%	380	37.89%
19—21 课时	16	2.68%	30	2.99%
22 课时及以上	4	0.67%	32	3.19%
没有教课	15	2.52%	85	8.47%
合计	596	100%	1003	100%

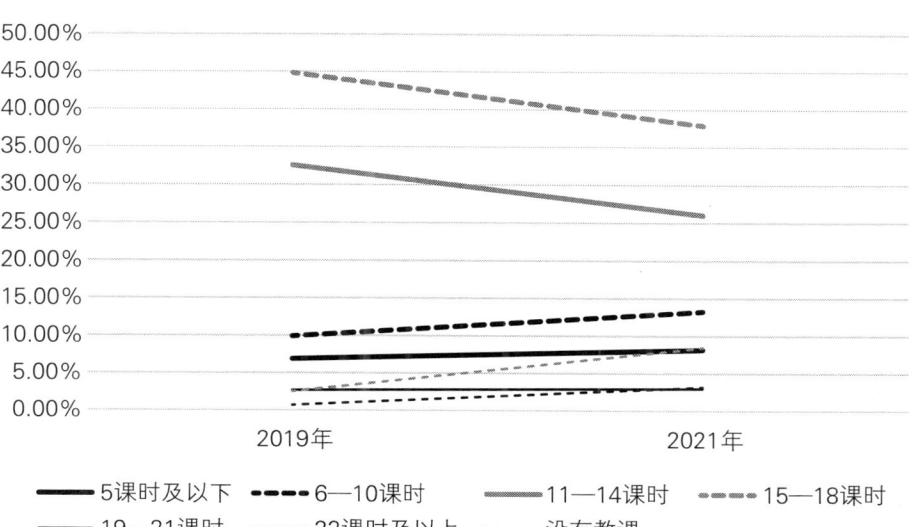

图 7.30 2019—2021 年特教学校教师在学校任教的周课时情况趋势图

(三) 教学效能感

2021年特殊教育学校教师的教学效能感均值为4.53，标准差为0.689。教学策略维度的教学效能感均值为4.56，标准差为0.663；课堂管理维度的教学效能感均值为4.51，标准差为0.687；学生参与维度的教学效能感均值为4.50，标准差为0.716。如表7.76所示。

表7.76 特殊教育学校教师的教学效能感现状

维度	均值	标准差
教学策略	4.56	0.663
课堂管理	4.51	0.687
学生参与	4.50	0.716
整体教学效能感	4.53	0.689

对不同教龄、学历、职称、专业背景，专兼职，不同任教学校类别的特教教师教学效能感进行单因素方差分析。结果发现，不同任教学校类别的特教教师在教学策略、课堂管理及学生参与效能感方面存在显著差异。事后检验（LSD）发现，培智学校和综合性学校教师的教学策略效能感显著依次强于聋校教师、盲校教师（p<0.05）；聋校、培智学校及综合性学校教师的课堂管理效能感及学生参与效能感均强于盲校（p<0.05）。数据说明：北京市特殊教育学校教师的不同任教学校类别会对教师的教学效能感产生显著影响，需加强对盲校教师教学效能感的关注。如表7.77所示。

表7.77 不同学校类别的特殊教育学校教师的教学效能感差异性分析

维度	任教学校类别	均值	标准差	F	p	LSD
教学策略	聋校	4.42	0.76	10.299	0.000***	2<1<3 2<1<4
	盲校	4.20	0.70			
	培智学校	4.59	0.60			
	综合性学校	4.62	0.54			
课堂管理	聋校	4.48	0.74	5.549	0.001**	1>2 2<3 2<4
	盲校	4.21	0.65			
	培智学校	4.53	0.63			
	综合性学校	4.56	0.59			
学生参与	聋校	4.47	0.77	11.106	0.000***	1>2 2<3 2<4
	盲校	4.05	0.72			
	培智学校	4.54	0.66			
	综合性学校	4.56	0.58			

注：*p<0.05；**p<0.01；***p<0.001

教龄上，参与调查的教师中，特教教师教学效能感教学策略维度中，新职教师的均值为 4.64，标准差为 0.60，青年教师的均值为 4.52，标准差为 0.61，经验教师的均值为 4.57，标准差为 0.63；教师教学效能感课堂管理维度中新职教师的均值为 4.57，标准差为 0.62，青年教师的均值为 4.45，标准差为 0.64，经验教师的均值为 4.53，标准差为 0.63；教师教学效能感学生参与维度中新职教师的均值为 4.66，标准差为 0.57，青年教师的均值为 4.43，标准差为 0.66，经验教师的均值为 4.51，标准差为 0.69。单因素方差分析发现，不同教龄教师的学生参与效能感存在显著差异。事后检验（LSD）发现：新职教师的学生参与效能感分别比青年教师及经验教师的学生参与效能感高（p<0.05）。数据说明，北京市特殊教育学校新职教师的学生参与效能感最高，青年教师和经验教师的学生参与效能感较弱，应加强关注教师的职业倦怠问题。如表 7.78 所示。

表 7.78 不同教龄特殊教育学校教师教学效能感差异性分析

维度	教龄	均值	标准差	F	p	LSD
教学策略	新职教师	4.64	0.60	1.410	0.189	
	青年教师	4.52	0.61			
	经验教师	4.57	0.63			
课堂管理	新职教师	4.57	0.62	1.588	0.105	
	青年教师	4.45	0.64			
	经验教师	4.53	0.63			
学生参与	新职教师	4.66	0.57	0.078	0.004**	1>2 1>3
	青年教师	4.43	0.66			
	经验教师	4.51	0.69			

注：*p<0.05；**p<0.01；***p<0.001

（四）工作满意度

对不同任教学校类别，不同教龄、学历、职称、专业背景，专兼职，不同任教学科数量的特教教师工作满意度进行单因素方差分析。

单因素方差分析结果发现，不同任教学校类别的特教教师工作满意度存在显著差异。事后检验（LSD）发现，聋校教师、培智学校教师和综合性学校教师的工作满意度均显著强于盲校教师（p<0.05）。数据说明，北京市特殊教育学校教师的不同任教学校类别会对教师的工作满意度产生显著影响，需加强对盲校教师工作满意度的关注。如表 7.79 所示。

表 7.79　不同任教学校类别特殊教育教师工作满意度差异性分析

任教学校类别	均值	标准差	F	p	LSD
聋校	4.45	0.82	19.477	0.000***	1>2
盲校	3.90	0.89			3>2
培智学校	4.59	0.69			4>2
综合性学校	4.53	0.66			

注：$*p<0.05$；$**p<0.01$；$***p<0.001$

单因素方差分析结果发现，不同教龄的特殊教育教师的工作满意度存在显著差异。事后检验（LSD）发现：新职教师的工作满意度显著比青年教师及经验教师的工作满意度高（$p<0.05$），经验教师的工作满意度显著高于青年教师（$p<0.05$）。数据说明，北京市特殊教育学校新职教师的工作满意度最高，青年教师的工作满意度低，应加强对青年教师教学效能感的关注。如表 7.80 所示。

表 7.80　不同教龄特殊教育学校教师工作满意度差异性分析

教龄	均值	标准差	F	p	LSD
新职教师	4.72	0.60	7.220	0.001**	1>3>2
青年教师	4.43	0.74			
经验教师	4.52	0.74			

注：$*p<0.05$；$**p<0.01$；$***p<0.001$

单因素方差分析结果发现，不同任教学科数量的特教教师的工作满意度存在显著差异。事后检验（LSD）发现，没有任教的特教教师的工作满意度显著高于任教 2 门学科的教师（$p<0.05$），没有任教的教师、任教 1 门的教师、2 门的教师、3 门的教师、4 门的教师的工作满意度均高于任教 4 门以上学科教师的工作满意度（$p<0.05$）。数据说明，北京市特殊教育学校教师的任教学科数量会对教师的工作满意度产生显著影响。如表 7.81 所示。

表 7.81　不同任教学科数量的特殊教育学校教师的工作满意度差异性分析

任教学科数量	均值	标准差	F	p	LSD
没有教课	4.71	0.55	4.427	0.001**	1>3 1、2、3、4、5>6
1 门	4.59	0.63			
2 门	4.49	0.79			
3 门	4.54	0.62			
4 门	4.53	0.71			
4 门以上	4.29	0.97			

注：$*p<0.05$；$**p<0.01$；$***p<0.001$

参与调查的教师中，担任学校校长、副校长的特教教师的工作满意度均值为 4.84，标准差为 0.33，担任学校中层领导的教师的工作满意度均值为 4.58，标准差为 0.75，从事学校管理岗教师的工作满意度均值为 4.57，标准差为 0.70，从事学科教学教师的工作满意度均值为 4.50，标准差为 0.74，从事学校康复类专业教师的工作满意度均值为 4.51，标准差为 0.75，专职负责特教中心工作教师的工作满意度均值为 4.74，标准差为 0.41，从事其他工作教师的工作满意度均值为 4.55，标准差为 0.75。单因素方差分析发现，从事不同主要工作特教教师的工作满意度未呈现出显著差异。数据说明，北京市特殊教育学校教师的工作内容不会对教师的工作满意度产生显著影响。如表 7.82 所示。

表 7.82 从事不同工作的特殊教育学校教师工作满意度差异性分析

从事主要工作	均值	标准差	F	p
学校校长、副校长	4.84	0.33	1.619	0.138
学校中层领导	4.58	0.75		
学校管理岗	4.57	0.70		
学科教学教师	4.50	0.74		
学校康复类专业教师	4.51	0.75		
专职负责特教中心工作	4.74	0.41		
其他	4.55	0.75		

参与调查的教师中，没有教课的特教教师的工作满意度均值为 4.72，标准差为 0.55，周课时在 5 课时及以下教师的工作满意度均值为 4.67，标准差为 0.60，周课时在 6—10 课时教师的工作满意度均值为 4.58，标准差为 0.55，周课时在 11—14 课时教师的工作满意度均值为 4.33，标准差为 0.84，周课时在 15—18 课时教师的工作满意度均值为 4.59，标准差为 0.67，周课时在 19—21 课时教师的工作满意度均值为 4.74，标准差为 0.35，周课时在 22 课时及以上教师的工作满意度均值为 3.99，标准差为 1.22。单因素方差分析发现，不同周课时特教教师的工作满意度存在显著差异。事后检验（LSD）发现，11—14 课时和 22 课时及以上教师的工作满意度明显低于没有课时、5 课时及以下、6—10 课时、15—18 课时及 19—21 课时的教师（$p<0.05$）。数据说明，周课时为 11—14 课时和 22 课时及以上对北京市特殊教育学校教师的负面影响较大，需要加强对任教 11—14 课时和 22 课时及以上的教师教学效能感的关注。如表 7.83 所示。

表 7.83　不同周课时的特殊教育学校教师工作满意度差异性分析

	均值	标准差	F	p	LSD
没有教课	4.72	0.55	9.223	0.000***	4<1、2、3、4、5、6 7<1、2、3、4、5、6
5 课时及以下	4.67	0.60			
6—10 课时	4.58	0.55			
11—14 课时	4.33	0.84			
15—18 课时	4.59	0.67			
19—21 课时	4.74	0.35			
22 课时及以上	3.99	1.22			

注：* $p<0.05$；** $p<0.01$；*** $p<0.001$

本 章 小 结

本章采用历时追踪调查的方式，2018 年、2019 年和 2021 年连续调查北京市巡回指导教师、资源教师和特殊教育学校教师队伍建设情况和工作情况，以此检验特殊教育专业教师培养机制的实施效果。研究发现：

一是北京市特殊教育专业教师队伍规模逐渐扩大。 调查研究发现，三年间，北京市巡回指导教师、资源教师和特殊教育学校教师队伍的数量均有所增加，巡回指导教师和资源教师的数量分别增加了 93 人、99 人，增长率分别为 116.25% 和 18.75%，参与调查的特殊教育学校教师总人数增加了 407 人，增长率为 68.29%。这一结果显示，北京市特殊教育教师队伍整体规模扩大，尤其是巡回指导教师和特教学校教师规模扩张幅度明显。

二是特殊教育专业教师队伍专业经验和专业水平显著提高。 三年间，教龄 25 年以上的巡回指导教师、资源教师和特殊教育学校教师人数和占比呈逐年增加的趋势，说明北京市特殊教育专业教师队伍中特殊教育教学经验丰富、专业素养较高的教师越来越多。巡回指导教师和资源教师中大专及以下学历的人数和占比逐年降低，硕士研究生和博士研究生学历的人数和占比升高，其中博士研究生学历的特殊教育教师实现了从无到有的突破，参与调查的特殊教育学校教师中正高级职称和副高级职称的人数和占比升高，其中正高级职称的特殊教育教师实现了从无到有的突破。这一结果显示，北京市特殊教育专业教师队伍的专业水平整体显著提升。

三是巡回指导教师和资源教师的专职比例仍较低。 调查研究发现，三年间，巡回指导教师和资源教师的专职比例仍较低。其中，兼职巡回指导教师的人数和占比显著增高，且呈继续增高的趋势；专职巡回指导教师的人数和占比显著降低，且有继续降低的趋势。专职资源教师的人数和占比显著增高，且呈持续增高的趋势；兼职资源教师的人数和占比显著降低，且有继续降低的趋势。这一结果说明，北京市专职巡回指导教师配备工作进展较慢，而专职资源教师配备工作取得初步成效。专职的资源教师和巡回指导教师担任相关工作的工作年限、每天从事相关工作的时间显著长于兼职的资源教师和巡回指导教师；专职的资源教师和巡回指导教师所服务的特殊学生数量显著多于兼职的资源教师和巡回指导教师。这一结果表明，碍于巡回指导教师和资源教师专职比例较低的现状，普通学校融合教育工作和区域巡回指导工作开展受限，工作覆盖面有限。

四是巡回指导教师和资源教师的专业素养逐渐增强。调查研究发现，三年间，特殊教育专业背景的巡回指导教师的人数和占比呈增加趋势；特殊教育专业毕业和非特殊教育专业毕业，但系统学习过特殊教育相关专业课程的巡回指导教师和资源教师的人数和占比呈逐年增长趋势。这一结果说明北京市巡回指导教师和资源教师的专业素养逐渐增强，职前和职后专业培养培训工作趋于完善。但仍有相当一部分特殊教育教师既非特殊教育专业毕业，而且从未学习过特殊教育相关专业课程，尤其是资源教师，这一比例超过55%，这会直接影响特殊教育教师的教学质量，进而影响特殊需要学生的受教育质量，长此以往，也不利于教师专业成长的可持续发展，容易出现职业倦怠和离职倾向。

第8章 结语和展望

第1节 研究结论

一、研究的主要发现

本研究以深入推进有质量的特殊教育为立场,从教师专业发展的内在规律出发,以教师的专业素养提升为本位,探索北京市特殊教育专业教师队伍培养机制,系统构建不同类型特殊教育专业教师的培养路径,为在更大范围内推广和应用提供坚实依据。

具体而言,主要有以下发现:

一是研制面向融合教育的不同类型特殊教育专业教师的专业素养标准。对照我国《特殊教育教师专业标准》,对照国外不同类别的特殊教育教师专业标准以及我国台湾地区、香港地区特殊教育巡回指导教师和资源教师的专业素养标准,运用关键事件访谈法和德尔菲专家调查法,研制并通过专家评价法验证北京市巡回指导教师专业素养标准和特殊教育资源教师专业素养标准。这两个标准的研制,是构建特殊教育专业教师培养机制的前提,同时也为调查北京市特殊教育专业教师专业素养现状以及有针对性地设计培养内容和培养方式奠定重要的基础,保证北京市特殊教育专业教师职后培养的针对性。

二是调查北京市不同类型特殊教育专业教师的专业素养现状。本研究依据研究制定的不同类型的特殊教育专业教师的专业素养标准,采用问卷调查的方式,设计不同类型的特殊教育专业教师的专业素养诊断工具,编制调查问卷,对北京市巡回指导教师、资源教师和特殊教育学校教师的专业素养现状进行抽样调查。从研究结果来看,无论是巡回指导教师、特殊教育资源教师,还是特殊教育学校教师,目前的专业知识、专业能力掌握情况与"复合型专业型"特殊教育教师仍有一定差距。

三是全面分析北京市不同类型特殊教育专业教师的专业发展需求。本研究依据研究制定的不同类型的特殊教育专业教师的专业素养标准,采用问卷调查的方式,设计不同类型的特殊教育专业教师的专业发展需求调查问卷。研究发现,不同专业背景、工作地点、专业发展阶段的教师由于不同的经验结构和自身专业发展水平差异,需要补充的专业知识和专业能力内容及专业发展方式需求差异较大,普遍对学生发展知识、教育评估与筛查能力、沟通与合作能力等专业知识和能力有较大需求,并希望通过特殊教育相关案例教学、外出观摩与研习以及骨干教师的一对一经验传授等方式进行专业发展。

四是基于现状和需求设计面向融合教育的不同类型特殊教育专业教师职后培养的阶梯内容框架。基于设计研究的一般过程，借鉴国内外比较有影响的研究框架，结合特殊教育专业教师培养的一般实践，设计出融合导向的特殊教育专业教师培养模式，探寻出本土化的、有效的特殊教育专业教师职后培养模式，保证北京市特殊教育教师职后培养内容结构的差异化、合理化和科学化。

五是采用历时追踪调查分析特殊教育专业教师培养机制的效果。研究团队于2018年、2019年和2021年连续调查北京市巡回指导教师、资源教师和特殊教育学校教师队伍建设情况和工作情况，以此全面了解北京市特殊教育专业教师队伍发展的动态特征，检验特殊教育专业教师培养机制的实施效果。结果发现，三年来，北京市特殊教育专业教师队伍规模逐渐扩大，特殊教育专业教师队伍的专业经验和专业水平显著提高，巡回指导教师和资源教师的专业素养逐渐增强，但是，巡回指导教师和资源教师专职比例仍较低，仍有相当一部分特殊教育教师既非特殊教育专业毕业，而且从未学习过特殊教育相关专业课程，尤其是资源教师，这也为今后进一步设计与完善北京市特殊教育教师相关管理制度提供事实依据。

二、本研究的重点和难点

本研究的重点在于研制北京市特殊教育巡回指导教师和资源教师的专业标准。标准的制定是本研究的着力点，能够为北京市特殊教育专业教师将来的职后师资工作提供科学的指引。

本研究的难点在于三种类型的特殊教育专业教师的在职师资培养课程内容体系的设计。本研究涉及三种类型的特殊教育专业教师，不同类别的教师教学岗位和教学职责不同，所需支持的特殊需要儿童的障碍类型不同，专业干预领域与方式（语言、行为、艺术等）不同，专业素养要求不同，对专业发展的需求有共性，也有特性。

第2节 研究创新之处

一、研究内容的创新

本研究探索北京市特殊教育专业教师队伍培养机制，以深入推进有质量的融合教育为立场，从教师专业发展的内在规律出发，具体回答"推进有质量的融合教育需要什么样的特殊教育专业教师？要以哪些内容来进行培养符合特殊教育发展需要的特殊教育专业教师？如何才能培养出这样的教师？"这三个问题，系统构建不同类型特殊教育专业教师的培养路径，最终形成北京市不同类型特殊教育专业教师（特殊教育学校教师、巡回指导教师、资源教师）的专业素养标准、在职师资培养内容课程体系以及实施路径，为当前关于特殊教育师资队伍建设的相关政策的落实和具体实施提供了科学依据和具有可操作性的指南，具有一定的创新性。

二、研究方法的创新

本研究采用量化研究和质性研究相结合的混合研究方法，以产出为导向、以问题为中心、以多元化的面向实践的实用主义为知识论基础，综合采用行为事件访谈、调查研究、德尔菲法、个案研究等多种研究方法，以能够最大限度地解决所需要研究的问题为目标导向，同时收集定量的数据信息和定性的文本、访谈等信息。相比单一的研究方法，混合研究方法能够给人更加有说服力的解释。

本研究采取定量的研究方法，通过研制不同类型的特殊教育专业教师的专业素养标准，调研北京市特殊教育教师专业发展现状及需求，获得特殊教育专业教师的专业素质现状信息及需求，进而研制特殊教育专业教师培养课程内容体系，并进一步采用案例研究方法，主要通过定性的方式收集材料和分析材料，既是对两者的结果进行互相补充解释和反思，又是进一步验证融合教育导向的复合型特殊教育专业教师的培养模式的有效性，为特殊教育专业教师职后培养标准的研制工作提供科学依据，形成研究结论。

第3节 未来展望

一、政策展望

习近平总书记强调，要从战略高度来认识教师工作的极端重要性，把加强教师队伍建设作为基础工作来抓。"十四五"时期是我国全面建成小康社会、实现第一个百年奋斗目标之后，乘势而上开启全面建设社会主义现代化国家新征程、向第二个百年奋斗目标进军的第一个五年。国务院办公厅转发教育部等部门《"十四五"特殊教育发展提升行动计划》（国办发〔2021〕60号）提出，"到2025年，高质量的特殊教育体系初步建立"目标，并要求"特殊教育教师队伍建设进一步加强，数量充足，结构合理，专业水平进一步提升，待遇保障进一步提高"。

"十四五"时期也是北京市落实首都城市战略定位、建设国际一流的和谐宜居之都的关键时期。首都教育在率先实现教育现代化的基础上，全面开启建设高质量教育体系和高水平教育现代化的新阶段。特殊教育发展的主要矛盾已从较为单纯的"增量"转为"增量""提质"并重[①]。《北京市"十四五"时期教育改革和发展规划（2021—2025年）》提出，"首都教育必须在满足市民更加充分、更高质量的教育需求上下功夫。

---

① 杨希洁. 当前特殊教育发展若干特点及问题思考［J］. 中国特殊教育，2019（8）：8-13.

要紧扣'七有'要求、'五性'需求，适应学龄人口规模快速增加趋势，优化教育资源配置，扩大教育资源供给，提升基本公共教育服务水平，持续增强人民群众的教育获得感和满意度"。

自《北京市特殊教育提升计划（2017—2020年)》实施以来，北京市特殊教育专业教师队伍整体面貌呈现出了新变化，在补短板、强质量等方面取得了明显进步，但是，北京市优质特殊教育专业教师资源供给尚难以充分满足市民对更高质量、更加多样教育的期盼，亟须进一步提高特殊教育专业教师的专业知识和专业能力、扩充高素质特殊教育教师队伍，提升特殊教育专业教师专业素养，促进特殊教育保障提质升级。

一是进一步落实特殊教育专业教师的师资配备，加大资源教师和巡回指导教师专职比例。 为更好地发挥资源教师和巡回指导教师的工作职能，进一步推进融合教育工作，需要设置更多的专职资源教师和巡回指导教师。建议全面落实"对接收5名以上残疾学生随班就读的学校应当设立专门的资源教室，并按照特殊教育资源教室建设指南，根据学生残疾类别配备必要的教育教学、康复训练设施设备和资源教师及专业人员"的要求，对每个普通学校资源教室至少要设专职资源教师1名，并根据学校随班就读学生的数量适当增加专职或兼职资源教师。兼职资源教师在资源教室的工作量不应低于其工作总量的三分之二。鼓励学校通过政府购买服务，探索引入社工、康复师等补充机制。同时加强专职巡回指导教师人员配备，在机构编制部门核定的教师总编制中统筹解决专职资源教师、巡回指导教师的编制。努力建设一支数量充足、结构合理、相对稳定的资源教师和巡回指导教师队伍。

二是进一步完善特殊教育专业教师培养机制。 加强职前特殊教育专业人才培养，支持京属高校增设特殊教育相关专业，认定一批特殊教育相关的省级一流本科专业建设点。发挥一流专业建设点在特殊教育专业改革创新、师资队伍、教学资源、质量保障等各方面的示范领跑作用，辐射带动特殊教育相关专业人才的培养水平提升；在京属师范院校普遍开设特殊教育课程，培养师范生指导特殊需要学生随班就读的教育教学能力。加大特殊教育教师职后培养力度。支持特殊教育学校、融合教育学校和区域特殊教育资源中心教师参加各级各类职后培训和进修活动，设置特殊教育和融合教育骨干教师、校长培训项目，加强全市特殊教育专业人才培养和储备力度，全面提升特殊教育教师队伍专业化水平。

三是不断提升特殊教育教师专业发展活动质量。 完善特殊教育教师培训计划，聚焦特殊教育教育教师专业发展需求，开展以特殊学生的情绪行为管理、特殊学生的教育康复训练方法、特殊学生的鉴定与评估方法、课堂教学管理策略等方面为主的专业发展活动。在开展特殊教育教师专业发展活动时，充分考虑特殊教育教师需求度较高的特殊教育相关的案例教学、外出观摩与研习和骨干教师的一对一经验传授等多样化的活动形式，提升专业发展活动效果。此外，在组织实施特殊教育教师专业发展活动时，妥善协调培训活动与教师本职工作之间的时间矛盾，明确市、区组织专业发展活动不收费或费用报销机制,明确在工作日、工作时间开展专业发展活动的机制,避免给特殊教育教师造成工作负担、经济负担和家庭负担。

二、研究展望

特殊教育教师队伍质量提升是新时代特殊教育质量提升的重要内容。高素质专业化的特殊教育专业教师队伍建设不可能是一蹴而就的,需要做好长期攻坚克难的准备。未来在特殊教育专业教师培养机制领域的研究,还需从以下几个方面持续发力和深入推进。

一是开展循证研究,为特殊教育教师专业化发展提供更多科学证据。循证教师教育研究是指在教师专业发展的整个过程中基于科学及实证研究证据形成干预决策和方案,并在干预过程中同步实证研究,评估培养培训有效性,不断基于新证据找到教育专业发展的最佳实证方式[1]。循证研究对提高特殊教育教师培养的科学性和有效性具有重要意义。除了本研究所采用的问卷调查、关键事件访谈等方法之外,当前的教师专业发展研究中也强调将行动研究引入特殊教育教师专业发展过程中,以教师为专业发展主体,在日常教学行动中主动反思教育教学问题,开展基于反思性实践和自我指导的专业发展实践,以科学研究助推特殊教育专业教师的专业发展,找到适合北京市特殊教育发展现实情况的最佳路径。

二是持续关注特殊教育专业教师的工作状态。由于职业性质的特殊性,特殊教育专业教师在工作中往往面临着较大的职业压力,主要体现在工作负荷压力、社会与学校评价压力、教师专业发展压力、特殊儿童问题行为压力和普通儿童学业压力等方面[2],更易在工作中产生职业倦怠、情绪耗竭、离职意向等消极心理,亟须进一步关注,特别是可以从人文感怀的视角关注教师的工作满意度、幸福感、效能感、责任感等积极工作状况,探索教师专业发展过程中维持专业发展的关键动力及其作用机制,不仅关注特殊教育专业教师作为"专业工作者"的专业发展,更重要的是,持续关注特殊教育专业教师作为"社会人"的健康幸福与积极发展。

三是关注信息技术在特殊教育专业教师培养中发挥的重要作用。第四次工业革命正席卷全球,信息技术的发展为改革特殊教育教学模式、教学组织形式、教育管理模式提供了新的契机,也为提高特殊教育教师专业发展的网络化、智能化、个性化等提供了新的可能。未来研究需要进一步探究信息技术在特殊教育专业教师培养中发挥的重要作用,思考如何利用技术创造更加包容、高品质的教师培养机制,并进一步思考如何提高特殊教育专业教师的信息素养以及信息技术与特殊教育深度融合等问题。

---

[1] 裴淼,靳伟,李肖艳等.循证教师教育实践:内涵、价值和运行机制[J].教师教育研究,2020,32(4):1-8.

[2] 王雁.随班就读教师融合教育素养及提升模式研究[J].教育科学研究,2021(8):91-96.

图书在版编目（CIP）数据

融合教育背景下特殊教育教师专业化培养 / 孙颖著. —— 北京：华夏出版社有限公司，2022.5（2025.10 重印）

（融合教育在北京）

ISBN 978-7-5080-8548-7

Ⅰ. ①融… Ⅱ. ①孙… Ⅲ. ①特殊教育—师资培养 Ⅳ. ①G76

中国版本图书馆 CIP 数据核字(2022)第 057790 号

©华夏出版社有限公司　未经许可，不得以任何方式使用本书全部及任何部分内容，违者必究。

北京市教育科学"十三五"规划 2018 年度优先关注课题《特殊教育专业教师队伍培养机制研究》（立项编号：BEFA18037）

融合教育背景下特殊教育教师专业化培养

作　　者	孙　颖
策划编辑	刘　娲
责任编辑	薛永洁
出版发行	华夏出版社有限公司
经　　销	新华书店
印　　刷	三河市少明印务有限公司
装　　订	三河市少明印务有限公司
版　　次	2022 年 5 月北京第 1 版　　2025 年 10 月北京第 3 次印刷
开　　本	787×1092　1/16 开
印　　张	18.75
字　　数	360 千字
定　　价	88.00 元

华夏出版社有限公司　地址：北京市东直门外香河园北里 4 号　邮编：100028
网址：www.hxph.com.cn　电话：（010）64663331（转）

若发现本版图书有印装质量问题，请与我社营销中心联系调换。